蜀艺棋荟
专业棋牌出版

局面型弈法

雷云宝 ◎ 编著

国际象棋

成都时代出版社
CHENGDU TIMES PRESS

图书在版编目（CIP）数据

国际象棋局面型弈法 / 雷云宝编著 . -- 成都：成都时代出版社, 2022.12
ISBN 978-7-5464-3165-9

Ⅰ.①国… Ⅱ.①雷… Ⅲ.①国际象棋—对局（棋类运动）Ⅳ.① G891.1

中国版本图书馆 CIP 数据核字 (2022) 第 192367 号

国际象棋局面型弈法
GUOJI XIANGQI JUMIANXING YIFA

雷云宝　编著

出 品 人	达　海
责任编辑	刘　瑞
责任校对	樊思岐
责任印制	车　夫
封面设计	成都九天众和
装帧设计	成都九天众和

出版发行	成都时代出版社
电　　话	（028）86742352（编辑部）
	（028）86763285（市场营销部）
印　　刷	成都博瑞印务有限公司
规　　格	165mm×230mm
印　　张	18.75
字　　数	320 千
版　　次	2022 年 12 月第 1 版
印　　次	2022 年 12 月第 1 次印刷
书　　号	ISBN 978-7-5464-3165-9
定　　价	69.00 元

著作权所有・违者必究

本书若出现印装质量问题，请与工厂联系。电话：（028）85919288

作者简介 About the author

作者：雷云宝
称号：国际象棋棋协大师
　　　国际棋联（FIDE）教练员（NI）
　　　国际象棋国家级裁判
　　　国际象棋资料英语翻译专家

深圳市鹏城国际象棋俱乐部教练，主教中级班、高级班和大师班。

在多年的职业教练生涯中，对国际象棋开局、中局、残局和战术组合等各方面均有较为深入的研究。不断摸索、创新教学方法，对国际象棋中、高端培训进行了积极探索，充分发挥了国际象棋特有的"教育工具"的功能。

在推广、普及国际象棋的历程中，既善于用形象生动的语言讲解复杂深奥的专业知识，同时又注重人文关怀，激发学生内心深处的无限潜力，教学效果良好，学生综合素质整体上有了较大提高，培养出多名大师，广受好评。

前言 Preface

为什么要写书?

当今是网络极其发达的时代，网络直播、讲棋、教学非常盛行，但我依然认为书是独一无二的存在，平时教学研究的成果有必要以书的形式保存下来，并分享给需要它的人。

早在2018年6月，我就写下了第一篇"国际象棋局面型弈法"教案，至2022年2月共写了496篇，这些教案内容为出书提供了重要素材。2020年有了写书的想法，准备把平时教学研究的精华结集成书出版。2021年10月正式开始写作《国际象棋局面型弈法》，连续写了5个月，至2022年2月定稿。当书稿最终完成的时刻，我浑身都在发抖，不知是因为遇上了深圳十年来最冷的寒冬，还是因为我完成了自己的第一部专著而激动……

为什么要写这本书?

自从2014年中国首夺国际象棋奥赛男子团体冠军以来，国际象棋运动在中国的发展渐入佳境，国际象棋图书市场越发繁荣。目前市场上关于开局、战术和对局类的图书比较多，而关于中局、残局和局面的图书比较少。期望这本专门研究局面型弈法的书能为国际象棋图书市场添砖加瓦。

2014年我在海南做国际象棋教练期间有幸与林峰前辈共事，并获赠一本他的译作《实战棋手不能不掌握的中局战略》。这本书是我的"局面"启蒙著作。2015年我来到"全国国际象棋之乡"——深圳市龙岗区做国际象棋教练。作为一名研究型教练，前期我喜欢研究开局和战术，后期逐渐重视对中局、残局和局面的研究，而研究的成果则直接应用于中级和高级阶段的教学，效果良好，培养出多位大师。

这是一本什么样的书？

本书不是教科书，但其内容来自我平时的研究成果并经过了教学实践的检验，所以本书可作为国际象棋初级和中级教练以及国际象棋爱好者的学习参考书，也可直接用于国际象棋中级甚至高级阶段的教学。

全书以"活跃子力"为核心，以"动态价值"和"局面优势"为抓手，以实战运用为重点，以"棋图+分析"和"对局+分析"为主要方法，对局面型弈法进行了专业、系统的研究，研究的目的是将局面理论、方法更好地运用于实战。

本书第一章是局面型弈法概述，重点阐述了局面特征、局面因素，强调了子力的动态价值和局面优势的概念。第二、三章内容精选自平时所写的教案，其中的棋图主要来自平时研究大师对局的过程中发现的局面，写书时全部在Chessbase中用引擎验证过，确保每幅棋图（局面题）的答案是引擎推荐的最优解，确保棋谱和相关分析的准确性。第四章是全新创作的部分，也是全书最难写的部分。本章收录的对局主要是当代顶尖大师近些年在比赛中下出的佳局，包括现任棋王卡尔森的很多对局（有胜局也有输局），也包括近几年有历史意义的最佳对局。本章最初收录了一百多个对局，定稿时精简至六十六个对局，可谓精中选精、优中选优，力图全面展现局面型弈法在大师对局中的精彩运用。第五章收录了2019年、2020年和2021年TCEC大赛中顶级国际象棋引擎的三个代表性佳局，并从局面型弈法角度进行分析，分别展现了"子力的极限活跃""子力的静态价值和动态价值"和"极限弃子"，对人类棋手颇有启发意义。

前　言

本书力图打开一扇"局面之窗"，使十读者从局面的角度去理解、欣赏国际象棋。尽管我已经尽了最大努力，但因水平有限，书中错漏之处在所难免，还望读者朋友多多指正，以期不断完善这本拙作。

这本书是在什么背景下完成的？

深圳，既是活力无限的大都市，又是粤港澳大湾区的核心城市之一，正在努力打造成为"国际象棋之都"，从而为广大棋类教练提供广阔的发展舞台。

深圳市龙岗区是"全国国际象棋之乡"，国际象棋普及活动（包括国际象棋进校园、校外专业培训以及各类比赛等等）开展得红红火火。中国国际象棋国家队训练基地也在龙岗落户，我们一线教练得以近距离接受到国家队教练的培训和指导。很多世界名将和中国顶尖棋手不仅常来龙岗参加比赛，还会走进小学校园与学生们进行互动交流（包括与学生们下车轮战、举行讲座等等）。在这欣欣向荣的发展环境中，我在专业水平、教学水平等各方面不断地突破自我，为完成本书打下了坚实基础。

雷云宝

2022年2月24日写于深圳市龙岗区中心城

目录 Contents

第一章 局面型弈法概述

一、局面型弈法的特征 ……………………………………………… 001

二、局面评估和局面优势 …………………………………………… 004

三、局面计划的制订 ………………………………………………… 006

第二章 局面型弈法的核心

一、王的活跃 ………………………………………………………… 007

二、兵的活跃 ………………………………………………………… 017

三、马的活跃 ………………………………………………………… 021

四、象的活跃 ………………………………………………………… 027

五、车的活跃 ………………………………………………………… 033

六、后的活跃 ………………………………………………………… 042

七、综合运用 ………………………………………………………… 048

第三章　局面型弈法的五大方法

一、兑换技术……………………………………………058
二、攻击弱点……………………………………………074
三、局面型弃子…………………………………………085
四、阻止反击……………………………………………101
五、逼走劣着……………………………………………119

第四章　局面型弈法在实战中的运用

第一局　卡斯帕罗夫——托帕洛夫………………………130
第二局　伊凡丘克——盖尔凡德…………………………134
第三局　克拉姆尼克——卡尔亚金………………………136
第四局　克拉姆尼克——马梅迪亚洛夫…………………138
第五局　阿罗尼安——马梅迪亚洛夫……………………141
第六局　克拉姆尼克——托帕洛夫………………………142
第七局　卡尔森——卡鲁阿纳……………………………144
第八局　卡尔森——阿南德………………………………146
第九局　阿南德——卡尔森………………………………149
第十局　余泱漪——克拉姆尼克…………………………151
第十一局　卡尔森——拉迪亚波夫………………………152
第十二局　阿南德——中村光……………………………155
第十三局　卡尔森——克拉姆尼克………………………157
第十四局　希洛夫——克拉姆尼克………………………159
第十五局　韦奕——布鲁佐恩……………………………162
第十六局　卡尔森——克拉姆尼克………………………164
第十七局　马梅迪亚洛夫——克拉姆尼克………………167

第十八局	丁立人——阿罗尼安	168
第十九局	泽雷布——卡鲁阿纳	170
第二十局	侯逸凡——卡鲁阿纳	173
第二十一局	斯默登——巴拉吉	175
第二十二局	卡尔森——卜祥志	177
第二十三局	白金石——丁立人	179
第二十四局	中村光——瓦谢尔·拉格拉夫	181
第二十五局	菲罗贾——卡斯基延	183
第二十六局	苏比——卡尔森	185
第二十七局	穆兹丘克——科博	187
第二十八局	卡鲁阿纳——阿列克欣	189
第二十九局	丁立人——卡鲁阿纳	190
第三十局	塔卡加诺夫——奥斯特瑞	193
第三十一局	卡尔森——涅波姆尼亚奇	196
第三十二局	丁立人——卡尔森	198
第三十三局	阿南德——涅波姆尼亚奇	200
第三十四局	杜波夫——卡尔亚金	201
第三十五局	杜波夫——中村光	203
第三十六局	德弗尼——希洛夫	204
第三十七局	中村光——卡尔森	206
第三十八局	卡尔森——中村光	208
第三十九局	拉米——卡鲁阿纳	210
第四十局	杜达——卡尔森	213
第四十一局	苏伟利——中村光	215
第四十二局	中村光——尚克兰德	217
第四十三局	加里娅莫娃——卡什琳斯卡娅	220
第四十四局	卡尔森——杜波夫	222
第四十五局	埃斯彭科——卡尔森	225

第四十六局	卡鲁阿纳——瓦谢尔·拉格拉夫	227
第四十七局	菲罗贾——卡尔亚金	230
第四十八局	卡尔森——拉迪亚波夫	232
第四十九局	马梅迪亚洛夫——中村光	234
第五十局	卡尔森——瓦谢尔·拉格拉夫	236
第五十一局	皮乔特——阿罗尼安	237
第五十二局	中村光——菲罗贾	239
第五十三局	吉里——菲罗贾	243
第五十四局	吉里——苏伟利	245
第五十五局	阿罗尼安——卡尔森	246
第五十六局	黎光廉——苏伟利	248
第五十七局	马梅迪亚洛夫——黎光廉	250
第五十八局	菲罗贾——拉波特	252
第五十九局	卡尔森——杜达	254
第六十局	马梅迪亚洛夫——卡尔森	256
第六十一局	吉里——卡尔森	258
第六十二局	菲罗贾——豪威尔	260
第六十三局	菲罗贾——乔巴瓦	263
第六十四局	卡尔森——涅波姆尼亚奇	265
第六十五局	阿罗尼安——阿卜杜萨托洛夫	271
第六十六局	卡尔森——吉里	273

第五章　局面型弈法在国际象棋引擎对局中的运用

第一局	276
第二局	279
第三局	281

| 后　记 | 285 |

第一章 局面型弈法概述

一、局面型弈法的特征

局面型弈法是具有鲜明特征的国际象棋弈棋风格。除了局面型弃子（本书第三章专门研究）之外，局面型弈法不以弃子为主要手段，而是讲究子力的位置和子力之间的协调，注重控制局面，同时向对手施加局面压力，进而实现子力价值最大化和子力协调最佳效果，获得局面优势，在实现己方行棋计划的同时破坏对方的行棋计划，或者利用局面优势获得子力优势，并据此赢棋。

本书重点研究局面型弈法在中局和残局中的运用。

第十二位世界冠军卡尔波夫、第十四位世界冠军克拉姆尼克、第十五位世界冠军阿南德和现任棋王、第十六位世界冠军卡尔森都是局面型棋手的代表人物。下面通过卡尔波夫的一个经典对局初步领略一下局面型弈法的艺术之美。

卡尔波夫——恩齐克尔
1974年世界奥林匹克赛
西班牙开局 C98

| 1.e4 e5 | 2.Nf3 Nc6 | 3.Bb5 a6 | 4.Ba4 Nf6 | 5.0–0 Be7 |
| 6.Re1 b5 | 7.Bb3 d6 | 8.c3 0–0 | 9.h3 Na5 | 10.Bc2 c5 |

11.d4 Qc7　12.Nbd2 Nc6　13.d5 Nd8　14.a4 Rb8　15.axb5 axb5
16.b4 Nb7　17.Nf1 Bd7　18.Be3 Ra8　19.Qd2 Rfc8　20.Bd3 g6
21.Ng3 Bf8　22.Ra2 c4　23.Bb1 Qd8（图1）

控制开放的线路是控制局面的重要内容。a线是目前局面中唯一的一条开放线，双方的车在a线上正处于对峙的状态。如何将这条开放线牢牢掌握在白方手中呢？一代棋王卡尔波夫展示了教科书式的解决方案。

24.Ba7

争夺开放线的战斗中独特的子力调动技巧。白方用黑格象暂时封锁住a线，同时又在这只象的庇护下在a线集结重子，然后再撤回黑格象，并找准时机入侵对方阵地。白方的意图是显而易见的，但由于黑方在b7格的马位置很差，所以黑方很难阻止白方实施其既定的计划。

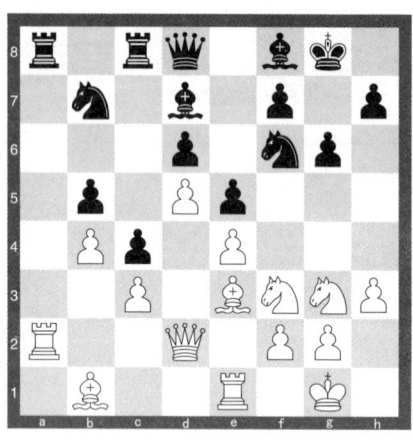

图1

24....Ne8　25.Bc2 Nc7
26.Rea1 Qe7　27.Bb1 Be8（图2）

卡尔波夫成功实现了既定计划。目前局面，黑白双方都是后双车双马双象七兵，子力上完全均等，但白方因为拥有空间优势，子力机动灵活，在控制住中心和后翼之后，即将开始在王翼展开行动。

28.Ne2 Nd8　29.Nh2 Bg7
30.f4 f6　31.f5 g5（图3）

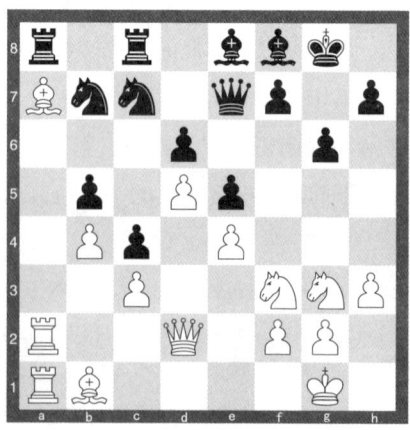

图2

黑方挺起了g兵，也就削弱了黑方王翼的白格。有鉴于此，卡尔波夫开始持续进行有益的子力调动，以图兑换掉双方的白格象。

32.Bc2 Bf7　　33.Ng3 Nb7

34.Bd1 h6

这步挺兵毫无意义，它让黑方王翼的白格彻底失控了。

35.Bh5 Qe8　　36.Qd1 Nd8

37.Ra3 Kf8　　38.R1a2 Kg8

39.Ng4 Kf8　　40.Ne3 Kg8

41.Bxf7+ Nxf7　42.Qh5 Nd8

（图4）

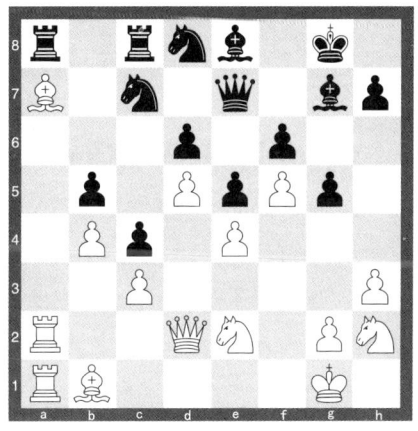

图3

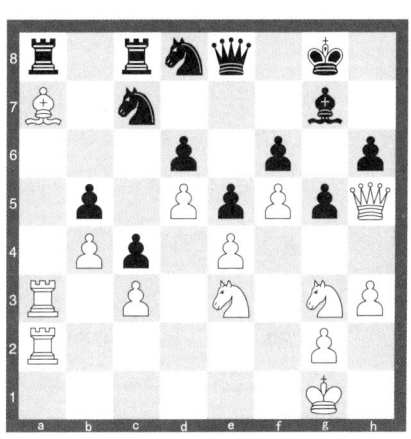

图4

若走42...Nh8，一种可能的变化是：43.Ng4 Qxh5　44.Nxh5 Kf7　45.Bb6 Rxa3　46.Rxa3 Ra8　47.Rxa8 Nxa8　48.Bd8，黑方完全陷入了楚茨文克（Zugwang）的境地。

43.Qg6 Kh8　　44.Nh5 1-0

黑方认输。

后续可能的变化是：44...Qf7　45.Ng4 Ne8　46.Bb6 Rab8　47.Bxd8 Qxg6　48.fxg6 Rxd8　49.Ra7 Kg8　50.Re7 Kh8　51.Raa7 Ra8　52.Rxe8+ Rxe8　53.Rxg7 Ra1+　54.Kh2 Rc1　55.Rh7+ Kg8　56.Ngxf6+ Kf8　57.Rf7#。白方双车从开放线杀入次底线，与王翼双马协调配合，利用局面优势获得子力优势并最终获胜。

在本局中，局面因素对对局的发展进程和最终结果产生了决定性影响。

二、局面评估和局面优势

局面型弈法实施的三个步骤：

1. 评估局面；
2. 制订计划；
3. 调动并协调子力，实现计划。

在制订行棋计划之前，首先要进行局面评估。

评估局面时需考虑的局面要素主要包括：

1. 兵形（连兵、通路兵、孤兵、叠兵、孤叠兵、悬兵、落后兵）

兵形是制订计划的关键因素。

一般而言，连兵（兵链）和通路兵（包括通路连兵、远方通路兵、有根通路兵）是最理想的兵形。兵形的好坏要根据具体局面进行判断。

2. 子力位置

子力位置决定了子力价值。子力占据好的位置才可能发挥其最大的动态价值。关于子力的动态价值与静态价值，将在本书第五章第二个对局中进行阐述。

2.1 王是否安全，位置是否积极

2.2 象的位置

好象与坏象：一般而言，好象在兵链之外，未受己方兵的阻挡，拥有开放的线路，能攻击到对方的兵，反之为坏象。

2.3 马的位置

好马与坏马：好马占据好的格子（包括前哨据点），机动灵活，能给对方形成威胁，反之为坏马。

2.4 后、车要控制开放线路

要特别注意己方位置最差的棋子，并及时改善其位置。

要把位置不好的棋子调动到好的位置，把位置好的棋子调动到更好的位置。

3．子力协调

子力位置好并不等于子力之间很协调。

子力之间要能够协调配合，在战斗的核心区域实现动态价值最大化。

4．强格、弱格

格子是局面评估中最重要的因素之一。根据攻守双方力量的对比，国际象棋棋盘上的格子有强格和弱格之分。

强格：一般有兵的保护，防御或者进攻的子力多而强。

弱格：一般无兵的保护，防御或者进攻的子力少而弱。

5．线路的通畅

要控制开放线、半开放线、斜线。

要能入侵对方底线、次底线。

兵形较好，子力更活跃、更协调，子力控制重要的格子、开放的线路，占有的空间更大，可以进攻对方弱点……这些都是局面优势的体现。在双方子力均等的局面中，谁拥有局面优势，谁就可能赢得对局。在有些局面中，拥有局面优势的一方胜过拥有子力优势的一方。

关于局面优势与子力优势的关系，将在本书第四章第三十个对局中进行阐述。

这里需强调一下先手优势，即可以率先给对方形成威胁的优势。

如图5，黑白双方子力完全均等，双方的王都缺乏保护，双方的后、车都可以协同起来攻王，所以先行的一方将获得优势并赢得对局。

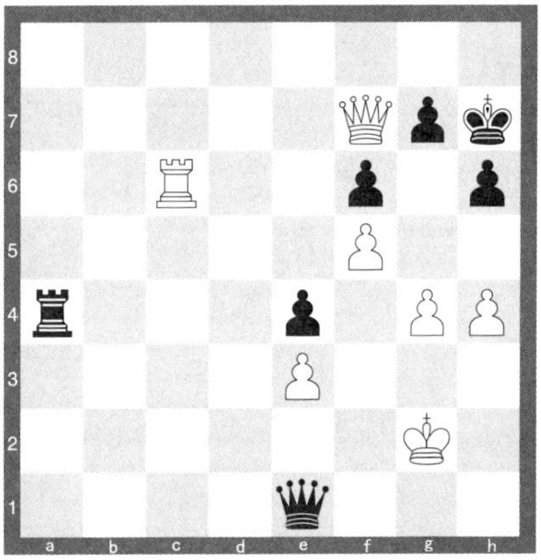

图5

如果是白先，则有两步杀：

1.Qg6+ Kg8（1...Kh8） 2.Rc8#

如果是黑先，可能的变化如下：

1...Qe2+   2.Kg3 Qxe3+   3.Kg2 Qd2+   4.Kg3 Ra3+

5.Qb3 Rxb3+　　6.Rc3 Rxc3#

先手优势也是一种局面优势。

三、局面计划的制订

完成局面评估之后，如何制订计划并实现目标呢？本书将在后面章节通过棋例和对局进行详述，现举一例予以简单说明。

图 6 是世界棋王卡尔森实战对局的一个局面，现在轮到执白的卡尔森行棋。

先来进行局面评估：从兵形上看，在后翼，白方两连兵对黑方两个孤兵，而在王翼，白方三连兵对黑方两个孤兵，有多兵优势。从子力位置上看，白王比黑王更积极灵活，可兼顾两翼，并且可与白象协同进攻。据此制订计划：兑掉黑方黑格象，在王翼制造通路兵。最后一个步骤：白王和白象协调配合，实现制造通路兵并取胜的目标。

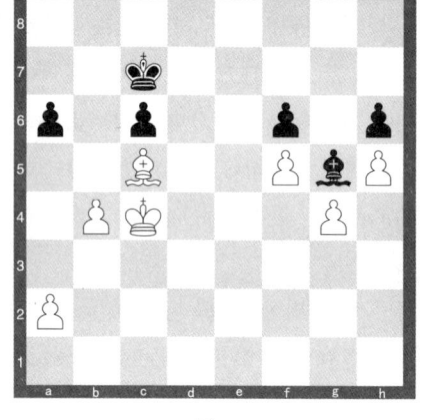

图 6

实战中，世界棋王仅用两步棋（1.Kd3 和 2.Be3）就迫使对手认输。现列举两种可能的赢棋变化：

A. 1.Kd3 Kd7　　2.Be3 Bxe3　　3.Kxe3 Kd6　　4.Kd4 Kd7
　　5.Kc5 Kc7　　6.a3 Kd7　　7.a4 Kc7　　8.a5 Kd7
　　9.Kb6 Kd6　　10.Kxa6 Kc7　　11.Ka7 Kd7　　12.Kb6 Kd6
　　13.a6 Ke5　　14.a7 Kf4　　15.a8Q（白胜）

B. 1.Kd3 Bh4　　2.Be3 Bg5　　3.Bxg5 fxg5　　4.Ke4 Kd6
　　5.Kd4 Kd7　　6.Ke5 Ke7　　7.f6+ Kf7　　8.a4 Kf8
　　9.Ke6 Ke8　　10.f7+ Kf8　　11.Kf6 c5　　12.b5 c4
　　13.bxa6 c3　　14.a7 c2　　15.a8Q#

第二章 局面型弈法的核心

局面型弈法的核心是活跃子力，即：让己方子力尽可能地积极化，实现子力之间的协调配合，有计划地实现目标，同时限制对方子力的活动性和协调性，阻止对方计划的实施。活跃子力的艺术就是调动子力和协同子力的艺术。

活跃子力的研究内容包括两部分：一是单一子力的活跃方法（见本章第1-6节）；二是各种子力之间的协调配合（见本章第7节）。

国际象棋共有六种棋子：王、兵、马、象、车、后。每一种棋子都有各自典型的活跃方式，下面将结合实例分别予以研究。

一、王的活跃

国际象棋对弈的目标是将杀对方的王。王一旦被将杀，对局立即结束。一方面，王是最需要保护的棋子，另一方面，王自身也拥有很强的战斗力，不仅是在残局阶段，甚至在对方有后、车等重子的中局阶段，王都可能发挥重要的作用。

关于王的"极限活跃"，将在本书第五章第一个对局中进行展示。

如图7，白先。

1.Ke4

以退为进。在王兵残局中，王的迂回调动是王的重要战斗方法。若直接走1.Ke6，黑方会走 1...Ke8 主动对王，白方 f 兵无法升变，在 2.f7+ Kf8 3.Kf6 之后形成逼和局面。

1...Kf7

若走 1...Ke8，则有 2.Kf4 Kf8 3.Ke5，白王经过 e4-f4-e5 三角形调动，不仅重回 e5 格，并且在 3...Ke8 之后"等"到了 4.Ke6 主动对王的机会，白方将成功实现 f 兵的升变并且将杀黑王：4...Kf8 5.f7 Kg7 6.Ke7 Kh8 7.f8Q+ Kh7 8.Qf5+ Kg7 9.Qd7 Kh8 10.Kf6 Kg8 11.Qg7#。

2.Kf5

行棋权利此时转换至黑方，黑王被迫离开 f7 格并放弃对 g6 格的防御。

2...Kf8   3.Kg6 Kg8

4.Kxh6 Kf7

白王成功入侵黑方阵地并消灭黑兵。

5.Kg5 Kg8   6.h6 Kf7

7.h7 Ke6   8.h8Q

黑王无法同时阻止白方两个通路兵的冲锋。白胜。

如图 8，黑先。

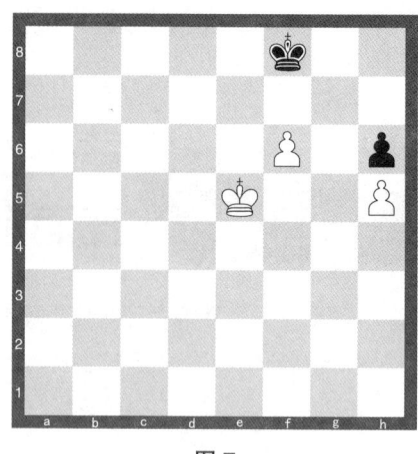

图 7

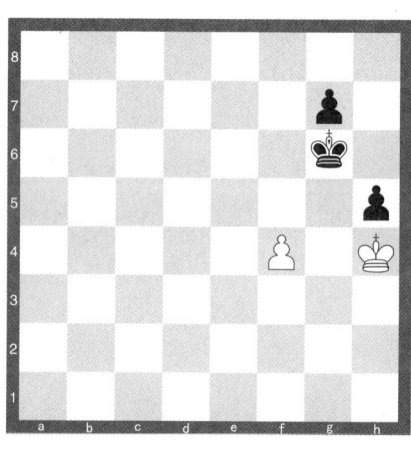

图 8

1...Kf6

王的曲折调动。黑王先到 f6 格再到 f5 格。不能直接走 1...Kf5，因为有 2.Kxh5 Kxf4（2...g6+ 3.Kh6 Kxf4 4.Kxg7）3.Kg6 Kg4 4.Kxg7，和棋。也不能走 1...Kh6，在 2.f5 g5+ 3.fxg6 Kxg6 之后，黑方的 h 线边兵因受白王阻击而无法升变，依然是和棋。

2.Kxh5 Kf5   3.Kh4

白王无法前进并消灭 g 线黑兵，被迫后撤。

3…Kxf4   4.Kh3 g5   5.Kg2 Kg4   6.Kh2 Kf3   7.Kh3 g4+

| 8.Kh2 Kf2 | 9.Kh1 Kg3 | 10.Kg1 Kh3 | 11.Kh1 g3 | 12.Kg1 g2 |

13.Kf2 Kh2　　14.Ke2 g1Q

黑兵如愿升变，黑胜。

如图9，黑先。

初看之下，黑方似乎必败无疑：黑王无法追上白方a线通路兵，而黑方f线通路兵却在白王的追击范围之内。但在类似局面中，王可以运用自身独特的活跃方式，巧妙地追击对方的兵的同时保护己方的兵。

1…Kb2

对于王来说，走斜线和走直线的距离是一样的。现在黑王准备沿着黑格大斜线运动，同时兼顾后翼的白兵和王翼的黑兵。

2.a5 Kc3　　3.a6

若走3.Kg3，则有3…Kd4　4.Kxf3 Kc5　5.a6 Kb6　6.a7 Kxa7，和棋。

| 3…Kd3 | 4.a7 f2 | 5.Kg2 Ke2 | 6.a8Q f1Q+ |

双方同时变后，和棋。

王同时兼顾两翼的强大战斗力在下面这个棋例中也得到了充分展现。

如图10，白先。黑方a线通路兵正向底线疾驰，白方若走1.Kc5是不可能

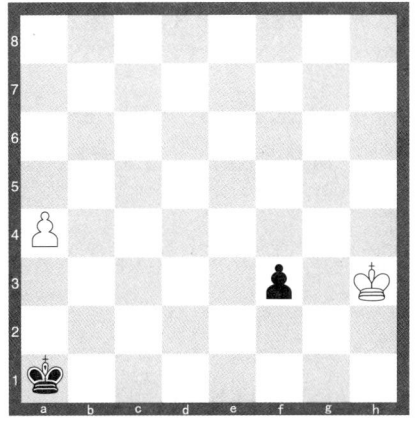

图9

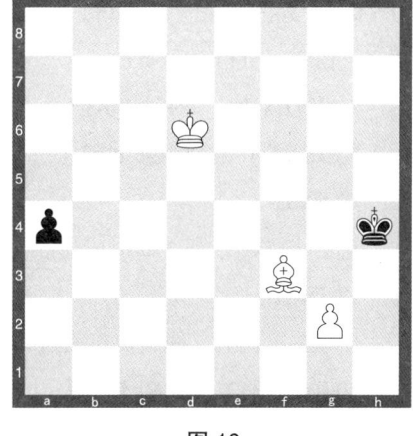

图10

追上黑兵的，那该怎么办呢？

1.Ke5

白王独辟蹊径，不追黑兵，而是将目光放在了 h 线黑王身上，准备与白方象、兵配合，把黑王将杀在边线上。

1...a3

若走 1...Kg3，白王就获得了追击黑兵的先机：2.Kd4 a3　3.Kc3 a2　4.Kb2 a1Q+　5.Kxa1，白胜。

2.Kf4 a2　　3.Bg4 a1Q

4.g3#

白王同时兼顾了棋盘上相距最远的两个目标。

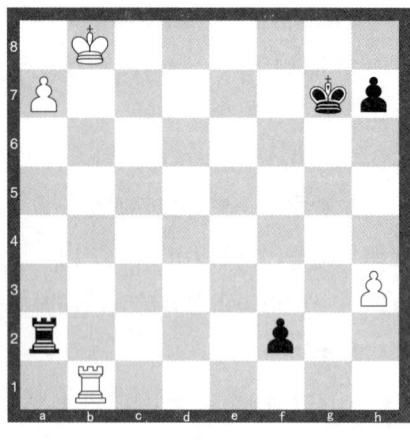

图 11

如图 11，黑先。白方 a7 兵的升变已经不可阻挡，黑方还有办法挽救局面吗？

1...Kh6

黑王的目标是 h3 兵，它将完成一个看似不可能完成的求和使命。

实战中黑方走的是 1...f1Q，弃兵引离白车，黑车获得将军的机会并试图阻止 a 兵升变：2.Rxf1 Rb2+　3.Ka8 Rb3　4.Rd1 h5　5.Rd7+ Kf6　6.Rb7 Rxh3　7.Rb6+ Kf7　8.Kb7 Ra3　9.a8Q Rxa8　10.Kxa8 Kg7　11.Kb7 Kh7　12.Rd6 h4　13.Kc6 Kg7　14.Kd5 h3　15.Ke5 h2　16.Rd1 Kg6　17.Rh1 Kg5　18.Rxh2，黑方计划落空，白方将进行单车杀王。

2.a8Q Rxa8+　3.Kxa8 Kg5　4.Rf1 Kh4　5.Rxf2 Kxh3　6.Kb7 h5

7.Rf5 h4　8.Rg5 Kh2　9.Kc6 h3　10.Kc5 Kh1　11.Kd5 h2

12.Rh5

若走 12.Ke4，则立即形成逼和。白方若不想逼和，白车就要离开 g 线。

12...Kg1

白车一旦离开 g 线，黑王就进入 g 线并准备让 h 兵升变。

13.Rg5+ Kf2　14.Rh5 Kg1　15.Rh6 h1Q+　16.Rxh1+ Kxh1

形成理论和棋。

第二章 局面型弈法的核心

对王是王实现子力活跃的重要方法，也是王所独有的战斗方法，在残局中特别能显示出威力。

对王有横线对王、竖线对王和斜线对王等表现形式，主要分为近距离对王（王与王之间相隔一个格子）和远距离对王（王与王之间相隔三个格子）。

主动与对方的王进行对王称为对王权。对王权是夺取主动权、获得优势的重要方法。

对王的威力在下面这个棋例中得到了充分的展现。

如图12，白先。

1.Kb7

白方掌握对王权，主动与黑方进行远距离对王。

若走 1.Kc6 则有 1...Ke6，黑方反夺对王权，白王无法入侵黑方阵地：2.Kc5 Ke7　3.Kd5 Kd7　4.Ke5 Ke7，和棋。

1...Ke6　　2.Kc6 Ke7
3.Kc7 Ke6　　4.Kd8

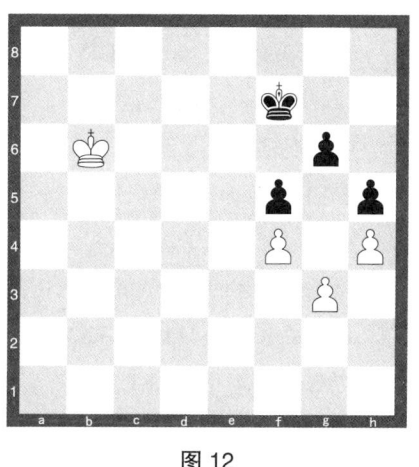

图 12

在远距离对王之后，再连续进行近距离对王，白王积极调整自身位置，向黑方阵地进行无法抵御的渗透。

4...Kf7　　5.Kd7 Kf6　　6.Ke8 Kg7　　7.Ke7 Kh6　　8.Kf8 Kh7
9.Kf7 Kh6　　10.Kg8 g5

黑王被逼至边线，已经无法动弹。

11.fxg5+ Kg6　12.Kf8 Kh7　13.Kf7 Kh8　14.g6 f4　　15.g7+ Kh7
16.g8Q+ Kh6　17.Qg6#

如图13，黑先。白方多一兵，但黑王仍可积极地向白方阵地渗透。

1...Kb4

若走 1...Kb5 2.Kc3 Kc5，黑方虽有对王权，但白方有 3.g3 的应着（可称为备用先手），白方反夺对王权，在 3...Kb5 4.Kb3 Kc5 5.Kc3 之后，黑方无法入侵白方阵地。

2.g3 Kb3

黑方掌握对王权。

3.Kd2 Kc4　　4.Ke3 Kc3

5.Ke2 Kd4　　6.Kf3 Kd3

7.Kf2 Kxe4

通过连续的近距离对王，黑王成功地渗透进白方阵地，消灭白兵，制造通路兵。

8.Ke2 Kd4　　9.Kd2 e4　　10.Ke2 e3　　11.Ke1 Ke5

黑王进行迂回调动，准备入侵白方王翼。

12.Ke2 Ke4　　13.Ke1 Kf3　　14.Kf1 Kxg3　　15.Ke2 Kf4　　16.Ke1 Kxg4

17.Ke2 Kf4　　18.Kf1 Kf3　　19.Ke1 g4

黑王成功制造出两个通路兵，胜定。

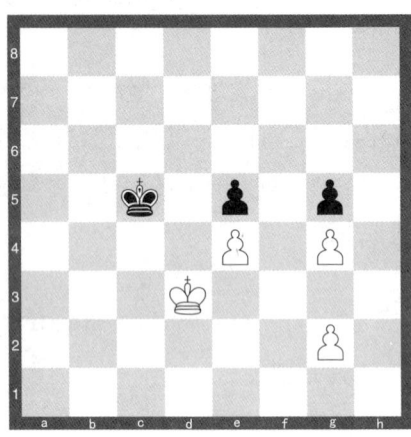

图 13

如图 14，黑先。

白方上一步刚走了 1.fxg4+，黑方应该如何应将呢？

1...Ke6

黑方若走 1...Kxg4 会遇到 2.gxh3+ Kxh3 3.Ke3，形成均势局面。

实战中黑王巧妙一退，给白方形成双重威胁，既有捉象的先手，又准备冲兵 h2 升变，迫使白方认输。

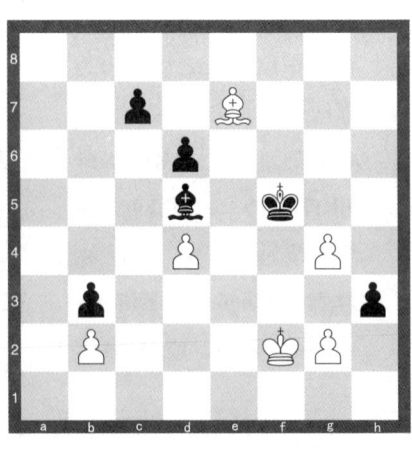

图 14

如图 15，黑先。

1...Kf5

e 线通路兵是黑方赢棋的希望所在，所以黑王御驾亲征，带领小兵升变。

不能急于冲兵：1...e3 2.Re7 Rb4 3.Rxe3 Kf5 4.Rf3+ Ke4 5.Kg3 Rb7 6.Rf4+ Ke5，和棋。

2.Rxg7 e3   3.Re7 Kf4

4.Rf7+ Ke4   5.Re7+ Kd3

6.Rd7+ Kc2   7.Rc7+ Kd1

8.Rd7+ Ke1   9.Rd5 e2

10.g6 Kf2   11.Rf5+ Ke3   12.Re5+ Re4   13.g7 e1Q   14.g8Q Qh1+

15.Kg3 Qg1+   16.Kh3 Qxg8   17.Rxe4+ Kxe4 18.Kh2 Kf3   19.Kh3 Qg2#

图 15

如图 16，白先。

1.Kf2

白王走一步等着，静观黑方变化。若急于走 1.g4，则在 1...hxg4 2.Kg3 Nf3 3.Rb5 Ke4 4.Kxg4 Rg8+ 5.Kh5 a6 6.Rxb7 Nd4 7.e7 Kxf5 之后，白方未获任何优势。

1...Re7

黑车走到了 e7 格，白方掌握了伺机冲兵 f6 的先机。

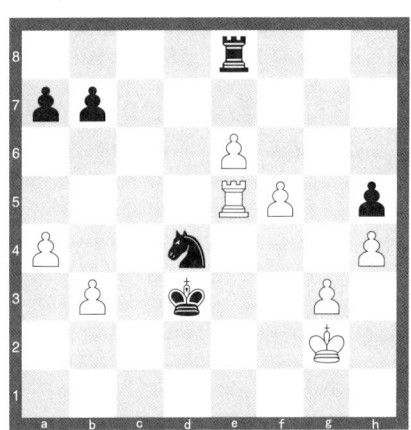

图 16

2.g4 hxg4   3.Kg3 Nf3   4.f6 Re8

若走 4...Nxe5，则有 5.fxe7 Nc6 6.e8Q，白胜。

5.f7 Rf8   6.e7 Rxf7   7.Re3+ Kxe3   8.e8Q+ Kd4   9.Qxf7

白胜。

如图17，白先。

1.Kb6

b7兵是白方赢棋的希望所在，必须防止黑王进入c6格、与黑车配合消灭b7兵。

不能走1.Bxc5，否则有1...Kc6 2.Ba3 Kxb7，黑胜。

也不能走1.Kxa6，因为有1...Kc6 2.Ka7 Re7 3.Kb8 Rxb7+ 4.Kc8 c4，黑胜。

1...c4　2.Bd2 Rb8　3.Ka7 Re8

若走3...Kc7，则有4.Ba5+ Kc6 5.Kxb8 Kb5 6.Kc7 Kxa5 7.b8Q，白胜。

**4.b8Q Rxb8　5.Kxb8 Kd6　6.Bc3 Ke6　7.Kb7 Kd6　8.Kxa6 Kc6
9.Bxe5 Kc5　10.Bc3 Kc6　11.e5 Kc5　12.Ka5 Kd5　13.Kb4 Ke6
14.Kxc4 Ke7　15.Kd5 Kd7　16.e6+ Ke7　17.Ba1 Ke8　18.Kd6 Kd8
19.e7+ Ke8　20.Ke6 g5　21.hxg5 h4　22.g6 h3　23.g7 hxg2
24.g8Q#**

白胜。

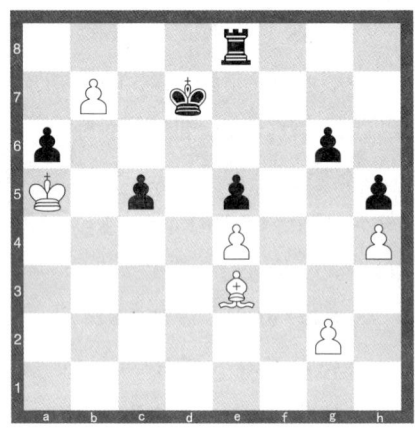

图17

如图18，白先。白方的进攻方向在哪里？王翼、中心还是后翼？

1.Kd3

正确的进攻计划。白王准备调动至后翼攻击黑兵。

**1...Ra7　2.Kc3 g5
3.Kb3 g4　4.d6 gxf3
5.gxf3 Ke6　6.d7**

弃兵的目的是换车，有利于白方王

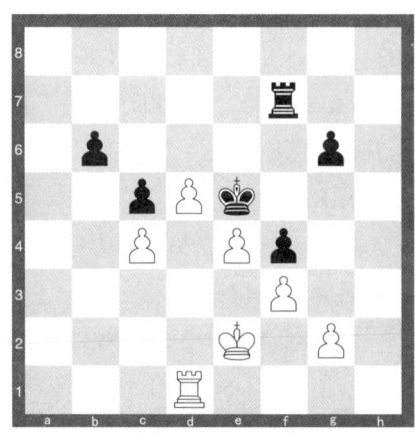

图18

和兵的进攻。

6...Rxd7　　　7.Rxd7 Kxd7　　8.Ka4 Kc6　　9.e5

黑王现在无法同时兼顾中心和后翼。

9...Kc7　　10.Kb5 Kd7　　11.Kxb6 Ke6　　12.Kxc5 Kxe5　　13.Kb6 Kd4

14.c5 Ke3　　15.c6 Kxf3　　16.c7 Kg3　　17.c8Q

白胜。

如图19，白先。白方a线通路兵已进至次底线，但因黑车在后面看着而不能升变，白车为了保护a兵不能离开第七横线。在类似局面中，为了实现兵的升变，需要王的支持。

1.Ke1

白王的计划是先向a线靠近，然后再向a兵靠拢，最后控制升变格，实现a兵升变。

1...hxg3　　2.hxg3 Kg7

3.Kd1 Ra1+　　4.Kc2 Kf6

5.Kc3 Ra4　　6.Kb3 Ra1

7.Kc4 Ra4+　　8.Kb5 Ra3

9.Kb6 e5　　10.f5 Rb3+

11.Kc7 Ra3　　12.Kb8 Rxg3

13.a8Q

白王顺利完成了计划，胜定。

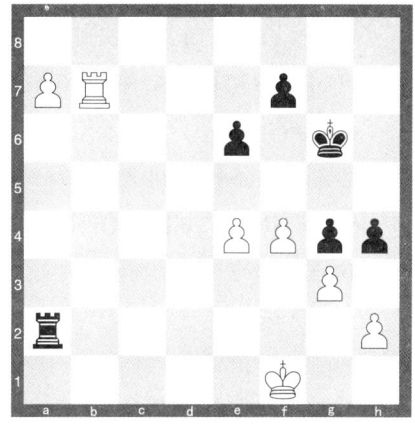

图19

如图20，黑先。

1...Kb7

当然不能走1...Qxc3，因为有2.Qc7#；

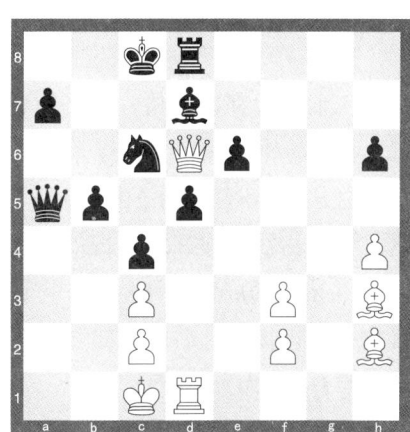

图20

若走 1...Be8 也不好，在 2.Qxe6+ Kb7　3.Rxd5 Qxc3　4.Rxd8 Qa1+　5.Kd2 Qa5+ 6.c3 Qxd8+　7.Bd6 h5　8.Bf5 a5　9.Kc1 Kb6　10.f4 之后，白方优势。

2.Bxe6 Bxe6　3.Qxe6 d4

现在能看出 1...Kb7 的妙处：黑王不仅是保护 c6 格的马，更重要的是避开了白方在 c8-h3 斜线上将军的先手，从而为反击赢得了时间。

4.Qf7+

若走 4.cxd4，白王很快就会被将杀：4...Qa1+　5.Kd2 Qxd4+　6.Ke2 Qxd1+ 7.Ke3 Qe1+　8.Kf4 Qxe6　9.c3 Rg8　10.Bg3 Qe5#。

4...Ka6

若走 4...Kb6 将失利于 5.Bc7+ Ka6　6.Bxa5。

5.Qg6 Kb6　6.Kd2 Qxc3+　7.Ke2 Rd7　8.Qf5 Re7+　9.Kf1 d3 10.cxd3 Qc2　11.Re1 Rxe1+　12.Kxe1 Qc1+　13.Ke2 Nd4#

如图 21，白先。

白方后双车马七兵对黑方后双车象七兵，双方子力完全均等。对局将以和棋告终吗？当然不是。

这里局面因素起到了决定性作用。黑方王前三兵都在白格，黑格彻底失守，白后雄踞 f6 格，卡住了黑王的命门。白方双车不仅统治了中心 d 线，并且都可在横线上展开攻王行动：d7 格的车有 Rxf7 的威胁，d4 格的车可调至 f4 格参与进攻。白马也可伺机进至 g5 格，配合后、车攻王。

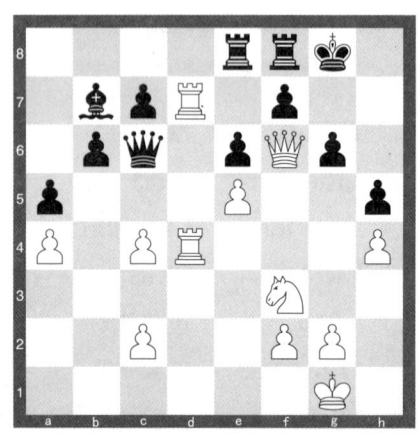

图 21

白方子力位置绝佳，以至于 c 线叠兵的缺陷可以忽略不计。反观黑方，底线双车无所事事，后、象虽然集结于白格大斜线，却没有任何现实的进攻机会，对于白方接下来的进攻也无法进行有效的防御和阻击。

第二章 局面型弈法的核心

1.Kh2

黑方所有重子（后、双车）俱在，而白方要活跃的子力却是自己的王。白方的计划简单而致命：白王只需迈着轻盈的步伐，沿着 h2-g3-f4-g5-h6 这条黑格线路一路高歌，最后携手白后在 g7 格杀王。

1...Rc8

若走 1...Qxa4 则面临九步杀：2.Ng5 Qc6（2...Qxc2 3.Rxf7 Rxf7 4.Qxf7+ Kh8 5.Qh7#）3.f3 Qc5 4.Rf4 Qe3 5.Nxf7 Qxf4+ 6.Qxf4 Be4 7.Qf6 Re7 8.Qh8+ Kxf7 9.Qh7+ Ke8 10.Qxe7#。

2.Kg3 Rce8　3.Kf4 Bc8　4.Kg5

白方杀王在即，黑方认输。

二、兵的活跃

兵是国际象棋的灵魂。兵在进攻和防御中都可发挥重要作用，并且往往具有全局性影响。兵形有时还是制订行棋计划的决定性因素。

如图 22，白先。

白方在后翼拥有成对的孤兵（两个孤兵之间相隔一条竖线），两个孤兵虽然不是兵链，但可以互相配合，稳步推进。

1.a4 Kc5

若走 1...Kxc3，黑王吃掉一个孤兵之后，无法追上另一个孤兵：2.a5 Kb4 3.a6 Kc5 4.a7 Kd4 5.a8Q，白胜。

2.Kh5 Kc4　3.Kxh6 Kd5
4.a5 Kc6　5.c4 Kc5
6.Kg7

白王消灭了黑方孤兵之后，开始驰援后翼孤兵。

图 22

6...Kc6　　　7.Kg6 Kc5　　8.Kf6 Kc6　　9.Ke6 Kb7　　10.c5 Kc7
11.a6 Kc6　　12.a7 Kb7　　13.c6+

成对的孤兵互相支持，互相掩护，进行完美的配合，黑王无可奈何。

13...Kxa7　　14.c7 Kb7　　15.Kd7 Kb6　　16.c8Q

白胜。

如图 23，白先。

这里我们看到了兵残局中的一个典型问题。双方的王都需要保护己方的兵，谁先后退谁就会失利。在这种局面中，兵的活跃将对对局产生决定性的影响。

1.a4

为什么白方要先走 a 兵呢？这是因为 a 兵此前已经走动过，而其他两个处

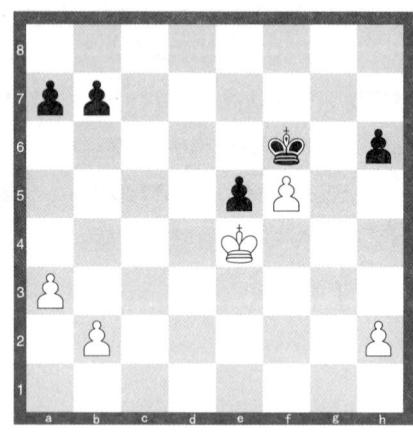

图 23

于原始位置的白兵则仍然拥有挺进一步或者挺进两步的选择权，而这种选择权对于保持主动权、争夺先手优势具有关键作用。

盲目挺兵只会让自己陷于楚茨文克的境地，例如：1.b4 b5　2.h4 h5　3.Kd3 Kxf5，黑胜。

1...b6　　2.b4 a6　　3.a5 bxa5

若走 3...b5，则有 4.h3 h5　5.h4，黑方陷入楚茨文克的境地。

4.bxa5 h5　　5.h4 Ke7

白方成功地迫使黑王解除了对 e5 兵的保护，僵持状态被打破。

6.Kxe5 Kf7　　7.f6 Kf8　　8.Kf5 Kf7　　9.Kg5 Kf8　　10.Kxh5 Kf7
11.Kg5 Kg8　　12.h5 Kf8　　13.Kg6 Ke8　　14.f7+ Kf8　　15.h6 Ke7
16.h7 Kd7　　17.h8Q Kd6　　18.f8Q+

白胜。

在兵残局中，当需要通过兵的活跃将对手置于楚茨文克之境地时，处于原

始位置的兵的数量较多的一方通常占有优势。

如图24，白先。

1.g5

准备冲兵g6，攻击黑王和黑象。

若走1.d7会遭到反击：1...b2 2.Qe1（不能走2.dxe8Q，因为有2...Qxd1+ 3.Kh2 b1Q 4.Qf2 Bxe8，黑胜；也不能走2.Rc8，因为有2...Ra1，黑胜。）2...Bb3 3.Rb1 Re7，双方均势。

1...fxg5

若走1...Bg8，则有2.gxf6 Qxf6 3.d7 Re6 4.Rxe6 Bxe6 5.d8Q Qxf5 6.Qgb8 b2 7.Qh8+ Kg6 8.Qg3+ Qg4 9.h5+ Kxh5 10.Qe8+ Kg5 11.Qe5+ Qf5 12.Qxg7+ Qg6 13.Qexg6#；

若走1...Bh5，则有2.d7 Rg8 3.Rc8 Qe7 4.g6+ Kh6 5.Rxg8+ Kxg8 6.Qb8+ Qf8 7.Qxf8+ Kxf8 8.d8Q#。

2.hxg5 Qxg5 3.Qxg5 hxg5 4.d7 Rd8 5.Rc8 Ra8 6.Rxa8 Rxa8 7.d8Q Rxd8 8.Rxd8

白胜。

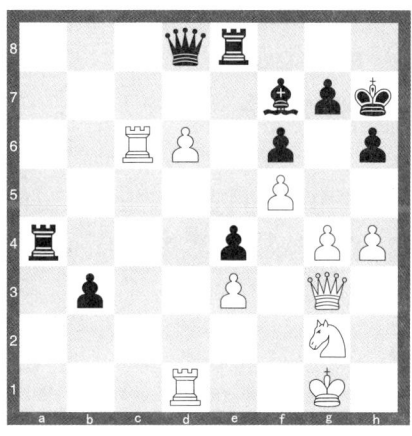

图24

如图25，黑先。

1...exf2+ 2.Ke2

若走2.Kxf2则有2...Qxd1，白方丢后。

2...fxg1N+

升变为马，先手将军。若升变为后则失去胜机：2...fxg1Q 3.Qxd8+ Kxd8 4.Rxg1。

3.Ke1

图25

若走 3.Rxg1，则有 3...Bg4+　4.Kf2 Qxd1，黑方得后。

3...Qh4+　　4.g3 Qe4+　　5.Kf2 Qxh1　　6.Qd5 Qxh2+　　7.Qg2 Nh3+　　8.Ke3 Qxg2

黑方得子胜。

如图26，白先。黑王被压制在底线，白方后、象已部署到位，现在轮到小兵疾驰增援。

1.e5

中心 e 兵准备进至 e6 格，与白后携手攻击 f 兵，给黑王以致命打击。

1...c3　　2.e6 c2

若走 2...fxe6，则有 3.Qxe7 Nxg7　4.Qxg7#。

3.Qxe7 Nxg7　　4.exf7+ Kh8　　5.f8Q#

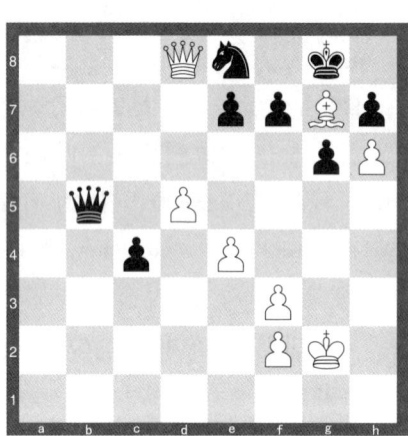

图 26

如图27，白先。白方后、车部署到位，但暂不能对黑王形成致命威胁，因为黑后保护着 d7 象。

1.c4

c 兵负责将黑后从 a4-e8 斜线上驱离，与后、车协同攻王。

1...Qa4

若走 1...Qxc4 则立即杀王：2.Qxd7#。

2.Qe7+ Kc7　　3.b5

b 兵负责切断黑后对白格象的保护。

3...axb5　　4.Qxd7+ Kb8　　5.Qxb7#

小兵的力量再次凸显。

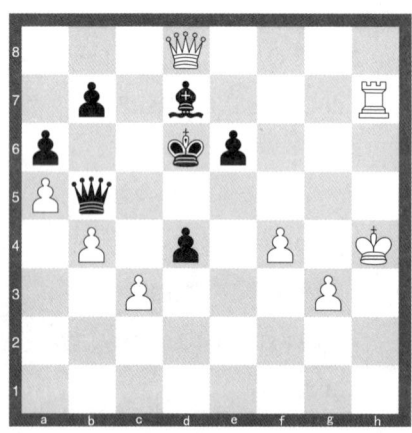

图 27

三、马的活跃

马是国际象棋中很独特的子力，它是唯一可以越子走子、越子吃子的子力，"叉式移动"或"叉式攻击"是它的独门绝技。马可以不重复地走遍棋盘上的所有格子。马的运用水平是衡量棋手实力高低的指标之一。

如图 28，白先。

乍一看，这个局面是和棋。但是白方可通过巧妙调动白马，在白王的配合下，六步杀王：

1.Nf2+ Kh2　　2.Ne4 Kh1

3.Kf2 Kh2（3...h2　4.Ng3#）

4.Nd2 Kh1　　5.Nf1 h2

6.Ng3#

白马绕了一圈，完成了一个罕见的将杀。本棋例生动地展现了马的迂回调动技巧。

图 28

如图 29，白先。

黑方 a 线通路兵正向底线疾驰，而白王在 h 线，离黑兵太过遥远，所以，阻截或消灭黑兵的任务落在了 a8 格白马身上。

1.Nc7

若急于走 1.Nb6 提兵，只会适得其反：1...a3　2.Nc4 a2　3.Ne3 a1Q，黑兵顺利升变，黑胜。

1...a3

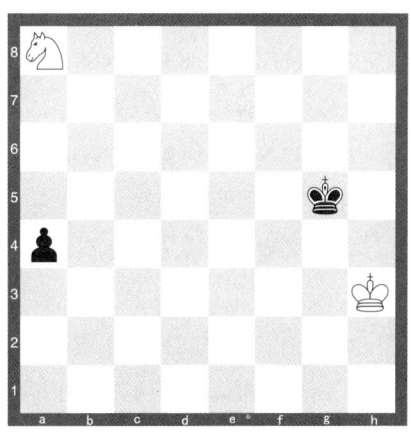

图 29

若走 1…Kf5，则有 2.Nd5 a3 3.Nb4 Ke4 4.Nc2，白马快马加鞭，及时守住了 a1 升变格，静待白王赶来消灭黑兵：4…a2 5.Kg2 Kf4 6.Kf2 Ke4 7.Ke2 Ke5 8.Kd3 Kf5 9.Kc3 Kg5 10.Kb2 Kf4 11.Kxa2，和棋。

2.Ne6+

白马利用将军赢得宝贵的时间，准备 Nd4-c2，阻击黑兵。

2…Kf6   3.Nd4 a2   4.Nc2 Ke5   5.Kg2 Ke4   6.Kg3 Kd3

7.Nb4+ Kc3   8.Nxa2+

白马成功消灭黑兵，有惊无险地收获了和棋。

如图 30，黑先。

白方后翼双连通路兵正大踏步冲向底线，危急关头，黑马施展独门绝技——叉式移动，"挽狂澜于既倒"。

1…Nd3   2.b5 Nb2

3.c5 Na4   4.c6 Nc3

5.b6 Nd5   6.b7 Ne7+

通过连续不断的叉式移动，黑马终于获得了消灭白兵的机会。

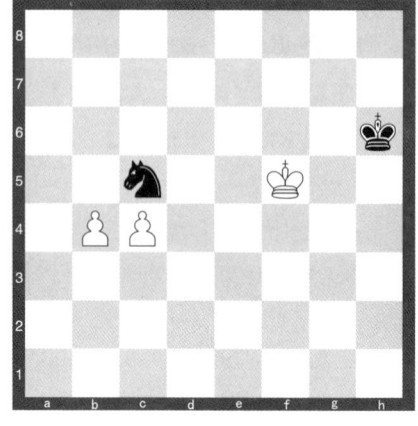

图 30

7.Ke6 Nxc6   8.Kd6 Nb8

9.Kc7 Na6+   10.Kc8 Kg7

11.Kd7 Nc5+   12.Kc7 Nxb7   13.Kxb7

和棋。

在本棋例中，马又完成了一个"不可能完成的任务"。

如图 31，白先。白方王翼多兵，但受到黑方阻击，所以准备在后翼制造通路兵，而黑方难以兼顾两翼的白方通路兵。

1.Ng5+ Kxf6   2.Ne4+ Kf5   3.Nd6+

以弃一兵为代价，白马迅速地从王翼调动至中心，攻击后翼黑兵。

第二章 局面型弈法的核心

3...Kf6　　4.b6 a5

5.Kc5

制胜一着。若急于走 5.Nxb7，会遇到 5...Nd7，白王不能参与后翼的进攻，在 6.Ke3（6.Kc4 Nxb6+　7.Kb5 Nxa4　8.Kxa4 Kg5　9.Kxa5 Kh4　10.Kb5 Kxh3，和棋。）6...Kg5　7.Nxa5 Nxb6　8.Nc4 Nxa4 之后，和棋。

5...Ke6　　6.Nxb7 Nd7+

7.Kb5 Ke5　　8.Nxa5 Ke4

9.b7 Kd4　　10.Nc6+ Kd3

11.a5 Kd2　　12.a6 Ke3　　13.a7 Ke4　　14.a8Q

白胜。

图 31

如图 32，白先。

1.Nc2

不能急于走 1.Kg2 吃马，因为有 1...Kg6　2.Kxh1 Kh5　3.Kg2 Kxh4，和棋。

1...Kg6　　2.Ne1 Kh5

3.Ng2 Kg6　　4.Nf4+ Kf5

5.h5 Kg5　　6.Kg2 Kxf4

白马从后翼疾驰至王翼，为了确保 h 线通路兵顺利升变，不惜牺牲自我。

7.h6 Ng3　　8.h7 Kg4

9.h8Q

白胜。

图 32

如图 33，白先。黑方多一后，拥有绝对的子力优势，但是黑王和黑后的位置却成了可被白方利用的局面弱点。

1.Nd7+

白马开始施展其"独门绝技"——叉式攻击，准备调动至 c4 格，击双得后。

1...Kd5　　2.Nb6+ Ke5

3.Nc4+ Kd5　4.Nxb2

白方得子胜。

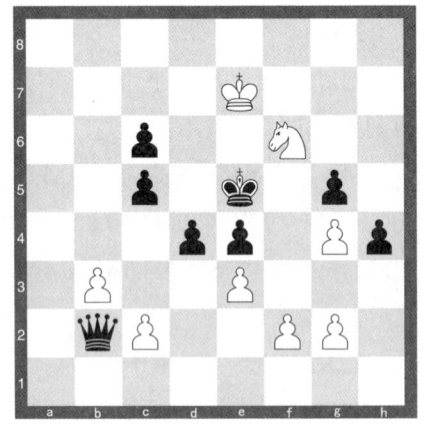

图 33

如图 34，白先。

1.Nf6

f6 格是马的最佳位置，可以控制 g8 格和 h7 格，最大限度地与白王和白车协调配合，对黑王形成最大的威胁。

1...Rxh4　　2.Ke6 Rh2

3.Kf7 Rh6

若走 3...Bc2，则有 4.Rg8#；

若走 3...Rb2，则有 4.Rh3 Rf2 5.Rxh7#。

4.Rg2 Rh1　　5.Re2 Rg1

6.Re8+ Bg8+　7.Rxg8+ Rxg8　8.Nxg8 Kh7　　9.Ne7 Kh6　　10.Nc8

白马准备消灭 a7 兵和 b6 兵，再利用白方 a 线通路兵取胜。

10...Kg5　　11.Nxa7 Kf5　　12.Nc8 Ke4　　13.Nxb6 Kd3　　14.a5 Kc3

15.a6

白胜。

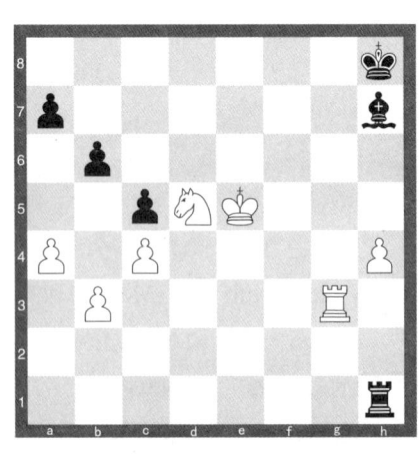

图 34

如图 35，白先。

1.Na5

白马准备调动至 c6 格，控制 b8 格，为 b 兵升变扫除障碍。

1...Ra8　　2.Ndc4

若急于走 2.Nc6，则有 2...Nb7　3.Rb2 R8a6，b 兵升变遇阻。

2...Nxe4　　3.b7 Rb8

4.Nc6 Rxc4

若走 4...Rxb7，则有 5.Rxb7 Rxc4 6.Rxa2 Rc5　7.Raa7，白胜。

5.Nxb8 Nc5　　6.Rxa2 Kg7　　7.Nc6 Nxb7

若走 7...f5，则有 8.b8Q。

8.Rxb7 Kg8　　9.Raa7

白胜。

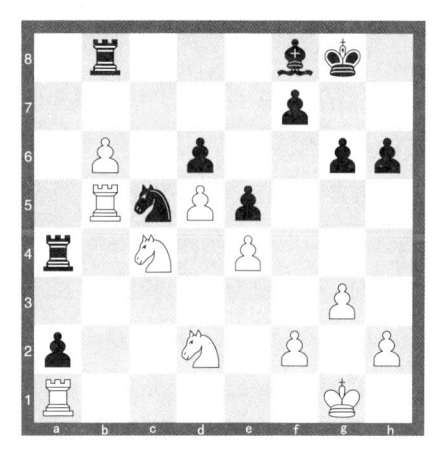

图 35

如图 36，白先。

实战中白方走的是 1.Rxh3，在 1...Qxh3　2.Rxh3 Rxh3　3.Ne4 Rxh2+ 4.Qxh2+ Bxh2　5.Kxh2 之后，形成均势局面。

1.Ne4

本局面中最有力的调动。白马的进攻计划是 Ne4-d6-f7。

可能的后续变化是：1...Bxg3　2.hxg3 Qh6　3.fxe6 fxe6　4.Rxf6 Qg7　5.Qb2 exd5　6.Nd6 dxc4　7.Nf7+ Qxf7　8.Rxf7+ Rhg7　9.Qf6 Bc6+　10.Kh2 Be4　11.Nf5 Bxf5　12.gxf5 c3　13.Qh6+ Rh7　14.Qxh7#。

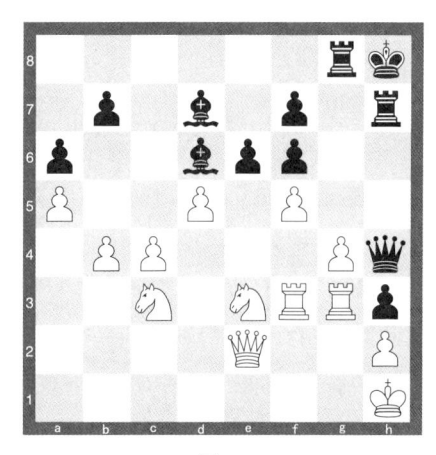

图 36

如图 37，白先。

1.Nc4

白方准备以马换象，消除黑象对白方的威胁。

若走 1.Rxf2，则有 1...Bxe3 2.Nxe4 Rxe4，白方此时不能走 3.Bxe4，因为有 3...Qxf2+ 4.Kh1 Qg1#。

1...Nh3+ 2.Bxh3 Qxh3

3.Nxb6 Qe6

不能走 3...axb6，因为有 4.Qxf7+ Kh7 5.Qxg7#。

4.Nd5 Rd8 5.Rd1

白方多子胜定。

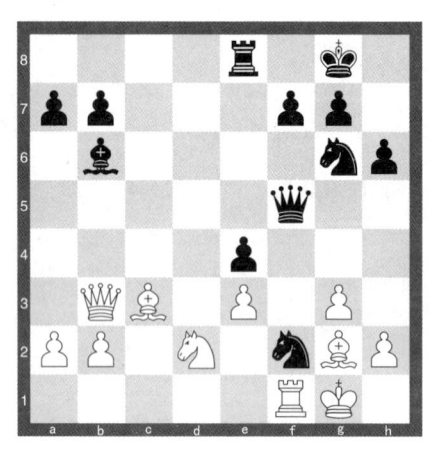

图 37

如图 38，白先。

1.Nb1

巧妙的回马。白马有两个调动计划，既可走 Nd2-f3-g5 在王翼展开进攻，又可走 Nd2-b3-c5 在后翼寻求发展，达到了一马兼顾两翼的效果。

1...Rxd2 2.Nxd2 Qd7

若走 2...Rd8，则有 3.Kh2 Rd7 4.Nb3 Qd8 5.Nc5 Rc7 6.Qb3 Qa8 7.c3 Na6 8.Qb6 Ra7 9.Nxa6 Rxa6 10.Qc7 Qe8 11.Qb7 Ra8 12.Rxf7 Qxf7 13.Qxa8+ Kh7 14.Qxa5，白胜。

3.Nf3 Bg3 4.Ng5 Rf8 5.Bc5 Bf4 6.Nh7 Kxh7 7.Bxf8 c5

8.Bxc5

白方多子胜定。

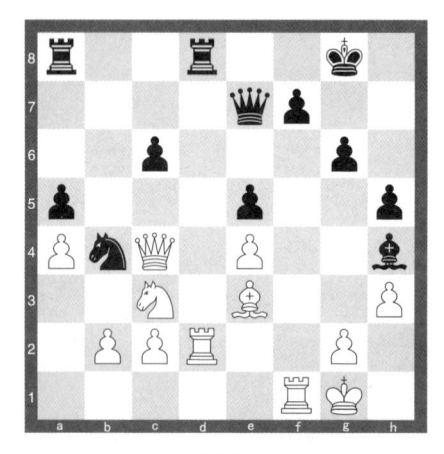

图 38

如图 39，白先。

1.Nd6

白马计划调至 c8 格，换掉保护 g8 象的黑马，利于白方双车在底线进攻。

1...g6　　2.Nc8 Kh7

若走 2...Nxc8，则有 3.Rxg8+ Kh7 4.Bxg6#。

若走 2...Kg7，则有 3.Nxe7 Bxa2　4. Nxg6 Bf7　5.Nh4 Kf6　6.Nf5 b4　7.Rc8 Qb7　8.Nxh6 b3　9.Rxf7+ Qxf7　10.Nxf7 bxc2　11.Rxc3 Kxf7　12.Rxc2，白胜。

3.Nxe7 Qxe7　4.Rfe8 Qf7　5.Rxg8 Qxg8　6.Rxg8 Kxg8　7.Bxg6 白胜。

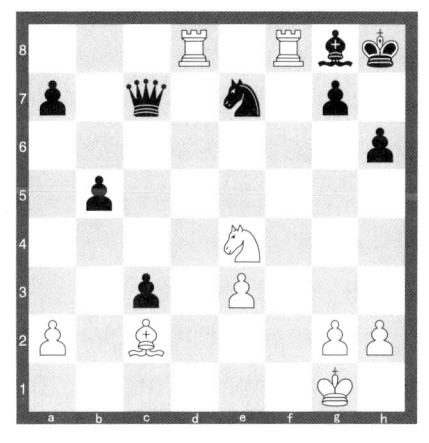

图 39

四、象的活跃

象专注于在白格斜线或者黑格斜线上发挥威力，攻击距离很远，控制范围很大，可以同时兼顾两翼，集进攻与防御角色于一身。拥有双象的一方可以更好地控制局面。

如图 40，黑先。白方多一后，但白王处于暴露状态；黑方虽仅多一象，但可以快速出子，率先将杀白王。

1...Bc5+　　2.Be3 Bxe3+

3.Kh2 g3+　　4.Kh3 Bc8+

5.e6 Bxe6+　　6.Qg4 Bxg4#

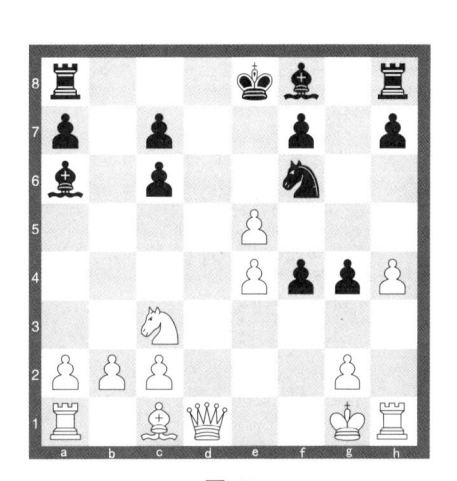

图 40

在本棋例中，象的远射程攻击威力得到充分展现。

如图41，黑先。黑白双方子力均等，但黑方子力更为活跃，王翼双兵已进至第三横线，占尽局面优势。实战中黑方仅用一步棋就迫使对手认输。

1...Bf3

最有力的着法，象、车、兵实现了最佳配合，威胁下一步 Rd1 杀王。若走 2.hxg3，则有 2...Rd1+ 3.Kf2 h2 4.Kxf3 h1Q+；若走 2.Rd2，则有 2...Rxd2 3.Kxd2 gxh2 4.Nxh3 h1Q，黑兵升变无法阻挡。

也可以走 1...Bg2 2.Nxh3 gxh2 3.Nf2 Bf3 4.Rd2 h1Q+ 5.Nxh1 Rxd2 6.Kxd2 Bxh1，黑方得子胜。

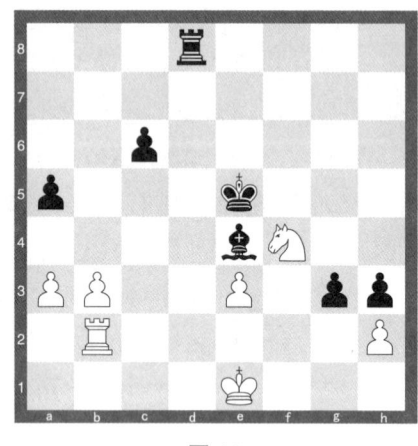

图 41

除了进攻，象的远射程优势在防御中也能很好发挥。

如图42，白先。

1.Bg8

若走 1.Bxg6，则有 1...a3 2.g5 hxg5 3.h5 a2 4.h6 a1Q，黑胜。

若走 1.Kxb6，则有 1...a3 2.Bg8 a2 3.Bxb3 a1Q，黑胜。

1...b2 2.Ba2

白象千里回防，阻止黑方通路兵升变，成功守和。

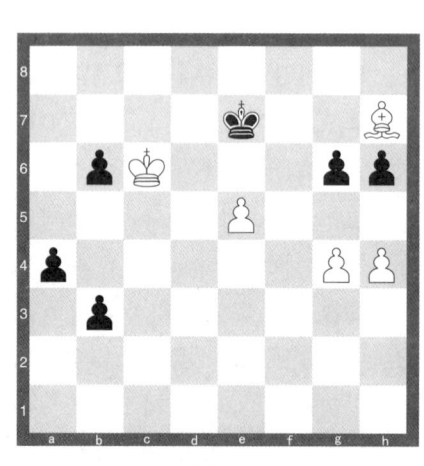

图 42

如图 43，黑先。

1...Bh4

制胜一着。若走 1...g5，则有 2.Kg4 Kg2 3.Nxh3 Bd6 4.Nxg5，黑方双连通路兵被消灭，和棋。

2.Ke3

若走 2.Ng4+，则有 2...Kg1，由于黑格象控制了 e1-h4 斜线，白王不能进入 g3 格威胁 h3 兵：3.Kf4 h2 4.Nxh2 Kxh2 5.Kg4 g5 6.Kf3 Kh3 7.Ke3 g4 8.Kf4 g3 9.Kf3 g2 10.Ke4 g1Q，黑胜。

2...Bxf2+

以象换马，确保黑兵顺利升变。

3.Kxf2 g5　　**4.Kf3 Kg1**

5.Kg3 h2　　**6.Kg4 h1Q**

黑胜。

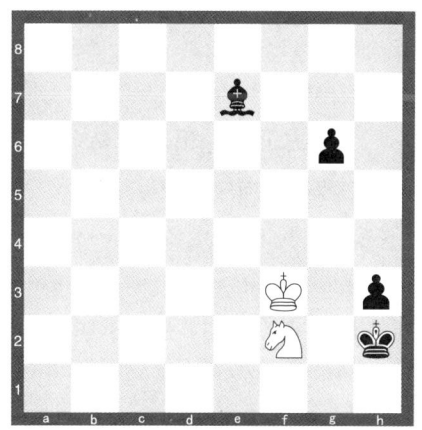

图 43

如图 44，白先。

1.Bg5

兑换黑格象，有利于白方后、车和 h 线通路兵的进攻。

1...Qd6

若走 1...Bxg5，则有 2.Qxg5+ f6 3.Qg7+ Kd6 4.Rd1+ Kc6 5.Qxf6+ Kb7 6.Qxd8 Qxd8 7.Rxd8，白胜。

若走 1...Qxb2，则有 2.Bxf6+ Kxf6 3.Qg7+ Ke7 4.Qxe5+ Kd7 5.Qc5 Rg8+ 6.Kf1 Qb8 7.Rd1+ Ke8 8.f6 Qb7 9.Qe5+ Kf8 10.Rd8#。

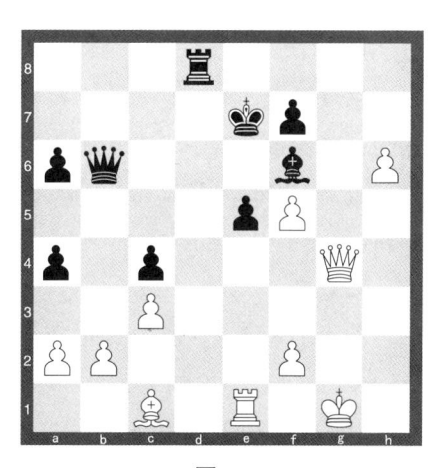

图 44

2.h7 Rh8　　3.Qh4 Bxg5　　4.Qxg5+ Kf8　　5.f6 Rxh7　　6.Qf5 Qc6

若走 6...Rh8，则有 7.Qc8+ Qd8　8.Qxd8#。

7.Qxh7 Ke8　　8.Rd1 Qxf6　　9.Qg8+ Ke7　　10.Qd8+ Ke6　　11.Qd7#

如图 45，黑先。

1...Bf4

为了充分发挥黑方王翼多兵的优势，黑象准备与白马进行兑换。

若走 1...h5，则有 2.Ne3+ Ke6　3.Nc2 Bd6　4.Nd4+ Ke5　5.Ne2 Kf6　6.Kg2 Kf5　7.f3 Be5　8.Kh3 g6　9.Kh4 Bd6　10.Kh3 Be5　11.Kg2 Bf4　12.Kh3 Bc7　13.Nd4+ Kf6　14.Kh4 Be5　15.Ne2 Kf5，黑方多兵优势难以发挥。

2.Ne3+ Bxe3　　3.Kxe3 g5

黑胜。

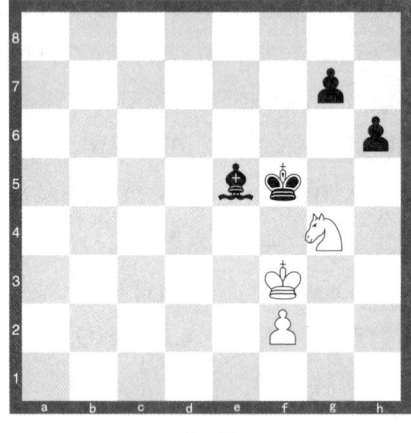

图 45

如图 46，白先。

1.Bc6

进攻黑后。黑后是个攻守兼备的角色，既保护 f7 兵，又对白王虎视眈眈。若走 1.Rxd3，则有 1...Qe1+　2.Bf1 Qxf2+　3.Kh1 Qxf1#。

1...Qe5

若走 1...Qf8，可能的变化如下：2.Rxd3 Bxd3　3.Qxd3 Qc5　4.Qd2 Kg7　5.Qb2+ Kh7　6.Rc8 Re5　7.Bb7 Re1+　8.Kg2 Qe5　9.Qb3 Qf6　10.Bf3

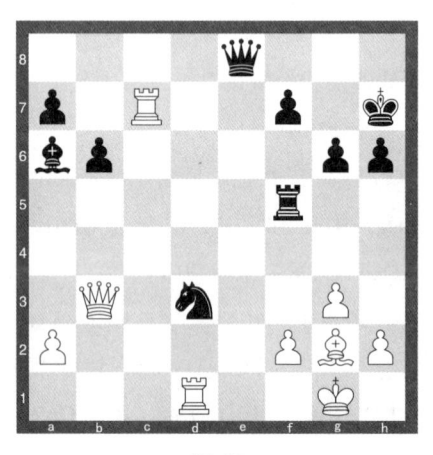

图 46

Kg7 11.Ra8 Re7 12.Qc4 h5 13.Qc8 Kh6 14.Qf8+ Kh7 15.Qd8 Qe5 16.Rc8 h4 17.Qg8+ Kh6 18.Rc4 h3+ 19.Kxh3 Qe6+ 20.Kg2 Qxc4 21.h4 Qxa2 22. Qh8#。

2.Rxf7+ Rxf7 3.Qxf7+ Qg7 4.Qe8 Qf6 5.Bd5 h5 6.Qe3 Nc5 7.Re1 Bd3 8.h4 Qd8 9.Qe7+ Qxe7 10.Rxe7+ Kh8 11.Rxa7

白胜。

如图 47，白先。

1.Bd1

中心处于封闭状态，白方的计划是 Bd1-a4，把己方阵营中不活跃的白格象与对方的象换掉，然后在两翼寻求突破。

1...Rh8 2.Ba4 gxh4+

3.Rxh4 Qc7 4.Bxc6 bxc6

5.a6 Qb6 6.Qa2 Qa7

7.Rh2 h5 8.Rb2 h4+

9.Kh3 Rhb8 10.Rxb8 Rxb8

11.Qd2 Qf7 12.Rg1 Rb6

13.g5 Rxa6 14.gxf6+ Kf8

若走 14...Kxf6 则立即杀棋：15.Qg5#。

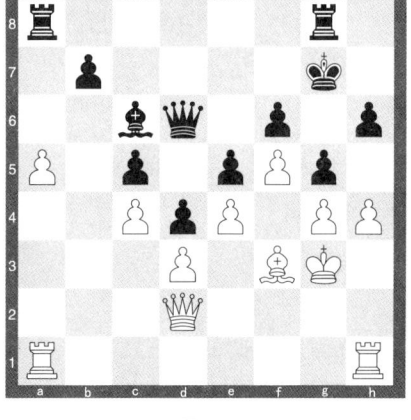

15.Qh6+ Ke8 16.Qh8+ Kd7 17.Rg7 Qxg7 18.Qxg7+ Kc8 19.f7 Kc7 20.f8Q+ Kb6 21.Qd8#

图 47

如图 48，白先。

1.Bf1

白格象将与白王配合，消灭黑方王翼和后翼的兵，黑方王和象则难以同时兼顾两翼的兵。

1...Kg6

若走 1...Bd7，则有 2.Bd3 Kg6 3.Ke5 Kg5 4.Bc2 Kg6 5.Bb3 Be8（5...Bc8 6.Be6 Bxe6 7.Kxe6 Kg5 8.c4 Kg6 9.d5 cxd5 10.cxd5 Kg5 11.d6）6.Be6 Kg7 7.Bxf5 Bh5 8.Bc8 Kf7 9.Bxb7 Ke8 10.Bxc6+。

若走 1...Bd5，则有 2.Bd3 Be6 3.Bc2 Bc8 4.Bb3 Bd7 5.Ba2 Bc8 6.Bg8 Bd7 7.Bb3 Bc8 8.Bc4 Bd7 9.d5 Be8 10.Bd3 Bd7（10...cxd5 11.Bxf5 Bh5 12.Bxg4 Bxg4 13.Kxg4）11.dxc6 bxc6 12.Bxa6。

2.Ke5 Kf7　　3.Bd3 Bd5　　4.Bxf5 Bf3　　5.Kf4 Kf6　　6.Bxg4 Bxg4　　7.Kxg4

白胜。

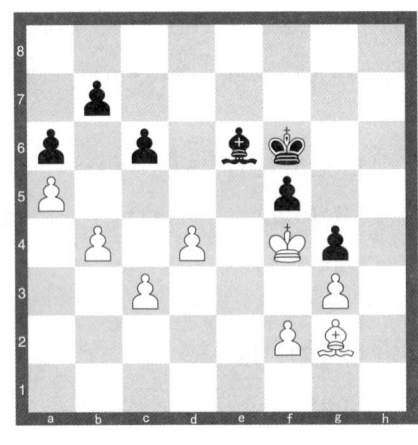

图 48

如图 49，白先。

1.Bc7

拦截，这是象的典型运用方法。白方黑格象阻止黑车从 c 线上进攻白王。

若走 1.Rxa5，白方将遭到黑方的"垂直打击"：1...Rc1+ 2.Kf2 Ne4+ 3.Kf3 Rc2 4.Bc4 f5 5.Be2 g6 6.h3 Nc3+ 7.Kf2 Rxe2+ 8.Kg1 Rxg2+ 9.Kf1 Rxa2 10.Rxa2 Nxa2，黑胜。

1...Ne4　　2.Ba6 Re8

3.Bxa5 Rb8　　4.Bc7 Re8

重复局面，和棋。

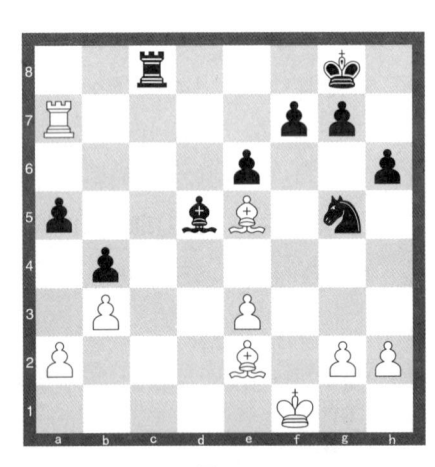

图 49

五、车的活跃

车在横线和竖线上可以快速地调动，战斗能力和生存能力都很强。车兵残局是最常见、最复杂的残局类型之一。

横向调动是车的典型活跃方式，也是常用的进攻方法。

如图50，黑先。黑白双方虽然在子力上大致相当，但黑方子力更积极、协调，可以率先对白王形成威胁。

1…Ra7

黑车进行横向调动，准备经过 a7 格到达 f7 格，在后、马、象的配合下一举将杀白王。

若走 1…Nxb3，则有 2.Qxb3 Rxb3 3.Ke4（3.cxb3 Rd3#）3…Rxe5+ 4.Kd4 Rd5+ 5.Kc4 Qxc2+ 6.Bc3 Qxc3#。

2.Bxd5+ Rf7#

黑方进行了高效的子力调动，黑车只走了两步棋就将杀白王。

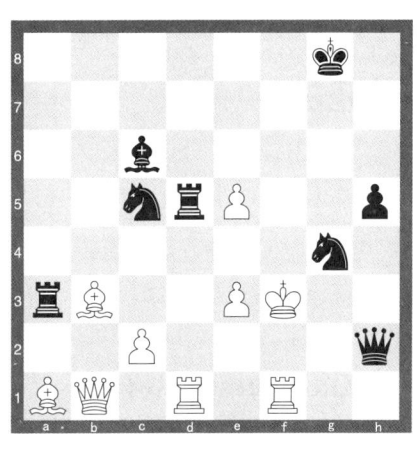

图 50

如图51，白先。黑白双方子力均等，但白方后、双车、双象位置俱佳，拥有压倒性的局面优势。

1.Rg4

白车通过 g4 格到达 h4 格，进行车的横向调动，与后、象携手攻王。

1…Rf8　　2.Rh4 Be8

3.Bxf5+ Kh8

图 51

·033·

若走 3...Qxf5，则有 4.Qxh6+ Rxh6　5.Rxh6#。

4.Qg4 Qe7　5.Bxh6 Rcf6　6.Bxf8+ Rh6　7.Qg8#

如图 52，黑先。

如果兵尚未通过棋盘的中间位置，防御方通常能求得和棋。成功进行防御的关键是，防御方的车和对方的兵之间必须相隔至少三条横线。

1...Kf6

若走 1...Rd5，则毫无必要地缩短了车兵之间的距离：2.Kc4 Rd7　3.d5 Rc7+　4.Kb5 Rb7+　5.Kc6 Rh7　6.d6 Rh3　7.Kc7 Rd3　8.d7 Rc3+　9.Kd6 Rd3+　10.Ke7 Kg5　11.d8Q，白胜。

2.Kc4 Rc8+　3.Kb4 Rb8+　4.Kc5 Rc8+　5.Kb6 Rd8

不能走 5...Rb8+，因为有 6.Kc6 Rc8+　7.Kd7 Rb8　8.d5，白胜。

6.Kc5

6.Rd1 Rc8　7.d5 Ke7　8.d6+ Kd7，白兵无法升变，和棋。

6...Rc8+

和棋。白王没有安全的庇护所来躲避黑车的攻击。

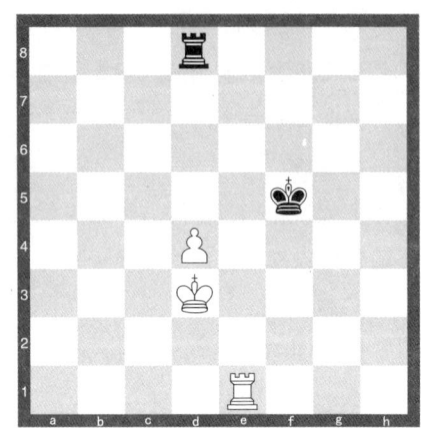

图 52

下面研究车兵残局中"合龙法"的运用。

如图 53，白先。

白方 d 线通路兵位于次底线，但由于黑车在后面看着，不能直接冲至底线

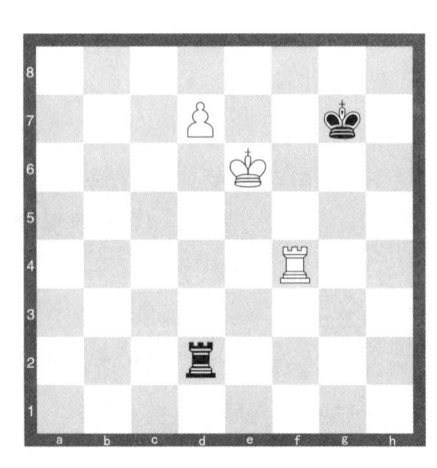

图 53

升变。在类似局面中，多兵的一方可运用经典的子力调动技巧——"合龙法"（修建桥梁、堤坝等时从两端施工，最后接合中间的缺口，称为合龙。），车与王协调配合，挡住对方的车，掩护兵升变。

1.Rf5

白车进至第五横线，在防止黑王靠近白方通路兵的同时，又准备接走 Rd5，保护白王和 d 线通路兵。若走 1.Ke7 则会受到黑车的持续骚扰：1...Re2+　2.Kd6 Rd2+　3.Kc7 Rc2+　4.Kd6 Rd2+　5.Ke6 Re2+　6.Kd5 Rd2+　7.Rd4 Rxd4+　8.Kxd4 Kf6　9.d8Q+，白方取胜的过程延长了。

1...Rd4　　2.Rd5

车和王在第五横线实现合龙。

2...Re4+　　3.Kd6 Rf4

现在，黑王和黑车都已无法阻止白兵升变。

4.d8Q Rf6+　5.Ke5 Rf7　6.Qg5+ Kh7　7.Rd6 Kh8　8.Qh6+ Kg8　9.Rd8+ Rf8　10.Rxf8#

再看一个"合龙法"的运用实例。

如图 54，黑先。

多兵的一方有不止一种方法赢棋，本书重点研究用"四步法"实现合龙。

1...Rg8+

第一步，将对方的王赶开，使其远离己方的兵，同时有利于己方的王撤离底线，实现兵的升变。

2.Kh2

若走 2.Kf3，则有 2...Kf1　3.Re7 e1Q，黑胜。

2..Rg5

第二步，黑车进至第五横线，向黑王靠拢，为合龙做准备。若走 2...Rg4 则

图 54

有 3.Kh3，车会受到对方王的骚扰。

3.Kh3 Kf2

第三步，黑王向黑车靠拢，准备合龙，同时让出兵的升变格。

4.Rf7+ Ke3　　5.Re7+ Kf3

王向车靠拢的同时保护好己方的兵，免遭对方车的攻击。

6.Rf7+ Ke4　　7.Re7+ Re5

第四步，车和王在第五横线实现合龙，将掩护黑兵升变。

8.Rh7 e1Q　　9.Kh2 Ke3　　10.Rh8 Qe2+　　11.Kh1 Qf3+　　12.Kh2 Kf2

13.Re8 Qh5#

下面研究车兵残局中的菲立道尔局面。

如图 55，黑先。

白方多一通路兵，并且已进至第六横线，但黑王占据了白兵的升变格，黑车可以从白王的后方展开攻击，消灭白方通路兵，或者长将，形成和棋。

1...Rb1　　2.Kg6

若走 2.Ra8+，则有 2...Kf7　3.Rd8 Rg1+　4.Kf5 Rf1+　5.Ke5 Re1+，白王没有藏身之所，黑方获得长将和棋的机会。

2...Rg1+　　3.Kh7 Rh1+

4.Kg6 Rg1+　　5.Kh5 Rh1+　　6.Kg4 Rg1+　　7.Kh3

若走 7.Kf3，则有 7...Rf1+　8.Kg2 Rxf6，白兵被消灭，和棋。

7...Rf1　　8.Ra6 Kf7　　9.Ra7+ Kxf6

少兵的黑方成功收获和棋。

另一方面，在图 55 局面中，若由白方先走则能强制取胜：

1.Kg6

白王和兵控制了第七横线上黑王能进入的格子。为避免被将杀，黑车只能

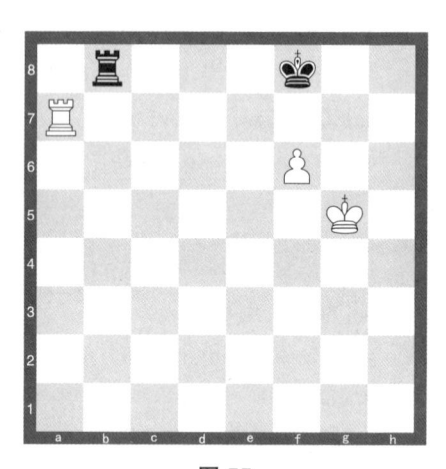

图 55

留在第一横线，而这种被动局面对黑方来说是致命的。

1...Rd8

改走如下三种变化均为白胜：

1...Rb1　2.Ra8+ Rb8　3.Rxb8#；

1...Kg8　2.Rg7+ Kh8（2...Kf8　3.Rh7）　3.Rh7+Kg8　4.f7+ Kf8　5.Rh8+ Ke7 6.Rxb8 Kd6　7.f8Q+；

1...Ke8　2.Kg7 Kd8　3.f7 Rb5　4.f8Q#。

2.Rh7 Ke8　3.Rh8+ Kd7　4.Rxd8+ Kxd8　5.f7 Ke7　6.Kg7 Kd6 7.f8Q+

白胜。

下面研究车兵残局中"六线守和法"的运用。

如图56，黑先。

白方多一通路兵，但白王和白兵都未到达第六横线，黑王占据了白兵的升变格。和图55的局面一样，黑方同样可以守和。

图56

1...Rb6

防御方（少兵的一方）的车控制第六横线，阻止对方走Kg6。

若走1...Rb1，则有2.Kg6 Rg1+　3.Kf6 Kg8，也是和棋。但若走3...Ke8则铸成大错：4.Ra8+ Kd7　5.Kf7 Kd6　6.f6 Kd7　7.Kf8 Ke6　8.Ra6+ Kd7　9.f7 Rg5 10.Ra7+ Kd8　11.Ra4 Rg3　12.Rd4+ Kc7　13.Ke7 Re3+　14.Kf6 Rf3+　15.Ke6 Kc6　16.Rd6+ Kb5　17.Rd5+ Kc4　18.Rf5 Re3+　19.Kf6 Ra3　20.f8Q，白胜。

2.f6 Rb1

由于白王无法躲藏于兵的前方，黑车开始从王的后面展开攻击。

3.Kg6 Rg1+　4.Kh6 Rh1+　5.Kg5 Rg1+　6.Kf5 Rf1+　7.Ke5 Re1+

在这种车兵对车的残局中，如果防御方的王占领了兵的升变格，并且车控制了第六横线（防御方是白方时，白车需控制第三横线），双方将战成和局。

另一方面，在图56局面中，若由白方先走则能获胜。

1.Kg6 Rb1

若走1...Rb6+，则有2.f6 Rb1（2...Rb8　3.Rh7 Ke8　4.Rh8+ Kd7　5.Rxb8 Kc7　6.Rb4 Kd6　7.f7 Ke5　8.f8Q，白胜）3.Ra8+ Rb8　4.Rxb8#；

若走1...Rc8，则有2.f6 Rd8　3.Rh7 Ke8　4.Rh8+ Kd7　5.Rxd8+ Kxd8　6.f7 Ke7　7.Kg7 Kd8　8.f8Q+，白胜。

2.Ra8+ Ke7

白车将黑王从兵的升变格上赶走。

3.f6+ Kd6　4.Ra6+ Kc5　5.f7 Rg1+　6.Kh7 Rh1+　7.Kg7 Rg1+　8.Rg6 Rf1　9.f8Q+

白胜。

如图57，黑先。

白方威胁一步杀，黑王必须选择向正确的一边移动：

1...Kg8

黑王必须向较短的一边（王翼）移动，以便让黑车在从较长的一边（后翼）进行将军时，有足够的空间去骚扰白王。

不能走1...Ke8，因为有2.Ra8+ Kd7　3.Rf8 Rh1　4.Kf7 Rh7+　5.Kg6 Rh2　6.f6 Rg2+　7.Kf7 Rh2　8.Rg8 Rh7+　9.Kg6 Rh1　10.f7 Rg1+　11.Kh6 Rh1+　12.Kg7 Rg1+　13.Kh5 Rh1+　14.Kg4 Rg1+　15.Kh3 Rh1+　16.Kg2 Rh7　17.f8Q，白胜。

2.Ra8+ Kh7　3.Ke6 Rb1

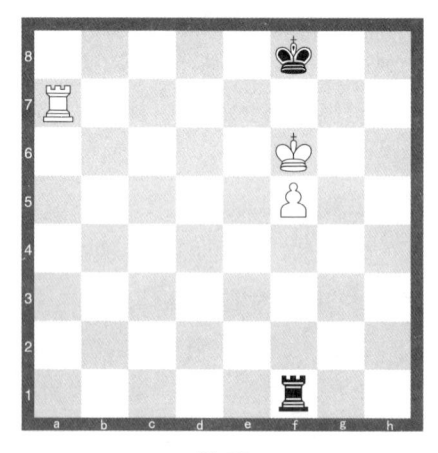

图57

3...Kg7　4.Ra7+ Kf8，和棋。

4.f6 Rb6+　　5.Ke7 Rb7+　　6.Kd6 Rb6+　　7.Ke5 Rb5+　　8.Kf4

8.Ke6 Rb6+，白方始终无法改善它的局面。

8...Kg6　　9.Ra6 Rf5+　　10.Ke4 Rxf6　　11.Rxf6+ Kxf6

和棋。

防御方的王必须向较短的一边移动，以便让防御方的车有足够的空间从侧面攻王。只有在有兵的一方的王和防御方的车之间相隔至少三条竖线时，这种防御方法才能派上用场。

如图58，白先。

1.R2a5

积极而有力的调动，白方双车准备协同进攻黑方底线。

1...Nxe4　　2.Rb5

车的横向调动。

2...Qc7　　3.Rxb4 Nxg3

4.Qc4 Qxc4　　5.Nxc4 Nxh5

6.Rbxb8 Rxb8　　7.Rxb8+ Kh7

白方多一车少一兵，胜定。

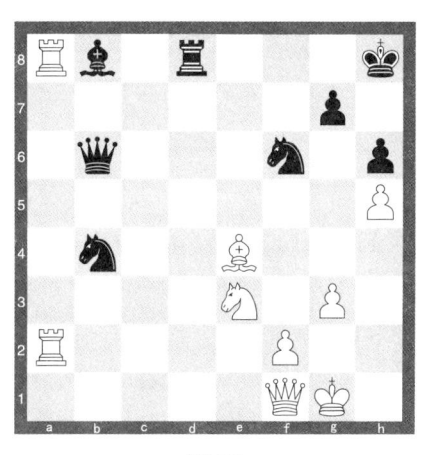

图 58

如图59，白先。白方后翼双连兵对黑方后翼一个孤兵，兵形差异是白方进攻计划的依据。

1.Rc4

白车准备接走Rc6，换掉黑车或者消灭b6兵，依靠后翼通路兵获胜。

若急于冲中心兵，白方不能扩大

图 59

优势：1.e4 Rf8　2.Ke3 g4　3.e5 Kg5　4.Rb1 Ra8　5.Ra1 Kf5　6.Kd4 Rd8+　7.Ke3 Kxe5　8.a5 bxa5　9.Rxa5 Kd5　10.b6+ Kc6　11.Rg5 Kxb6　12.Rxg4，和棋。

1...Kh5　2.Rc6 Rf4　3.Rxb6 Rxa4　4.Rb8 g4　5.b6 Ra2+　6.Ke3 Kh4　7.b7 Rb2　8.Kf4 Kh5　9.Rh8+ Kg6　10.b8Q Rxb8　11.Rxb8

白胜。

如图 60，白先。

1.Ra8

限制黑方车、马的活动性。

若走 1.Rxa6，黑方子力将趁机活跃起来：1...Nc6　2.Bd2 Rb8　3.Kg2 f5　4.Kg3 Rg8+　5.Kf4 Rg2　6.Be3 Rxh2，形成均势局面。

1...Kd6　2.Bf4+ Kd7　3.Ra7+ Ke6　4.Rxa6+

白车此时吃兵，有将军的先手，黑方车、马仍无活跃的机会。

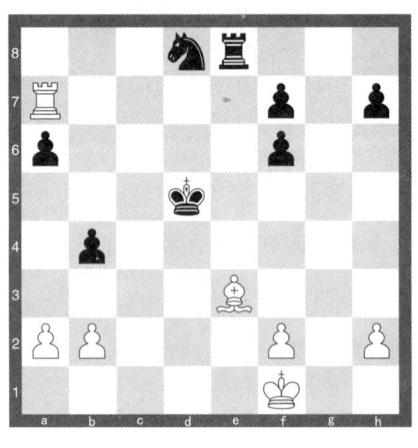

图 60

4...Kf5　5.Bd2 Re4　6.Rb6 Rh4　7.Kg2 Rg4+　8.Kf3 Rh4　9.Rxb4 Rxh2　10.a4 h5　11.a5 Nc6

黑马终于活跃起来了，可惜为时已晚。

12.a6 Nxb4

若走 12...Na7，则有 13.Be3，白方后翼双连通路兵势不可挡。

13.a7 Nd3　14.a8Q Rxf2+　15.Ke3 Rf4　16.Kxd3

白胜。

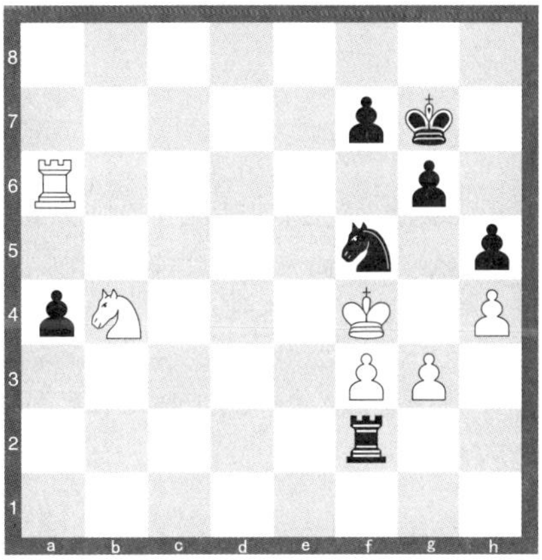

第二章 局面型弈法的核心

如图61，黑先。

1...Rd2

黑车到达最佳位置，准备从中心线发起攻击，在黑方马、兵的支持下将杀白王。

2.Ke5

若走2.Rxa4，则有三步杀：2...Rd4+ 3.Ke5 f6+ 4.Ke6 Rd6#。

2...a3　　3.g4

若走3.Rxa3，则有两步杀：3...f6+ 4.Ke6 Rd6#。

3...f6+　　4.Ke6 Nd4+　　5.Ke7 Rb2　　6.Nd3 Re2+　　7.Kd8 Nxf3

8.gxh5 Rd2　　9.Ra7+ Kf8　　10.Rxa3 Ne5　　11.Ra6 Rxd3+

黑胜。

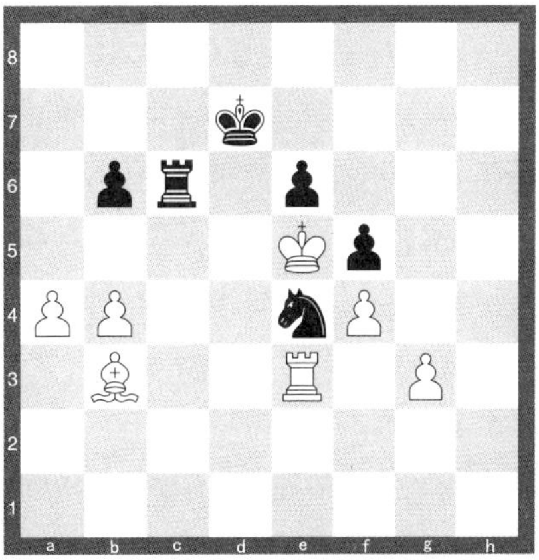

图61

如图62，白先。

1.Re2

白车现在既可从后翼进攻，也可从王翼进攻。

1...Nxg3

若走1...Rd6，白车将从王翼进攻，与白象配合消灭黑兵：2.Rh2 Ke7 3.Rh7+ Kd8 4.g4 Ke8 5.Bxe6 Rd2 6.Bxf5，白胜。

2.Rc2

换掉黑车，白象得以在白王的支持下消灭黑兵。

2...Rxc2　　3.Bxc2 Nh5　　4.Bd1 Ng3　　5.Bb3 Ke7　　6.Bxe6 Ne4

7.Bxf5

白胜。

图62

六、后的活跃

后堪称"三军主帅",可以同时作用于横线、竖线、斜线,威力强大,和车一样,都属于重子。

楼梯着法是后特有的活跃方式。

如图 63,白先。

黑方王和兵都已进至第二横线,白方王和后目前离黑方子力很远,白后可以运用独特的子力调动技巧——楼梯着法,像爬楼梯一样,一步一步地靠近黑王和黑兵,最后在白王的支持下将杀黑王。

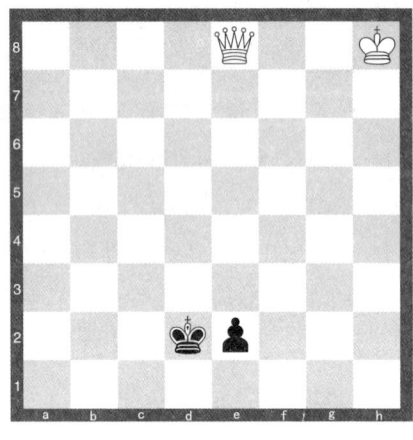

图 63

1.Qd7+ Kc1　2.Qe6 Kd2　3.Qd5+ Kc2　4.Qe4+ Kd1　5.Qd3+ Ke1

白后反复利用将军和吃兵的威胁,到达了离黑王和黑兵最近的位置,并且迫使黑王堵住了黑兵的升变格。若走 5...Kc1 则会丢兵:6.Qxe2。

6.Kg7

现在黑兵不能升变,白王抓住时机向白后靠拢。

6...Kf1　7.Kf6 Kf2　8.Qd2 Kf1　9.Qf4+ Kg2　10.Qe3 Kf1
11.Qf3+ Ke1

白后再次迫使黑王堵住了黑兵的升变格,为白王的到来争取时间。若走 11...Kg1 则会丢兵:12.Qxe2。

12.Ke5 Kd2　13.Qf2 Kd1　14.Qd4+ Kc2　15.Qe3 Kd1　16.Qd3+ Ke1
17.Ke4

白王只能利用黑王堵住升变格的机会向白后靠拢。

17...Kf2　18.Qf3+ Ke1　19.Kd3

白王终于赶到,即将配合白后实施将杀。

19...Kd1　　20.Qxe2+ Kc1　21.Qc2#
白胜。

如图64，白先。
尽管有王和车的双重保护，黑兵依然没有机会升变。
1.Qa8
白后在白格大斜线牵制，黑方只能走王。
1...Kg1　　2.Qa7+
白后利用将军逐渐逼近黑王。
2...Kh1　　3.Qb7 Kg1
4.Qb6+ Kh1　5.Qc6 Kg1　6.Qc5+ Kh1　7.Qd5 Kg1　8.Qd4+ Kh1
9.Qe4 Kg1　10.Qe3+ Kh1　11.Qf3
楼梯着法的另一种表现形式，反复利用将军和牵制，白后到达了最佳位置。
11...Kg1　　12.Qf1#
白胜。

图64

后对二线兵（或七线兵），在后方的王距离兵较远的局面中，如果兵位于车线（即a线和h线）或者象线（即c线和f线）则是和棋；如果兵位于其他线（b线、d线、e线和g线），有后的一方将能赢棋。

如图65，白先。
1.Qg4+ Kf1　2.Qh3+ Kg1
3.Qg3+ Kh1　4.Kg7
虽然黑王被迫堵住了兵的升变格，但

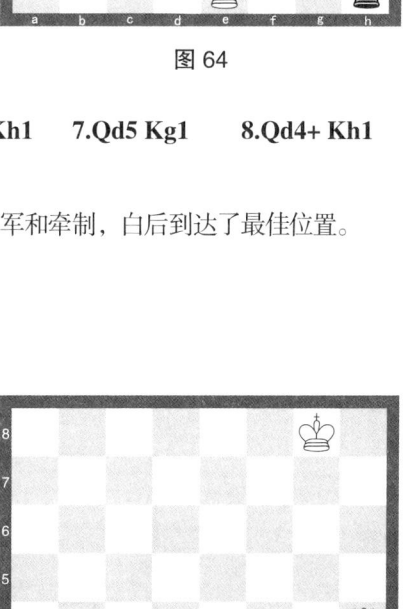

图65

是白王只要一动就立即形成逼和局面。

也可以走 4.Qf3+ Kg1　5.Qg4+ Kf1 6.Qc4+ Kg1，长将和棋，白方若走 7.Kg7 则 7...h1Q，单后对单后，还是和棋。

如图 66，白先。

1.Qg3 Ke2　2.Qg2 Ke1
3.Qe4+ Kf1　4.Kb6 Kg1
5.Qe3 Kg2　6.Qe2 Kg1
7.Qg4+ Kh1　8.Qf3+ Kg1
9.Qg3+ Kh1　10.Qxf2

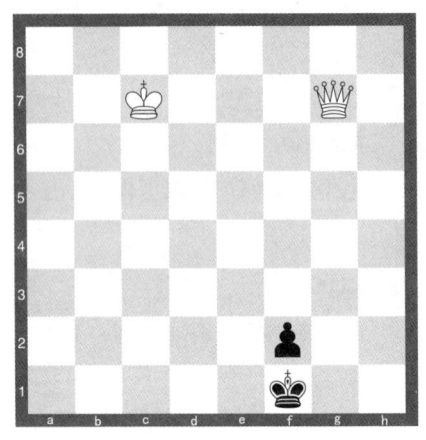

图 66

黑王被困角落，由于存在逼和的可能，白王根本来不及赶过来协助白后将杀黑王。

在后对二线兵（或七线兵）的残局局面中，如果后方的王距离兵较近，即使兵位于车线（即 a 线和 h 线）或者象线（即 c 线和 f 线），后方依然可以取胜。

如果白王位于下图中标示的区域（制胜区域）之内，无论白后距离远近，白方先行均可获胜。

含有边兵的制胜区域如下图所示：

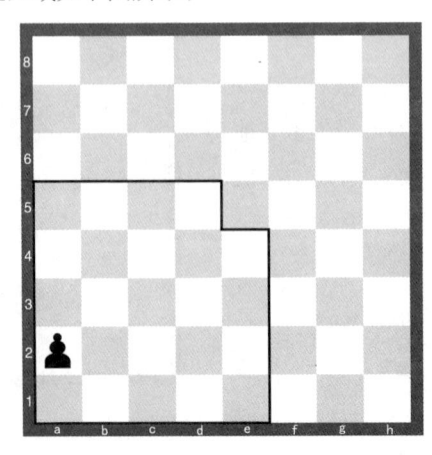

含有象线兵的制胜区域（防御方的王位于较短的一边）如下图所示：

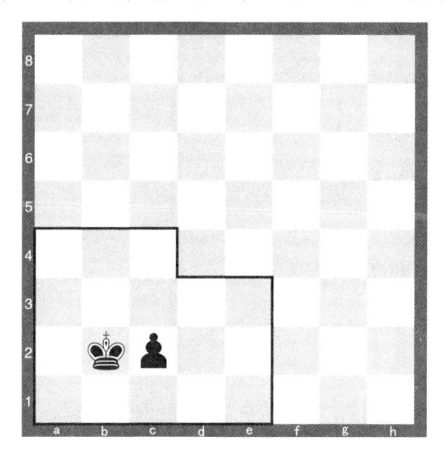

含有象线兵的制胜区域（防御方的王位于较长的一边）如下图所示：

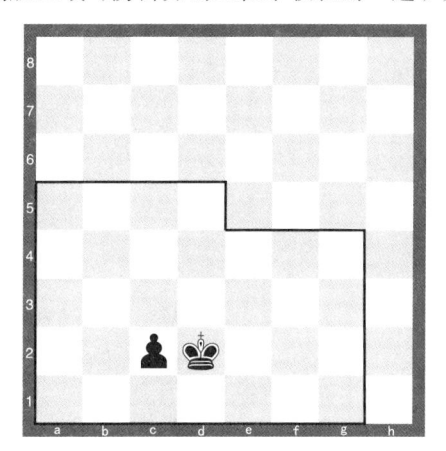

上述后兵残局理论对于实战具有指导、启发作用。

如图 67，白先。

1.g5 hxg5+　　2.Ke3

若走 2.Kxg5，白王离开了制胜区域：2...Kxa2　3.h6 a3　4.h7 Kb1　5.h8Q a2　6.Qb8+ Kc2　7.Qa7 Kb1　8.Qb6+ Kc2　9.Qa5 Kb1　10.Qb4+ Kc2　11.Qa3 Kb1　12.Qb3+ Ka1　13.Kf4，逼和。

2...Kxa2   3.h6 a3
4.h7 Kb1   5.h8Q a2
6.Qb8+ Kc2   7.Qa7 Kb1
8.Qb6+ Kc2   9.Qa5 Kb1
10.Qb4+ Kc2   11.Qa3 Kb1
12.Qb3+

白后利用楼梯着法到达了离黑王最近的位置。

12...Kc1

若走 12...Ka1，则有 13.Qc2，没有逼和，13...g4　14.Qc1#。由此可见，白方保留黑方的 g 兵是多么正确。

13.Kd3

白王从未远离。

13...a1Q   14.Qc2#

白胜。

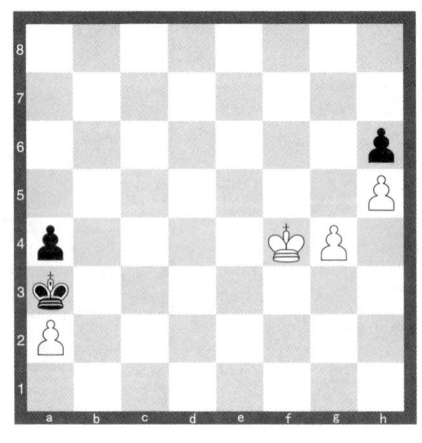

图 67

如图 68，黑先。

1...Qg6

若走 1...Qe5，试图 Qxh2 杀王，则在 2.Rg5+ Kf2　3.e4 Qh8+　4.Rh5 Qe8　5.Rxf5 之后，形成均势局面，此时不能走 5...Qxa4，因为有 6.Bd1+ Ke1　7.Bxa4，黑方反而落败。

2.Rh8 Qg5   3.Rh7 Qf4

黑方的取胜计划很清晰：黑后进行 Qg6-g5-f4 的调动，对白方形成了 Qxh2 杀王和 Qxa4 得兵两种威胁。

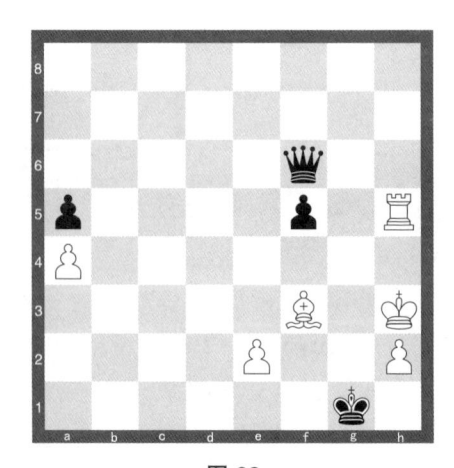

图 68

4.Rg7+ Kf2　5.Rg2+ Kf1　6.Rg6 Qxa4　7.Kg3 Qe8　8.Ra6 Qg8+　9.Kf4 Qc4+　10.Kxf5 Qxa6

黑胜。

如图69，白先。黑方拥有多一马的子力优势，白方后、双车、象必须发起快速而有效的进攻才可能获得胜利。

1.Qh7

致命一击。白后控制g8格，切断了黑王的后撤之路，同时牵制g7兵，有力地支持了白方车、象的进攻。

若走 1.Qf5+ Kg8，黑胜；

若走 1.Rf5+ Kg8　2.Qxc4+ Kh8，黑胜。

1...Re6

若走 1...Be7，则有 2.Rf5+ Ke6　3.Qg6+ Bf6　4.Rxf6+ gxf6　5.Qxf6#；

若走 1...Nd7，则有 2.Rf5+ Ke6　3.Qg6+ Nf6　4.Rxf6+ gxf6　5.Qxf6#。

2.Rf5+ Rf6　3.Rxf6+ Ke8　4.Qg6+ Ke7　5.Qf7#

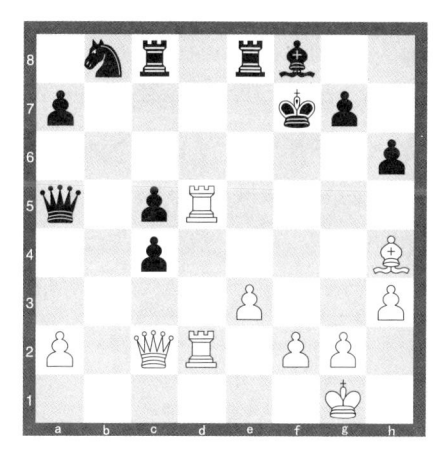

图69

在有些局面中，同时存在着局面型手段和战术手段，可以采用相对更优的方法去处理局面。

如图70，白先。

1.Qg4

白方后、车联手进攻e6象。若走 1.Nd5将招致灭顶之灾：1...Qh5+　2.Kg1 Rc1+　3.Qf1 Qxg5+　4.Kh2 Rxf1　5.Rd8+ Kf7　6.Bxb6 Qg3#。

也可以采用战术手段：1.Rxe6

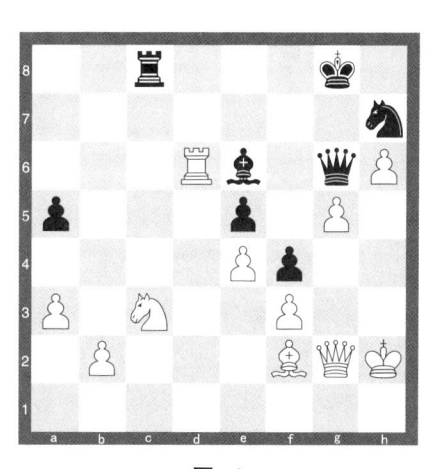

图70

Qxe6　2.g6 Nf8　3.h7+ Kg7　4.h8Q+ Kxh8　5.g7+ Kg8　6.gxf8Q+ Kxf8　7.Qh3 Qxh3+　8.Kxh3 Rc6　9.Kg4 Rh6　10.Nd5 b5　11.Kf5 Rh5+　12.Ke6 Rh3　13.Kxe5 Rxf3　14.Bc5+ Kg8　15.Nxf4，白胜。

1...Re8　**2.Nd5 Kf7**　**3.Nxf4 exf4**　**4.Qxf4+ Kg8**　**5.Be3 Nf8**
6.Kg3 Nd7　**7.Bxb6 Nxb6**　**8.Rxb6 Qh7**　**9.Rb8 Bf7**　**10.Qd6 Bh5**
11.Qd5+ Kf8　**12.Qc5+ Kg8**　**13.Rxe8+ Bxe8**　**14.Qd5+ Kf8**　**15.Qxa5**

白方少一子多六兵，胜定。

如图71，黑先。

1...Qb3

若走 1...Ra1，将遭到白方反击：2.Qxe4 b1Q　3.Rxg7+ Kxg7　4.Qe7+ Kg8　5.Qe8+ Kh7　6.Qg6+ Kh8，长将和棋。

2.Rc7

若走 2.d7 则丢车：2...Qxf7。

2...Qa2　**3.Qxa2 Rxa2**
4.Rc2 b1Q　**5.Rxa2 Qxa2+**

黑胜。

七、综合运用

马象杀王属于基础残局，虽然在实战中出现的概率较低，但马、象、王三个子协调配合，将杀对方的王，是典型的局面型弈法，在发挥子力动态价值、控制局面等方面都有研究价值。

如图72，白先。

马象必杀单王。马象杀王的战略思想：马、象、王三子协调配合，将对方的王逼到与自己的象同色格的角落，完成将杀。

1.Kd4 Kf6　**2.Ne6 Kg6**　**3.Ke5 Kh7**　**4.Kf6**

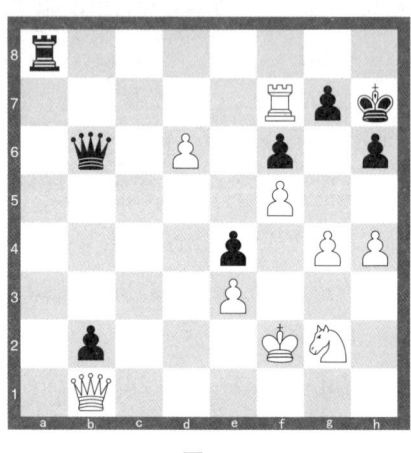

图71

第二章 局面型弈法的核心

白王到达与黑王相隔一条竖线的地方，目的是将黑王限制在边线上，防止其向棋盘中心运动。

4...Kg8　　5.Bf5 Kh8

6.Nf4 Kg8　　7.Ng6 Kh7

8.Be6 Kh6

白方马、象调整位置，形成了马象杀王定式局面。

9.Bg8

由于白方有白格象，所以白方须把黑王逼到白格角落（a8 格或者 h1 格）

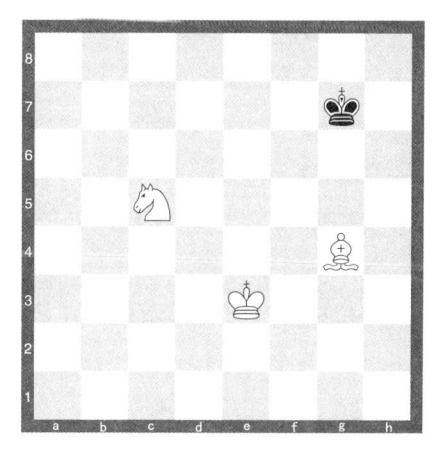

图 72

将杀。目前黑王已经被压制在 h 线上，白格象控制 h7 格，迫使黑王向 h1 格的方向移动。

9...Kh5　　10.Ne5 Kh4　　11.Bd5 Kh5　　12.Be4 Kh6　　13.Nf7+

白格由白格象控制，黑格则由位于白格的马来控制。

13...Kh5　　14.Bf3+ Kh4

黑王无法向 h8 格移动，只能继续向 h1 格的方向移动。

15.Kf5

白王及时跟进，保持与黑王相隔一条竖线或者横线的距离。

15...Kg3　　16.Ne5 Kh3　　17.Kf4 Kh4　　18.Be2

等着。等待黑王进入 h3 白格。

18...Kh3　　19.Bg4+ Kg2

不能走 19...Kh4，因为有 20.Nf3 或者 20.Ng6 杀王。

20.Nd3

白马控制 e1、f2 两个黑格，白王控制 g3 黑格，白格象控制 d1、e2、h3 三个白格，黑王的活动空间仅剩下棋盘右下角的五个格子。

20...Kg1　　21.Kg3

及时对王。

·049·

21...Kf1　　22.Bf3

等着。迫使黑王回到 g1 格。

22...Kg1　　23.Be2

控制 f1 格。黑王现在仅有 g1 格和 h1 格可以活动。

23...Kh1　　24.Nf4

白马向王翼调动。

24...Kg1　　25.Nh3+ Kh1　　26.Bf3#

马、象连续将军，最终将杀黑王于白格角落。

这是马象杀王的完整过程。

如图 73，白先。白方需为 h 线通路兵升变扫清障碍，为控制 h8 升变格而战。

1.Ba7

将黑方黑格象从中心大斜线上引开。当然不能急于走 1.h7，因为有 1...e4，升变格被黑方控制。

1...Ba1

若走 1...Bxa7，则有 2.h7 Kg4　3.h8Q，白兵如愿升变。

2.Kb1

白王的计划是利用捉象的先手从 b1 格经过 c2 格，快速到达 d3 格，这样可同时监控 d4 格和 e4 格，防止黑方挺兵 e4 并控制 h8 格。

2...Bc3　　3.Kc2 Ba1　　4.Bd4 exd4

若走 4...Bxd4，则有 5.Kd3 Kg5　6.h7 Kg6（6...e4+　7.Kxd4 e3　8.Kxe3 Kf6　9.h8Q+）7.h8Q，白胜。

5.Kd3 Kg5　　6.h7 Kg6　　7.h8Q

白胜。

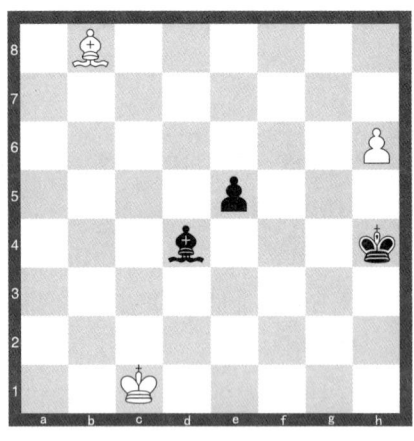

图 73

第二章 局面型弈法的核心

如图 74，白先。白方车马象双兵对黑方后象单兵，在类似这种无后对有后的局面中，无后的一方若要赢棋，关键是要实现子力之间的协调配合，要么消灭对方的后，要么率先杀王。图中局面，白方要实现车、马、象三个子力之间的协调。

1.Bb6

白方实现子力协调的关键一着。黑格象调动至 b6 格，目的是控制 c7 格，这样白车可进入 c7 格攻击黑王，车和象就协调起来了。

1...Qh2+   2.Kg5 Be4   3.Rc7+ Kd8

若走 3...Kb8，则有 4.Nc6+ Ka8   5.Ra7#，车和马也实现了协调。

4.Rc2+ Ke7   5.Rxh2

车象配合，闪击得后，白胜。

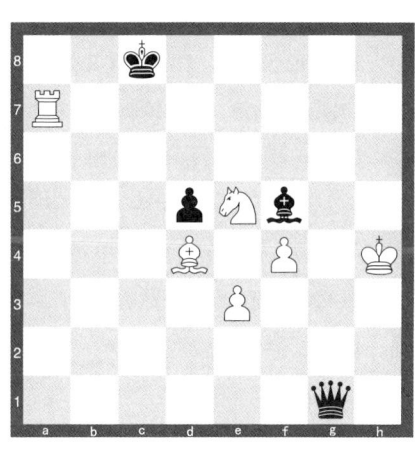

图 74

如图 75，黑先。

1...Ke5

黑方的计划是王与马配合消灭白方 c4 兵，制造通路兵取胜。

2.Kf2 Kd6   3.Ke2 Kc6

黑王等待白马走开之后再走 Kb6-a5-b4。

4.Kf2 Nd8   5.Ke2 Nf7

6.Kf2 Ne5

黑马调动至 e5 格，准备与黑王配合消灭 c4 兵。

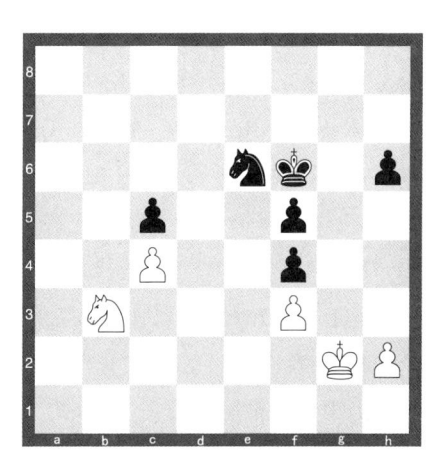

图 75

7.Nd2 Kb6   8.Ke2 Ka5   9.Kd1 Kb4   10.Kc2 h5   11.h3 h4
12.Kb2 Nxc4+ 13.Nxc4 Kxc4 14.Kc2 Kd4   15.Kd2 c4   16.Kc2 Ke3
17.Kc3 Kxf3 18.Kxc4 Ke3 19.Kd5 f3

黑王转战至王翼并制造出f线通路兵，胜定。

如图76，黑先。黑方单后对白方车象双兵，为和棋局面，但若行棋不精确，黑方将会输棋。

1...Ke8

决定性的一步。黑方若要确保不败，黑王和黑后必须密切协作：黑王控制f8格，在第七横线和第八横线限制白王的活动范围，黑后则从白王的后面寻求长将。

如果随手走1...Qg2+，则有2.Kf8，黑方失去了长将的机会，而白方子力得以协调起来并顺利获胜：2...Qg4 3.f6 Qg6 4.Bb6+ Kc8 5.Rc7+ Kb8 6.Rc6 Qh6+ 7.Ke7 Qg5 8.e4 Qg4 9.e5 Kb7 10.Rd6 Qh4 11.e6 Ka8 12.Be3 Kb8 13.Rd4 Qh7+ 14.f7 Kc7 15.Rd7+ Kc6 16.Rd6+ Kc7 17.Rd5 Kb7 18.Rb5+ Ka8 19.Rg5 Kb7 20.Ke8 Qe4 21.f8Q Qxe6+ 22.Qe7+ Qxe7+ 23.Kxe7 Kc6 24.Rc5+ Kb7 25.Kd7 Kb8 26.Rb5+ Ka8 27.Rb6 Ka7 28.Kc7 Ka8 29.Rb8#。

2.Rf8+

若走2.Ra7 Qxf5 3.Ra8+ Kd7，也是和棋。

2...Kd7

仍需走得精确，若走2...Ke7，则会瞬间崩盘：3.Bf6+ Kd7 4.Rd8+ Kc6 5.Rxd5，白胜。

3.f6 Qg5+   4.Kh7

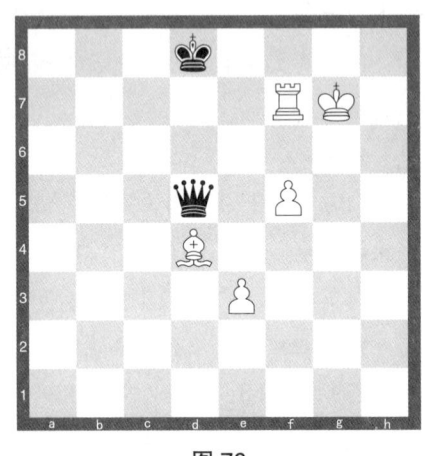

图76

4.Kf7 Qh5+　5.Kg7 Qg5+，白王已经无处躲藏。

4...Qh5+　　**5.Kg7 Qg5+**　　**6.Kh8 Qh6+**　　**7.Kg8 Qg6+**

长将和棋。

如图 77，白先。

1.Rh3

利用捉后的先手调整车的位置。若走 1.Qf5 会遇到 1...g6 击双。

1...Qxd4

黑后没有好的位置可去。若走 1...Qf2，则有 2.Ne4 Qc2　3.Nf6#；若走 1...Qd2，则有 2.Qxg7+ Kxg7　3.Rg1+ Qg2+　4.Rxg2#。

2.Qf5 g6

若走 2...f6，则有 3.e6 Rxe6　4.Qxe6+ Rf7　5.Re1，白胜。

3.Qf6 Qxe5　　**4.Rh8#**

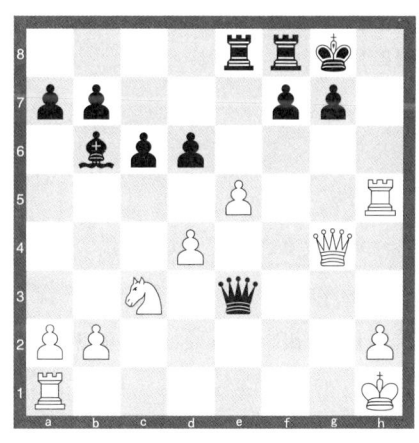

图 77

如图 78，白先。

车象对车残局经常下成和棋，但若能成功地将弱方的王压制在边线上，强方可以取胜。

1.Rc7

白车控制次底线，防止黑车进入第七横线。

1...Rd2　　**2.Ra7 Rd1**

由于白方威胁底线杀王，黑车不能离开 d 线。

3.Rh7 Rf1　**4.Rc7 Rd1**　**5.Bc3**

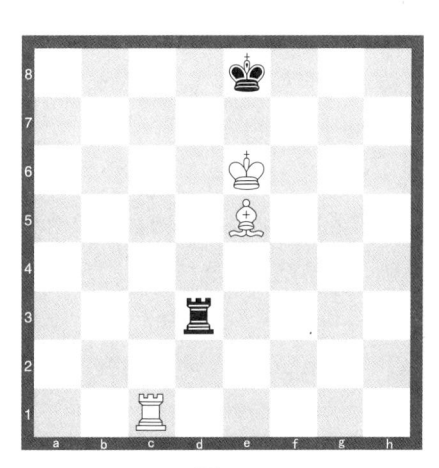

图 78

053

黑格象攻守兼备，既可以配合白车在底线杀王，又可以防止黑车将军或参与底线防御。

5...Rd3　　6.Bf6 Re3+　　7.Be5 Rd3　　8.Re7+

白车正式展开杀王行动，背景是：黑车已经进入第三横线，活动受到黑格象的限制。

8...Kd8

若走 8...Kf8，则有 9.Rh7 Rg3　10.Rf7+ Kg8　11.Bxg3 Kh8　12.Be5+ Kg8　13.Ra7 Kf8　14.Ra8#。

9.Rh7 Kc8　　10.Rc7+

必须将黑王压制在底线上。若走 10.Rh8+ 则有 10...Kb7，黑王逃出生天。

10...Kd8　　11.Rc4 Re3　　12.Rb4 Kc8

白车准备底线杀王，但黑车却不能通过 c3 格到达 c8 格为黑王护驾，若走 12...Rc3 则有 13.Bxc3，黑格象的作用再次显现。若走 12...Rxe5+ 则有 13.Kxe5，白方将单车杀王。

13.Rb8#

在活跃己方子力的同时，要注意限制对方子力的活动性，以利于扩大局面优势或者子力优势。

如图 79，白先。

1.c5

首先用兵限制住黑方黑格象的活动范围，将其赶至次底线。

1...Be7　　2.Rb3

然后活跃白车，利用底线杀王威胁将黑方黑格象逼至底线。

2...Bd8　　3.Rb8 Ke7　　4.Be3

再调动白方白格象至 g5 格，准备得子。

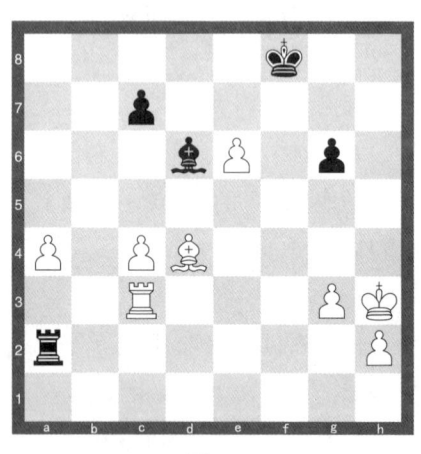

图 79

第二章 局面型弈法的核心

4...Rxa4	5.Bg5+ Kxe6	6.Rxd8 Rc4	7.Be3 Rc2	8.Rg8 Kf5

9.g4+ Kf6　10.Bd4+ Ke7　11.Rxg6

白方多子胜定。

如图80，白先。

白方的第一步应把后放到g线形成牵制，然后活跃象、马、车协调攻王，可能的变化如下：

1.Qg4 Qxc3　2.Bh6 Bf8

3.Nh5

3.Nf5 Re7　4.Nxe7+ Nxe7　5.Qe6+ Kh7　6.Rac1 Qb2　7.Rxc7 Kxh6　8.Re3 Rd8　9.Rh3+ Kg5　10.Rg3+ Kh6　11.Qh3#。

3...Re7　4.Nxf6+ Kh8

5.Bxg7+ Bxg7　6.Qh5+ Bh6　7.Qxh6+ Rh7　8.Qxh7#

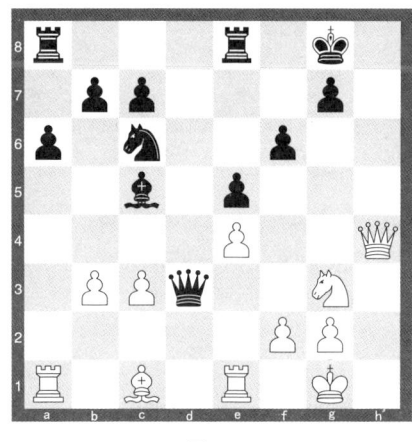

图80

如图81，白先。

1.Rd7

白车进入次底线是最有力的着法，有利于白方后、车、马、兵的协同进攻。

1...Rad8

若走1...gxf6，则有2.Nxf6+ Kh8 3.Qxh7#。

若走1...g6，则有2.Qd2 h6　3.Rxf7 Kxf7　4.Qd7+ Kg8　5.f7+ Kh7　6.fxe8Q+Bg7　7.Qxe5 Rg8　8.Rf8 h5　9.Rxg8（兑车起到了消除保护战术的效

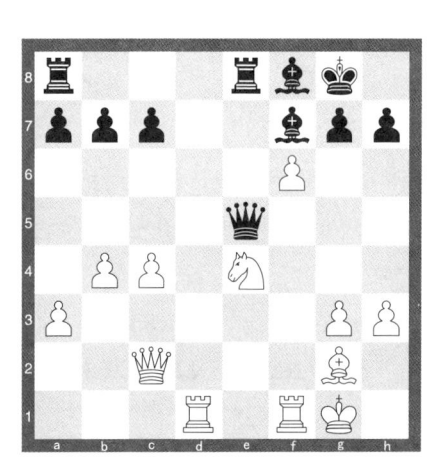

图81

果）9...Kxg8 10.Qexg7#。

2.fxg7 Bxg7   3.Rdxf7

白方兼具子力优势和局面优势，胜定。

如图 82，白先。

1.Re4

白车借捉马的机会进行横向调动至 g 线，参与攻王。

1...Nfd5   2.Rg4 h5

3.Rg3 Nxc3   4.bxc3 Qxc3

5.Rc1

另一个白车调至 c 线，既避开了黑方后象的攻击，又准备闪击黑后。

5...Qxa3   6.Bxe7 Rxe7

7.Ng5 Qa2   8.Bxg6 Rf8   9.Bh7+ Kh8   10.Qxh5 Qxf2+ 11.Kh1

白方弃车抢攻，后、马、象协同进攻，率先杀王。

11...Qxg3   12.Bg6+ Bh6   13.Qxh6+ Kg8 14.Bh7+ Kh8   15.Qxf8#

图 82

如图 83，白先。

1.Rc7

白车占领 c 线，支持白格象进入 c8 格，实现后、车、象三个子合力进攻 b7 兵。

1...Rxd3   2.Bc8 Rb3

3.Qe7 Rh8   4.Bxb7 Rxb7

5.Qxc5+ Ka8

若走 5...Qb6，则有 6.Rxb7+ Kxb7 7.Rf7+ Ka8 8.Qxb6 g5   9.Ra7#。

图 83

6.Rc6 Ra7　　7.Rb6 Rb7

若走 7...Rb8，则有 8.Qd5+ Rbb7　9.Rf8#。

8.Rxa6+ Kb8　9.Rf8+ Rxf8　　10.Qxf8+ Kc7　11.Qd6+ Kc8　12.Rc6+ Rc7　13.Qxc7#

如图 84，白先。

1.Rhg1

利用捉后先手出车。白方双车都准备杀入次底线，配合白后杀王。

1...Qd5　　2.Bg4+ f5

2...Nxg4　3.Re7 axb5　4.Qa8#。

3.Bxf5+ Bxf5　4.Rxg7 Nf7

5.Re7 Qh1+　6.Rg1 Qc6

7.Qa8#

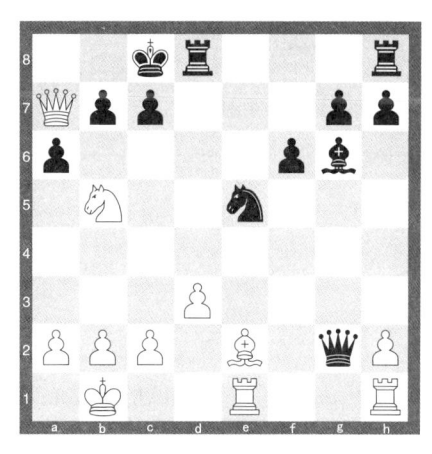

图 84

如图 85，白先。在这个重子残局中，白方如何取得进一步的发展呢？

1.Rf3

利用白后对黑方的牵制，在王翼展开进攻。

若走 1.Qf8，试图保护 c5 兵，则难以取得进展：1...Qe3　2.Qf5 Qg3+　3.Kh1 Qe3　4.c6 Qc1+　5.Kh2 Qxc6。

1...Qxc5　　2.h4 h5

3.Rg3 Qb6　4.Rg5 Qc6

5.Rxh5+ Kg8　6.Rg5 Rxg5

7.hxg5 g6　　8.Qxe5

白方多两兵，胜定。

图 85

第三章 局面型弈法的五大方法

局面型弈法的核心是活跃子力，本书研究的五大方法既是实现子力活跃的常用手段，也是子力活跃的主要表现形式。

一、兑换技术

兑换技术是以子力交换为手段，实现局面优势的方法。兑换，不仅是一项技术，更是一门艺术。

兑换的动机或效果主要包括：

1. 控制重要的格子和线路；
2. 增强棋子活动性和协调性；
3. 改善兵形，制造通路兵，或为通路兵扫除升变的障碍；
4. 削弱或者消除对方进攻或防御的力量；
5. 给对方制造弱点；
6. 进行有利的局面转换；
7. 实现战术上的效果；
8. 消除对方的子力，保持并更好地利用已有的子力优势。

兑换的表现形式主要包括：

1. 两子兑换（两个子力之间进行的兑换）；

第三章 局面型弈法的五大方法

2. 多子兑换（三个或三个以上子力之间进行的兑换）；

3. 同格兑换（在同一个格子上进行的兑换）；

4. 异格兑换（在不同格子上进行的兑换）；

5. 主动兑换（主动与对方进行兑换）；

6. 被动兑换（发出兑换邀请，由对方决定是否进行兑换）；

7. 连续兑换（连续两次或两次以上进行的兑换）；

8. 逼兑（利用将军、杀王、得子等威胁进行强制兑换）。

兑换技术的核心目的就是实现子力的活跃，最大限度地发挥子力的动态价值。

如图86，黑先。

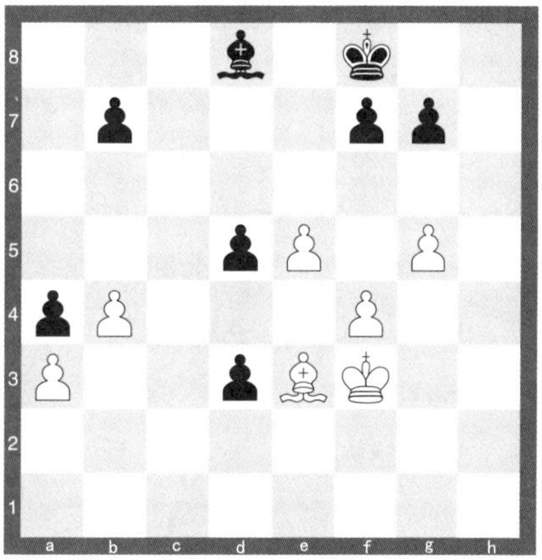

1...f6

换兵的首要目的是打通黑格线路，让黑方的黑格象活跃起来。

2.gxf6 gxf6　3.exf6 Bxf6

4.Bc5+ Kf7　5.b5 Bb2

6.Ke3 Bc1+　7.Kxd3 Bxf4

8.Kd4 Ke6　9.Bb4 Bd6

10.Kc3 Bxb4+

图86

主动换象，更好地发挥黑方的多兵优势。

11.Kxb4

若走 11.axb4，则有 11...Ke5　12.b6 d4+　13.Kd3 a3　14.Kc2 Ke4　15.b5 d3+　16.Kc1 a2　17.Kd2 Kd4　18.Ke1 Ke3　19.Kf1 a1Q+　20.Kg2 Qg7+　21.Kf1 Qg4　22.Ke1 Qg1#。

11...Kd6

兑换黑格象之后，黑方王和兵开始活跃并且协同进攻。

12.Kxa4 Kc5　13.Kb3 Kxb5　14.Kc3 Ka4　15.Kb2 d4　16.Ka2 d3

17.Kb2 d2　18.Kc2 Kxa3　19.Kxd2 Kb2　20.Kd1 b5　21.Kd2 b4

22.Kd3 b3   23.Kd2 Ka2   24.Ke2 b2   25.Kf3 b1Q

黑兵顺利升变，锁定胜局。

兑换技术的动机，有时是为了获得局面优势，有时是为了更好地发挥已有的局面优势。

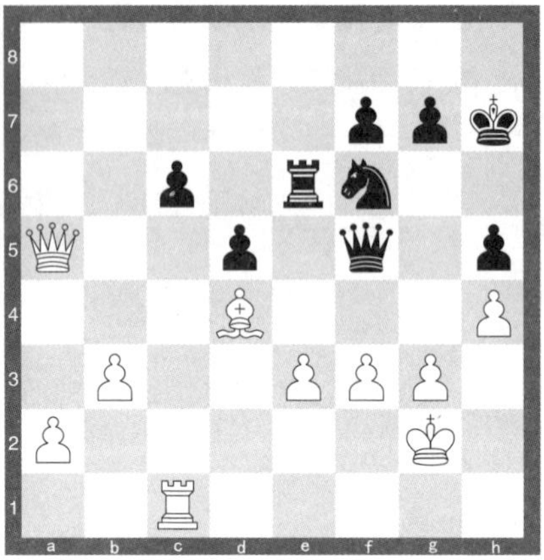

如图87，白先。白方后翼有多兵优势，所以准备进行后的兑换，以便更好地利用后翼通路兵对黑方施加局面压力。

1.Qc5

白后准备调至c2格与黑后进行兑换，也可走Qc3-c2或者Qd2-c2。

1...Nd7   2.Qc2 Qxc2+

3.Rxc2 Kg8   4.b4 Kf8

5.a4 Ke7   6.b5 cxb5   7.axb5 Kd8   8.Kf2 f6   9.Ra2 Kc8

10.Ra8+ Kc7

图87

为了阻挡白方通路兵，黑王从王翼被吸引到了后翼。

11.f4 Re4   12.Kf3 Kb7   13.Rh8

白车从后翼调至王翼攻击黑兵。

13...g6   14.Rg8 Re7   15.Rxg6 Rf7   16.Rh6 Nb6   17.Rxf6 Rxf6

18.Bxf6

白方在王翼也制造出通路兵，胜定。

如图88，白先。

1.Bb4

关键的兑换，目的是让白王经过b4格快速到达c5格，赢得宝贵的先手优势。b线通路兵吸引黑王前往后翼，而白王则经过d6格到达e7格，消灭f7兵，实现f线通路兵升变。

第三章 局面型弈法的五大方法

若直接走 1.b4，白方将失去先机：1...Bc1 2.Bb6 Bg5 3.Bd4 Kd7 4.Kc4 Kd6 5.Kb5 Kd5 6.Bc3 Bf4 7.Ka6 Kc4 8.Bb2 Kxb4，和棋。

1...Bxb4+

黑方若不兑换，白方将实现后翼通路兵的升变：1...Bc1 2.Kc4 Bf4 3.Kb5 Kd7 4.Ka6 Kc6 5.Be7 Be5 6.b4 Bd4 7.b5+ Kc7 8.Ba3 Be3 9.Bb2 Bc5 10.Be5+ Kd7 11.b6 Ke6 12.b7 Kxe5 13.b8Q+，白胜。

2.Kxb4 Kd8　3.Kc5 Kc7　4.Kd5 Kd7　5.b4 Kc7　6.b5 Kb6 7.Kd6 Kxb5　8.Ke7 Kc6　9.Kxf7 Kd7　10.Kg7 Ke6　11.f7 Ke5 12.f8Q

白胜。

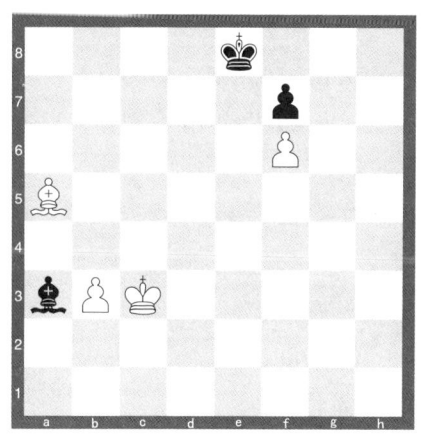

图 88

逼兑，属于强制兑换，是兑换的特殊形式，即：利用将军、杀王、吃子等威胁逼迫对方进行兑换，强制性地达到赢棋或者和棋的目的。

如图 89，白先。黑白双方各有一个通路兵，白方通路兵虽已进至次底线，但因被黑后所阻而无法升变。实战中白方只用一步棋就迫使对手认输：

1.Qd4+

利用将军逼兑黑后，消除黑方威胁最大的棋子，为白兵升变扫除障碍。这也是后兵残局和重子残局中经常用到的方法。

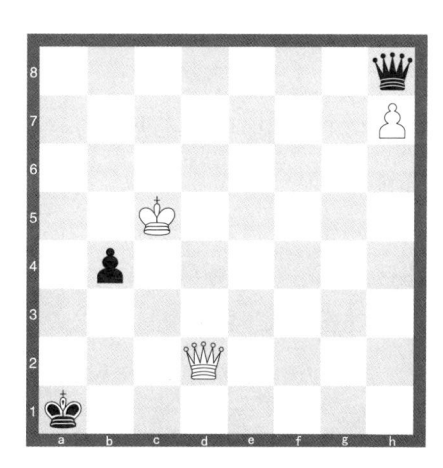

图 89

如果黑方换后，后续可能的变化是：1...Qxd4+ 2.Kxd4 b3 3.h8Q b2 4.Qa8+ Kb1 5.Kc3 Kc1 6.Qh1#。

如果黑方拒绝兑换，则有 1...Ka2 2.Qxh8 b3 3.Qc3 b2 4.h8Q b1Q 5.Qa8#。

兑换也是一种进攻行动。在兑换中进攻，既可能获得局面优势，也可能获得子力优势。

如图 90，白先。

1.b4

弃兵将黑后引至 b4 格。若走 1.Bxc5+ Qxc5，仅获得均势局面。

1...Qxb4 2.Qd2

利用杀王威胁逼兑黑后。

2...Qxd2

若走 2...Qxa4 则立即杀王：3.Qd8#。

3.Bxc5+ Kd8 4.Rxd2+ Kc8 5.f3

白方得子胜。

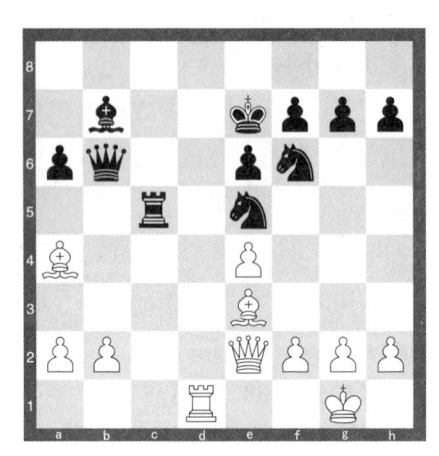

图 90

有时需要通过连续兑换形成对己方有利的局面。

如图 91，白先。白方多一中心通路兵，这是进行兑换的动机。

1.hxg6+ Rxg6 2.Qh5 Kg7

3.Rxg6+ Qxg6 4.Qxg6+ Kxg6

通过换兵、换车、换后，形成有利于白方的王兵残局。

5.Kf2 Kf7 6.Kg3 Kg7

7.Kh4 Kg6 8.e6 Kf6

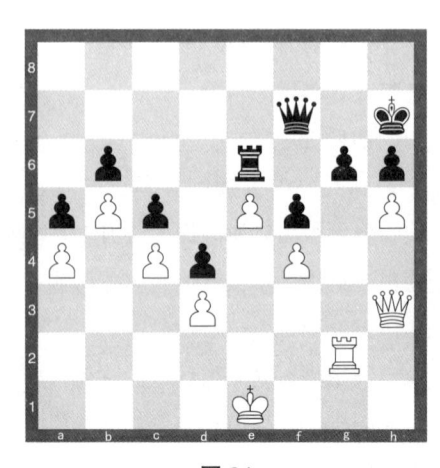

图 91

第三章 局面型弈法的五大方法

9.Kh5 Kxe6　10.Kxh6 Kf6　11.Kh5 Kf7
12.Kg5 Ke6　13.Kg6 Ke7　14.Kxf5

形成多一f线通路兵的必胜王兵残局。

在有些局面中，兑换会起到战术的效果。

如图92，白先。

1.Be6+

兑换白格象，使黑车失去保护子。这一兑换起到了引离战术的效果。

1...Bxe6

若走1...Kf8，则有2.Bxb3（主动兑换，起到了消除保护战术的效果。）2...axb3　3.Kxd1 Kf7　4.Nxb3，白胜。

2.Kxd1

白方实现了目的，进入必胜的轻子残局。

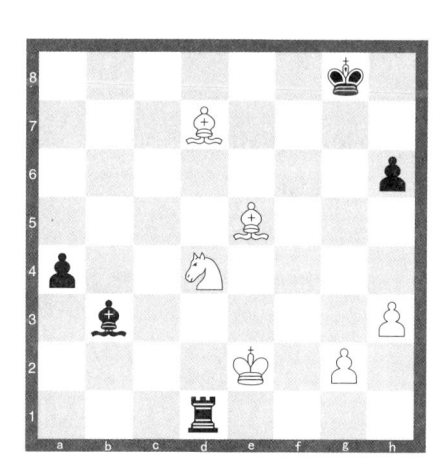

图92

如图93，白先。

1.Nc5

主动换马，削弱黑方对e5兵的保护。这一兑换起到了引离战术或者消除保护战术的效果。

1...Nxc5

如果黑方拒绝兑换，白方仍能保持优势：1...Rf7　2.Nxd7 Rxd7　3.dxe5 Qd8　4.Rad1 Nb5　5.d4。

2.dxe5 Qd8

若走2...Nxd3，则有3.Qxd3 Qf5　4.Qb3 Nf7　5.Bxf8 Rxf8，白方得子。

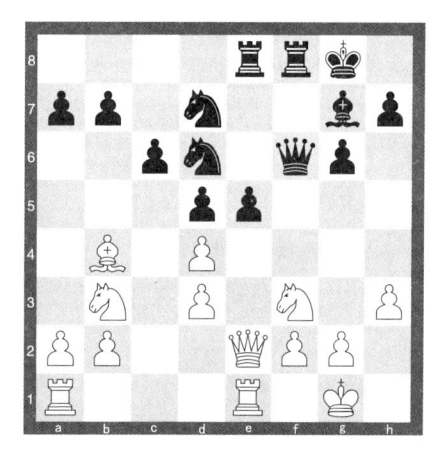

图93

3.Bxc5 Nf5　　4.Bxf8 Bxf8

白胜。

如图 94，黑先。

1...Nxd3

以马换象，吸引白后进入 d3 格。这一兑换起到了引入战术的效果。

2.Qxd3 dxc4+

闪击，同时也是击双。

3.Qf3 Qxf3+　　4.Kxf3 Rxf6+

5.Kg2 cxb3

黑方得子得势，胜定。

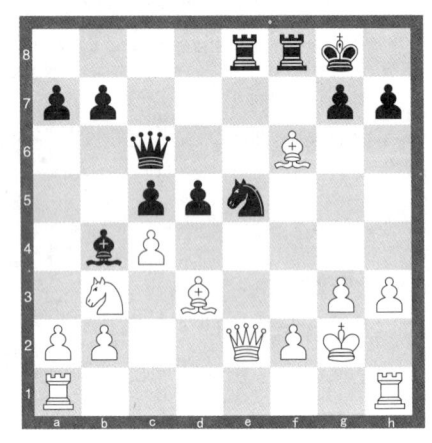

图 94

如图 95，黑先。

1...Ra1+

利用吃 h1 车的威胁迫使 b3 车回防 b1 格。

2.Rb1 Rxb1

兑车的目的是吸引白王进入 b1 格，与 e4 马同处一条白格斜线。

3.Kxb1 Bd3　　4.Kc1 Bxe4

黑方击双得子胜。

黑方兑车起到了引入战术的效果。

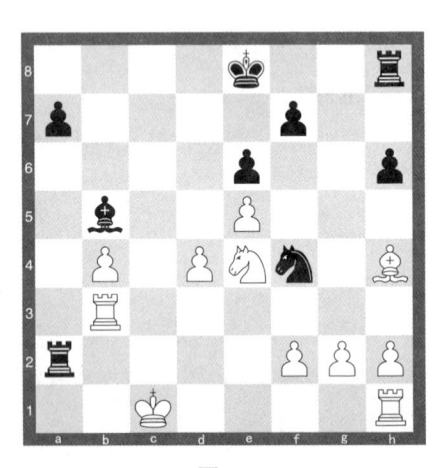

图 95

如图 96，黑先。

1...Nxg3

换马的目的是为黑后让出中心 e 线，同时也为黑象的战术进攻创造条件。

2.hxg3 Bxg3　　3.Ne5

3.fxg3 Qxe3+　4.Kh1 Qxd3　5.Ne5 Qxg3，黑方多出了三个兵。

3...Bxe5　　4.dxe5 Ng4　　5.Be2 Nxe5

黑方获得多两兵的优势。

黑方换马起到了腾挪战术的效果。

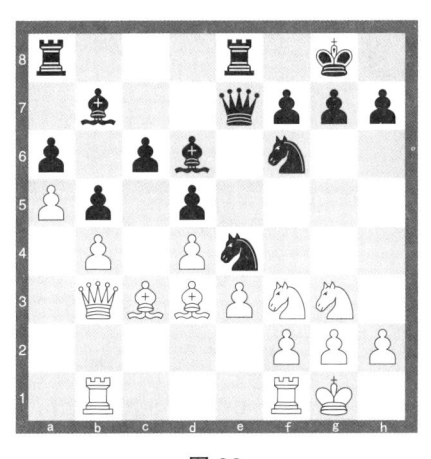

图 96

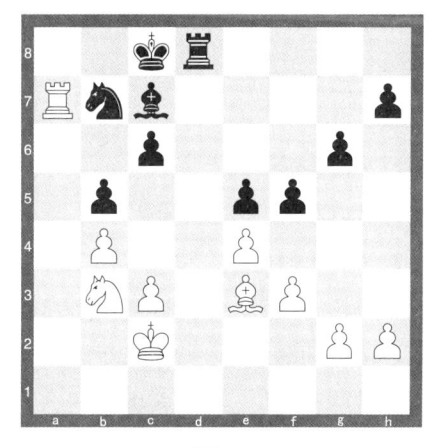

图 97

改善兵形或者制造通路兵是进行兑换的重要目的。

如图 97，白先。

1.Na5

被动兑换。黑方无论是用马兑换还是用象兑换，白方都将形成 a 线通路兵。如果黑方拒绝兑换，白方仍将获得优势：1...Nd6　2.Nxc6。

1...Nxa5

若走 1...Bxa5，则有 2.bxa5 Nd6　3.a6 Kb8　4.exf5 Nxf5　5.Bc5 h6　6.Rb7+ Ka8　7.Rf7 Nd6　8.Rf6 Nc4　9.Rxg6 h5　10.Rxc6，白胜。

2.bxa5 Rd6　　3.a6 Kb8　　4.Rb7+ Kc8　　5.Bb6 Bxb6　　6.Rxb6 Kc7

7.Rb7+ Kc8　　8.Rxh7 Kb8　　9.exf5 gxf5　　10.h4 c5　　11.a7+ Ka8

12.g4 fxg4　　13.fxg4 e4　　14.Re7 Ra6　　15.g5

白胜。

如图 98，黑先。

1...Rd4

被动兑换。换车是为了形成 d 线通路兵。

2.Rxd4

如果白方拒绝兑换，黑方仍将获胜：2.Re2 Rxc4　3.Reb2 Rd4　4.Nc3 Ne7　5.Rb8 Nxd5。

2...cxd4　3.Nb2 Rb3

4.Bd2 e4　5.Bc1 d3

6.Ra1 Bg7　7.Rxa6 Rxb2　8.Bxb2 Bxb2　9.c5 d2　10.c6 d1Q

d 兵如愿率先升变，黑方锁定胜局。

11.c7 Ne7　12.Ra8+ Kf7　13.c8Q Nxc8　14.Rxc8 Bd4　15.Rc7+ Kf6

16.Rd7 Qf3+　17.Kh2 Qxf2+　18.Kh1 Qg1#

图 98

消除对方的威胁或者阻止对方的反击是兑换技术的重要目标。

如图 99，黑先。黑方 e 线通路兵已经进至次底线，可否直接冲至底线升变呢？

1...Qe4+

逼兑皇后，这是正确的取胜方法。如果急于走 1...e1Q，将遭到白方的反击：2.a6+ Ka7（2...Kxa6　3.Qa4+ Kb7　4.Qa8#）3.Ra8+ Kxa8　4.Nxb6+ Kb8　5.a7+ Kc7（5...Kxa7　6.Nxd7+ Ka8　7.Qa4+ Kb7　8.Nc5+ Kc8　9.Qa8+ Kc7　10.Nxe6+ Qxe6　11.Qa5+ Kd7　12.Qxd2+

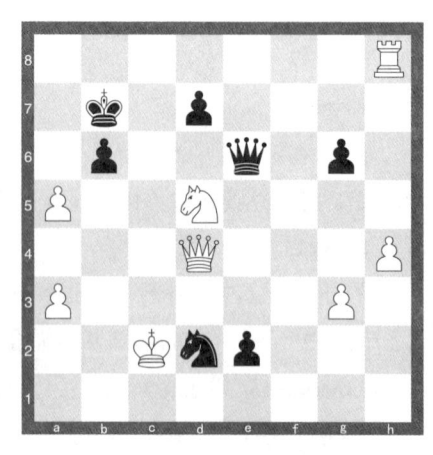

图 99

Ke8　13.Qd3，白优）6.Nd5+ Qxd5　7.Qxd5 Nf1　8.a8Q Ne3+　9.Kb2 Qf2+　10.Kb3 Nxd5　11.Qxd5 Qxg3+　12.Kb2 Qxh4　13.Qc5+ Kd8　14.Qf8+ Kc7　15.Qc5+，长将和棋。

2.Qxe4 Nxe4　3.Rd8 e1Q

黑胜。

把局面转入更容易取胜的阶段（包括优势残局）是兑换技术的重要运用。

如图100，黑先。

1...Bxc4

主动换象，进入黑方制胜的王兵残局。

2.dxc4

若走 2.bxc4，则有 2...Ke5　3.Kc3 a5　4.Kb3 Kd4　5.Kc2 a4　6.Kd2 a3　7.Kc2 a2　8.Kb2 Kxd3　9.Kxa2 Kxc4　10.Kb2 Kxd5，黑胜。

2...Kc5　　　3.Kc3 a5　　　4.Kd3 Kb4　　　5.Kc2 a4

割裂并摧毁白方兵阵，有利于黑方通路兵的挺进。

6.bxa4 Kxc4　7.Kb2 Kxd5　8.Kc3 c5　　9.Kd3 c4+　10.Kc3 Kc5

11.Kc2 Kd4　12.Kd2 c3+　13.Kc2 Kc4　14.Kc1 Kd3　15.Kd1 c2+

16.Kc1 Kc3　17.a5 b5

黑方允许白兵升变，黑王准备与双连通路兵配合将杀白王。

18.a6 b4　　19.a7 b3　　20.a8Q b2#

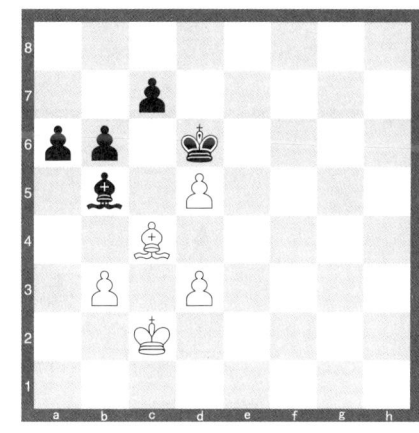

图 100

如图101，白先。

1.Nxe5

主动换马，进入白方优势的王兵残局。

1...Kxe5　　2.a4 b6　　3.b3 g6　　4.Kd3

若走 4.g3，则成为和棋：4...Kf6　5.Kf4 e5+　6.Ke3 Ke6。

4...Kd6	5.Kd4 Kd7	6.Ke5 Ke7	7.g3 Kf7	8.Kd6 Kf6
9.Kc6 Ke5	10.Kxb6 Kxe4	11.Kxa5 e5	12.Kb5 Kd3	13.a5 e4
14.a6 e3	15.a7 e2	16.a8Q e1Q		

形成白方优势的后兵残局。

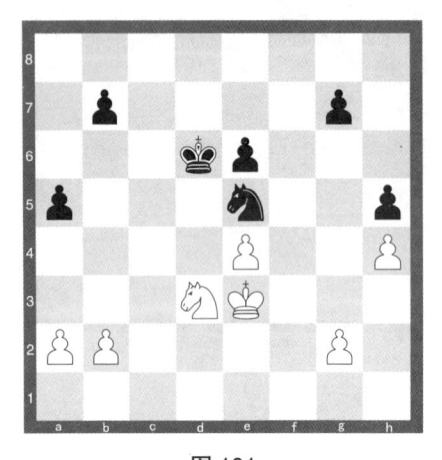

图 101

图 102

如图 102，黑先。双方子力均等，但白方后翼子力未及时出动，黑方可利用白方的局面劣势展开进攻。

1...Nc5

用己方阵营中最不活跃的子力（黑马）换掉对方最活跃的子力（白马）。

2.Nxf4

若走 2.Nxc5，则有 2...Rxc5　3.Ke2 Rc2+　4.Kd3 Rxf2　5.Kxd4 Bc1　6.Kd3 Bxb2　7.Ra2 Rxg2　8.Nc3 Rxh2　9.Nxb5 g5　10.Nd4 Rh3+　11.Ke4 Bxd4　12.Kxd4 f5，黑胜。

2...Nb3　　**3.Ra2 Rc1+**　　**4.Ke2 Rxb1**　　**5.Kd3 Rf1**　　**6.Ne2 Rxf2**　　**7.Nxd4 Nxd4**　　**8.Kxd4 Rxg2**

双方车的活动性形成了鲜明对比。

9.h4 f5　　**10.Kc5 Kh6**　　**11.Kxb5 Kh5**　　**12.Ra1 Rxb2+**　　**13.Ka6 Kxh4**　　**14.Rh1+ Kg3**　　**15.Kxa7 f4**　　**16.Rg1+ Rg2**

黑胜。

第三章 局面型弈法的五大方法

如图103，黑先。双方子力均等，但黑方王翼兵链断裂，黑格、白格都有弱点。

1...Qh5

黑方寻求换后，因为白后是对黑方威胁最大的棋子。

实战中黑方忽视了白方的威胁，走了1...Rxa2，遭到白方的有力回击：2.Qg3+ Kh7 3.Rxa2 Qxa2 4.Be5 Ng4 5.Rxf7+ Kg8 6.Rf1 Rg6 7.Bc3 Qd5 8.Qf4 Qd8 9.Qf7#。

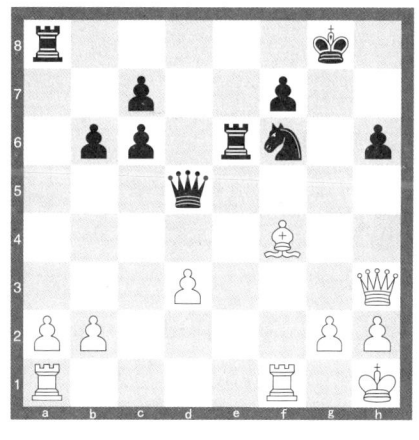

图103

2.Qxh5 Nxh5 3.Bxc7 c5   4.Kg1 Ra7   5.Bb8 Ra8   6.Bf4 Nxf4
7.Rxf4 Rd6   8.Rf3 Rad8 9.Rd1 c4   10.d4 Rxd4   11.Rxd4 Rxd4

形成均势局面。

如图104，白先。

1.Bc1

f4格的黑马位置上佳，将配合黑方车、象等子力进攻白方王城，所以有必要把这个威胁较大的子力兑换掉。

若走1.c6，黑方将顺利展开进攻：1...Rf6 2.Kh1 Nxh3 3.Qh5 Nxf2+ 4.Kg1 Qd6 5.Be2 Nxe4 6.Bd3 Nf2 7.Bc2 Ng4 8.Bd1 Rg6 9.Bxg4 Rg5 10.Qh2 Bxg4，黑胜。

1...bxc5   2.Bxf4 exf4   3.Qxf4

双方均势。

图104

在有些局面中，要注意避免兑换，包括防止对方通过兑换展开反击。

如图105，白先。

1.Kg1

白王离开白格大斜线。若急于走1.Rd8从底线进攻，黑方将获得机会化解白方的攻势：1...Qb7+（利用将军强制换后）2.Qxb7 Nxb7 3.Rb8 Na5 4.Ra8 c3 5.Rxa6 Nc4 6.Bb3 Nxa3，双方均势。

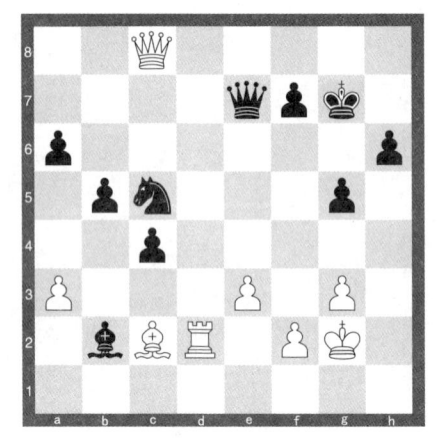

图105

1...Ne6　　　2.Qxa6 Bc1　　3.Rd6 Bxe3　　4.fxe3 Nc5　　5.Qc6 Qxe3+

6.Kg2 Qe2+　　7.Kh1 Qxc2　　8.Qxc5 Qb2　　9.Qf5 c3　　10.Qf6+ Kg8

11.Rd8+ Kh7　　12.Rh8#

避免不适当的兑换和错误的兑换是兑换技术的重要内容。

如图106，黑先。双方子力均等，但白方子力位置较好，有局面优势。黑方在实战中走了：

1...hxg3

错误的兑换，帮助白方打开了f线。

2.fxg3 Rh5　　3.Raf2

白方车、象等子力更为活跃，并且展开协同进攻。

3...Qe6　　4.Bxf5 Qxc4

5.dxc4 Rb7　　6.Bxg4 Rh8　　7.Be6

白方得子得势，胜定。

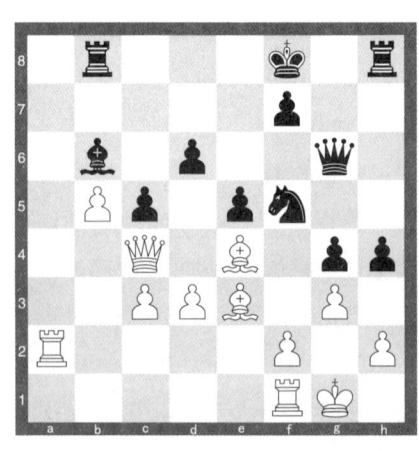

图106

第三章 局面型弈法的五大方法

异格兑换是重要的战斗方法。

如图107，黑先。白方王翼削弱，特别是白格很空虚，后、马、象子力分散，没能形成合力。黑方若要实现"无后胜有后"，关键在于实现子力协调。

1...Bxg5

异格兑换。黑方用d6格的兵交换白方g5格的兵，黑格象经过g5格调动至f4格，配合其他子力进攻白王。同时，黑格象还为d5格的黑马让出了e7格。

2.Qxd6 Bf4　3.Bc5 Ne7

图107

黑方车马双象完美配合，下一步威胁Rh1杀王。黑胜。

如图108，白先。黑方有子力优势（多一兵），但子力并不协调，黑王也不安全，而白方有局面优势：白方后、车拥有开放的进攻线路，f5格的白马位置非常好，控制了e7格和g7格。

1.Qa7

异格兑换。白方用g5格的象交换黑方b7格的象，最大限度地发挥后、车、马的协调作战效能。

1...Qxg5　2.Qxb7 Rd8

3.Rh7

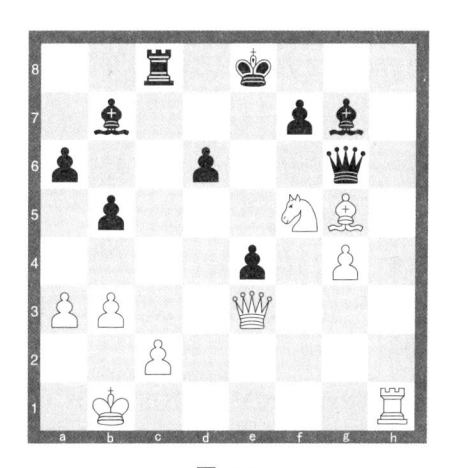

图108

白方后、车全部进至次底线，并且有杀王威胁。

3...Rd7　4.Qxe4+ Kd8　5.Rxg7 Qf6　6.Qa8+ Kc7　7.Rg8

白方后、车全部杀入底线，进攻目标还是黑王。

7...Kb6　8.Rb8+ Kc5　9.b4+ Kc4　10.Qc6#

如图109，白先。

1.Rxd6

同格兑换，消除c6马的一个保护子。

1...Bxd6　　2.Nc8

异格兑换，用白方c8格的马交换黑方c6格的马。

2...Bxc8　　3.Rxc6 Bc7

4.Nd5 Be6　　5.Nxc7

白方先后通过同格兑换和异格兑换，实现了白车和白马的活跃，获得了局面优势和子力优势。

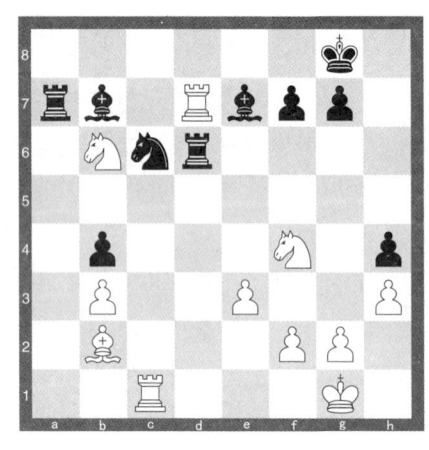

图109

当己方拥有子力优势时，可寻求与对方兑换子力，以便更好地利用多子优势，达到赢棋的目的。

如图110，黑先。

1...Ne5

异格兑换。黑方比白方多一马两兵，现在主动换后，在残局可更好地发挥多子优势。

2.Rxf6 Nxd3　　3.Rxf8+ Kxf8

4.Bg1 Bxg1　　5.Kxg1

连续兑换车和象之后，黑方的压倒性优势更明显了。

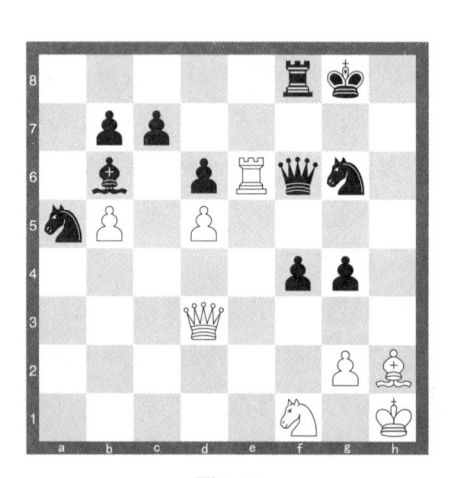

图110

第三章 局面型弈法的五大方法

如图111，黑先。白方多一马，而黑方多一车三兵，所以：

1...Qf2+

子力优势是黑方主动进行兑换的动机。

2.Qxf2

黑方只能换后，若走2.Kh3则立即杀王：2...Nf4#。

2...gxf2	3.Rxh6+ Kg8
4.Kxf2 Ra1	5.Bd3 Ra3
6.Ke3 Rxc3	7.Kd4 Ra3	8.Nxg5 Ra4+	9.Kc3 Nxe5	10.Nxe6 fxe6
11.Ne7+ Kf7	12.Ng6 Nxg6	13.Bxg6+ Kg7	14.g5 Rf3+	15.Kb2 Rb4+
16.Kc1 Rf2	17.Bd3 Rg4	18.Rh1

图111

不能走18.Rxe6，因为有 18...Rg1+ 19.Bf1 Rgxf1+ 20.Re1 Rxe1#。

18...Rxg5 19.Bc2 Rgg2

黑方仍然保持多一车三兵的子力优势，胜定。

在进行兑换之前，要判断好兑换的时机和兑换的顺序。

如图112，黑先。白方d4马正威胁走Nxe6，所以实战中黑方走了：

1...Bxd4

黑方过早地进行了兑换，应先保留黑格象，此象可与后、车、马协同进攻，可能的变化是：1...Ra2 2.Qb3 （2.Nxe6 Nf2+ 3.Kg2 Qh3+ 4.Kg1 Nfg4+ 5.Rf2 Bxf2+ 6.Kh1 Qxh2#）

图112

·073·

2...Ra3　3.Bxa3 Bxd4　4.Bd1 Ng4　5.Rb2（5.Bb2 Nhf2+　6.Kg2 Qxh2#）5...Ne3　6.Re1 Nxd1　7.Qxd1 Bxb2　8.Bxb2 Nf2+　9.Kg1 Nxd1　10.Rxd1 Qxf3，黑方杀王在即。

2.Qxd4 Raa8　3.Bd1 b6　4.f4 Qf7　5.Bg4 Nxf4　6.gxf4 gxf4　7.Qd1 Qf6　8.c5 Qe7　9.cxd6 cxd6　10.Bxe5 dxe5　11.Qb3 Rae8　12.Rbc1 Kh8　13.Rc6 Rf6　14.Qc3 Qg7　15.Qxe5

白胜。

如图113，白先。

1.Nxc6

白方走得很精确。先兑换c6格的马还是先兑换f6格的马，顺序上有讲究。如果改走1.Bxf6，则有：1...Bxf6　2.Nxc6 Bxc3　3.Nb4 Qxb5　4.bxc3 Be6　5.Nxd5 Bxd5　6.Rb1 Qa5　7.Qxd5 Qxd5　8.exd5 b6　9.Rfd1 Rac8　10.Rbc1 Re2　11.a4 Ra2　12.Rd4 Rxc3　13.Rcd1（13.Rxc3 Ra1+　14.Rc1 Rxc1+　15.Rd1 Rxd1#）13...Rcc2　14.d6 Rxg2　15.d7 Rxh2+　16.Kg1 Rag2+　17.Kf1，黑方长将和棋。

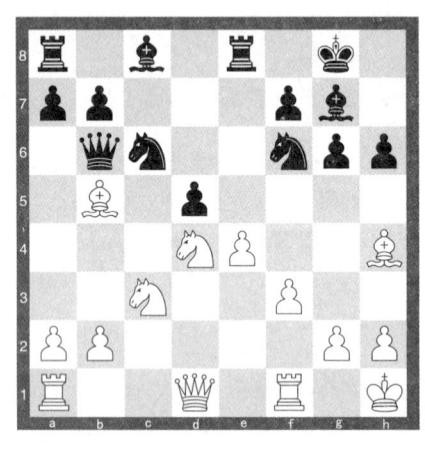

图 113

1...bxc6　2.Bxf6 Bxf6　3.Nxd5 cxd5　4.Bxe8 Bb7　5.Qa4 dxe4　6.Qd7 exf3　7.Qxf7+ Kh8　8.gxf3 Bg7　9.Qxg6 Qxb2　10.Bc6 Qb6　11.Rac1 Rg8　12.Qe4 Bc8　13.Rg1 Qf2　14.Bd5 Rf8　15.Rxg7

白胜。后续可能的变化是：15...Kxg7　16.Qe7+ Kg6　17.Rc6+ Kh5　18.Bf7+ Rxf7　19.Qxf7+ Kh4　20.Rxh6+ Kg5　21.Qf6#。

二、攻击弱点

攻击对方的弱点更容易取得局面优势或者子力优势。局面中的弱点主要有三种表现形式：

第三章 局面型弈法的五大方法

1. 没有受到保护或者缺乏保护的棋子和格子。
2. 位置不佳的棋子。
3. 担负重要防御任务的棋子。

如图 114，黑先。白王在中心位置不佳，缺乏保护，是白方最大的弱点。

1...Rc8

后、车、象协调配合，准备在中心杀王。

也可走 1...Rxh7，白方有一定反击：2.Qf8+ Kc7 3.Rc1+ Kb7 4.Rb1+ Bb6 5.Rxb6+ Kxb6 6.Qb4+ Kc6 7.Qa4+ Kb7 8.Qb5+ Kc8 9.Qa6+ Rb7 10.Qc6+ Kb8，虽然仍然是黑胜，但对局过程延长了。

2.Kd2 Bc3+　　3.Kd3 Ba5　　4.Qf6 Rc3+　　5.Kd2 Qe3#

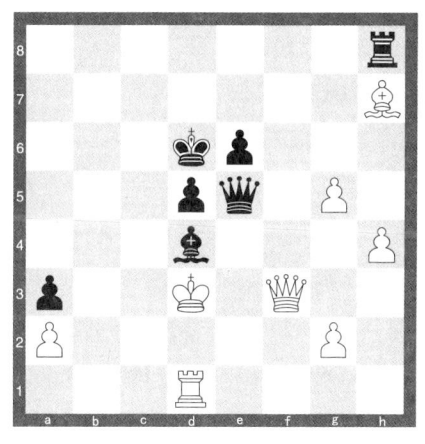

图 114

如图 115，白先。黑王身陷险境，无法动弹，自然成为白方最好的攻击目标。

1.Re1

白车保持对 e 线的封锁。若走 1.Nc4，则有 1...Be4 2.Nd2+ Ke2 3.Nxe4 Rh8 4.Nc5+ Kd1 5.Kf1 Rc8 6.Nb3 Kc2 7.Nxd4+ Kxb2 8.Rxa5 Rc1+ 9.Ke2 Rh1，黑王逃脱，白方取胜过程延长。

1...Bd5

若走 1...Re7，则有 2.Nc4 Bb5 3.Nd2#。

2.Nb5 e5　　3.Rxe5 Bxa2　　4.Nxd4#

四步杀王。

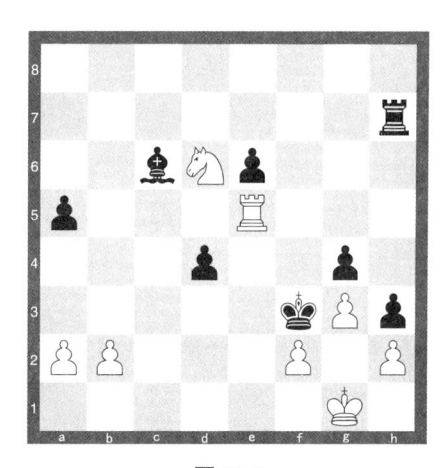

图 115

如图 116，白先。

1.Rc3

白方对黑方弱点进行精准攻击。黑王看似安全无忧，但在白方后、车、象的协同进攻面前，其位置缺陷暴露无遗。

1...Qxf2　　2.Rxc6+ Kd8

3.Qb8+ Ke7　4.Qd6+ Ke8

5.Rc7 Qg1+　6.Bd1 Nd5

7.Rc8#

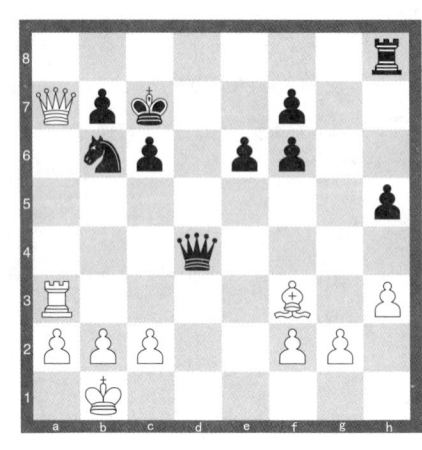

图 116

如图 117，黑先。白方有弱点吗？黑方的进攻目标是什么？

1...Kd6

白方白格象"误入歧途"，不经意间成了白方的弱点。黑方王和马协调配合，准备围猎白格象。

如果急于消灭白方的 a 线通路兵，将给予白方自救的机会：1...Kc4　2.Kg3 Kb3　3.Kh4 Kxa3　4.Kg5 Kb4　5.Kf6 Kc3　6.Kxg7 Kd4　7.Kf6 Ke4　8.Kg5 e5　9.fxe5 Kxe5　10.Bxh5，和棋。

2.a4 Ke7　　3.Bg6 Kf6　　4.Bh7 Ne8　　5.Bg8 Nc7　　6.a5 Kg7

白格象被成功捉死。

7.Bxe6 Nxe6　8.a6 Nc7

黑胜。

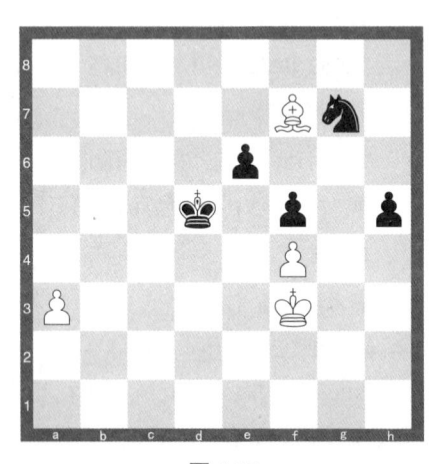

图 117

第三章 局面型弈法的五大方法

如图 118，白先。黑方黑格象需要同时保护 c5 兵和 g5 兵，处于"超载"状态，容易成为对方攻击的弱点。

1.Ra7 Kf8

若走 1...Bd8 则有 2.Bxc5；若走 1...Bf8 则有 2.Bxg5，白方多兵占优。

2.Rxe7 Rxa6

若走 2...Kxe7，则有 3.Bxc5+ Kd8 4.Bxa3，白胜。

3.Bxc5

白方得子胜。

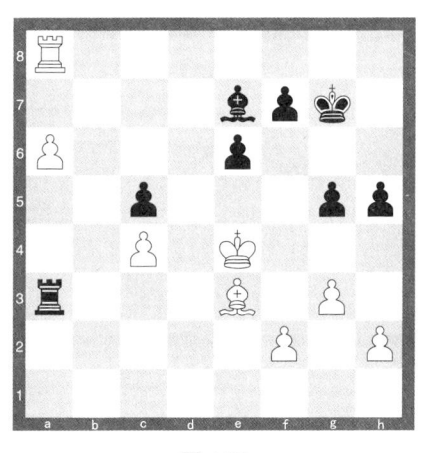

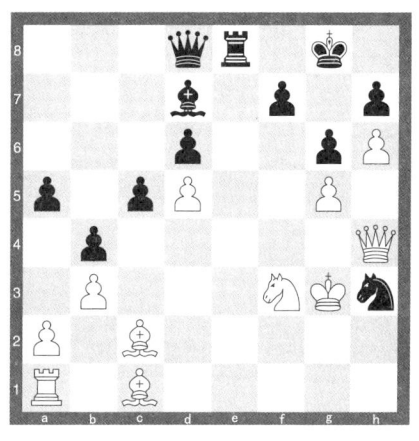

图 118

图 119

如图 119，白先。黑马身陷白方阵地，只有一个象在保护它，白方立即调动子力对其展开攻击。

1.Bd3 Qa8   2.Bf1 Qxd5   3.Bxh3

白方得子胜。

如图 120，白先。黑方有子力优势，但王翼黑格削弱，白方可利用这种局面劣势展开进攻。

1.a3

黑方黑格象需要同时保护 c3 马和防御 f8 格，成为白方攻击的弱点。

1...Bxa3

若走 1...Ba5，则有 2.Bf8 Rxf8 3.Qh6 Bb6 4.Qg7#。

2.Qxc3 Bd6　　3.Bf4 Bxf4

4.gxf4 Red8　　5.e5 Kh8

6.Ne4 Bd5　　7.Qc5 a5

8.Nd6 Bxg2

若走 8...a4 9.Bxd5，白方得子胜。

9.Kxg2 Kg8　　10.Nf3 a4

11.Ng5 Rd7　　12.Rd1 h6

13.Ngxf7 Rxf7　14.Nxf7 Qxf7　15.Qxc6 Rf8　16.Rd7

白胜。

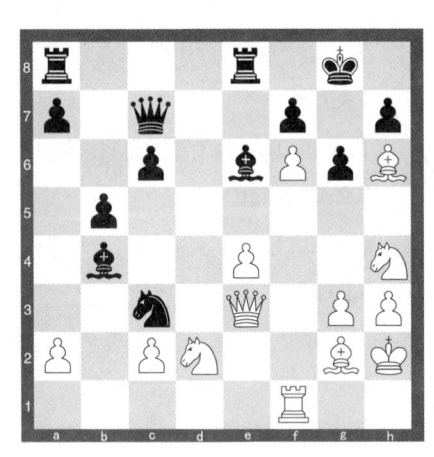

图 120

如图 121，黑先。黑白双方子力均等，但白后被困在边线上，成为黑方攻击的目标。

1...Kf8

控制 e8 格。黑王计划和黑象配合，联手消灭白后。

2.Nf3 Be8　　3.Ne5 Bxh5

4.Nd7+ Kg7　　5.Nxf6 Kxf6

6.Kd2 Ke7　　7.Kd3 Kd6

8.Kd2 Bf7　　9.Ke3 Bxd5

10.cxd5 Kxd5

黑方多两兵，胜定。

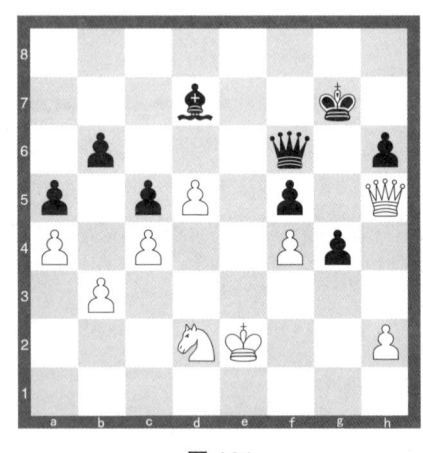

图 121

第三章 局面型弈法的五大方法

如图122，黑先。黑白双方在子力数量上完全相等，但白后深入黑方阵地，活动性有限，成为黑方攻击的弱点。

1...Rd8

也可以运用战术手段：1...Bh2+ 2.Kxh2 Qxf1 3.Qc7+ Rd7 4.Qc5+ Kf6 5.Bxf5 exf5 6.Qc6+ Ke7 7.Qc5+ Rd6 8.Qc7+ Ke6 9.Qc8+ Kf6 10.Qf8 Ke5 11.Qh8+ Kf4 12.Qb8，虽是黑胜，但白方有一定的反击机会。

2.c4 Qb6   3.c5 Qb5

4.Bd3

被迫弃象，否则白后被捉死。

4...Qxd3   5.Qb7+ Kf6   6.c6 Rg8   7.c7 Qxh3   8.Rd1 Bxc7

9.Qc6 Rg4   10.Kf1 Qh1+   11.Ke2 Qxg2   12.Qxc7 Re4+   13.Kd2 Qxf2+

14.Kc1 Qe3+   15.Kc2 Qe2+   16.Rd2 Rc4+   17.Qxc4 Qxc4+

白后最终未能逃脱厄运，黑胜。

图 122

如图123，白先。黑后被困在棋盘中心，成了一只待宰的羔羊。

1.Rb1 Rd8   2.Rd1 h4

3.Rxd4

白车仅用三步棋就吃掉了黑后，黑方其他子力都爱莫能助。

3...cxd4   4.Bd3 Rf8

5.g4 Kh7   6.d6 g5

7.Qc7 Kg7   8.Bc4 Kg8

9.d7 Kg7   10.Qd6 Rh8   11.Qd5 Rf8   12.Kf3 Kg6   13.d8Q Bxd8

图 123

14.Qxe5 Bf6   15.Qf5+ Kg7   16.e5 Bd8   17.Qd7 Kg6   18.Qxd4
白胜。

如图124，白先。白方虽然少一兵，但是子力出动较快，而黑后的位置过于靠前且退路被堵，白方立即展开针对性攻击。

1.Nh4

先手捉后，同时准备冲兵f4，对黑方弱点进行持续攻击。

1...Qe5   2.f4 d3+

3.Kh1 Qd4   4.Nf3 Qxc4

若走4...Qxb2，则有5.Nxc5 0-0 6.Nxe6 fxe6 7.Qxd3，白胜。

5.Rc1 Qxa2

黑后无法再保护c5象。

6.Rxc5 Qxb2   7.f5 Bd7   8.Nf6+ Kd8   9.Nxd7+ Kxd7 10.Qxd3+ Kc8
11.f6 gxf6   12.Qf5+ Kb8   13.Bxf6 Qf2   14.Bxh8

通过持续攻击黑方后、象等弱点，白方既扩大了局面优势，又获得了子力优势，胜定。

图124

如图125，白先。黑车被困在边线上，自然成为白方攻击的弱点。

1.Kd2

白方的计划是接走Kc3-b3，捉死黑车。

1...Be6   2.Kc3 Ba2

3.Kb2 Be6   4.Rxe6 Kxe6

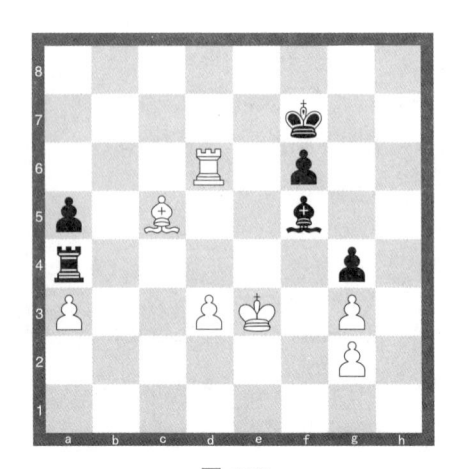

图125

5.Kb3 Kd5　　6.Kxa4 Kxc5　7.Kxa5 Kd4　　8.Kb5 Kxd3　　9.a4 Ke3
10.a5
白胜。

如图126，黑先。白方后、车的子力位置有缺陷，可能会被黑方车、马利用。
1...Rd7
黑车先将白后赶至e3格，黑马再到g4格对白方后、车进行击双打击。
2.Qe3 Ng4　　3.Qe2 Nxe5　　4.Qxe5 Qc7　　5.Qxc7 Rxc7
黑方得子占优。

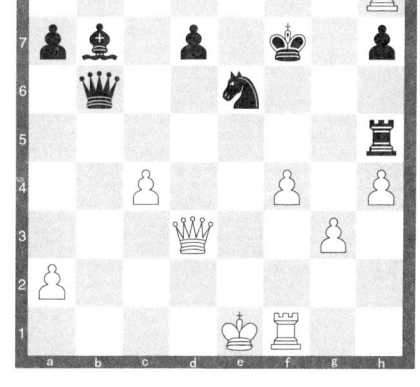

图 126

图 127

如图127，黑先。h8格的白车孤军冒进，成为一个显眼的弱点。
1...Nf8
黑方谋划瓮中捉鳖。黑马先将h8车的出路封死，黑后再调至f6格捉死白车。
2.Rf2 Qf6　　3.Rxf8+ Kxf8　4.Qxd7 Qa1+　5.Ke2 Qxa2+　　6.Ke3 Qa3+
7.Ke2 Qb2+　　8.Kd3 Qb3+　　9.Kd2 Qxc4
黑方得子占优。此时白方不能走10.Qxb7，因为有10...Rd5+　11.Qxd5（11.Ke1 Qc1+　12.Ke2 Qd1+　13.Ke3 Qd3#）11...Qxd5+，黑胜。

有些子力看起来不是弱点，但因其承担了重要防御任务，自身活动性受到了限制，所以实际上是弱点，因为不容易被发现，成了"隐形弱点"。

如图128，黑先。为了防御黑方后、车对白王的进攻，白后需守在b1-h7白格斜线上，自身活动性受到了限制。

1...Rc5

黑车进行精准打击。棋盘上子力不多，空间很大，但白后竟然躲无可躲。

2.Qxc5

为了白王，白后被迫牺牲自我。若逃后则很快被将杀：2.Qf2 Qd3+ 3.Ka2 Ra5#。

2...Qxc5

黑方得子胜。

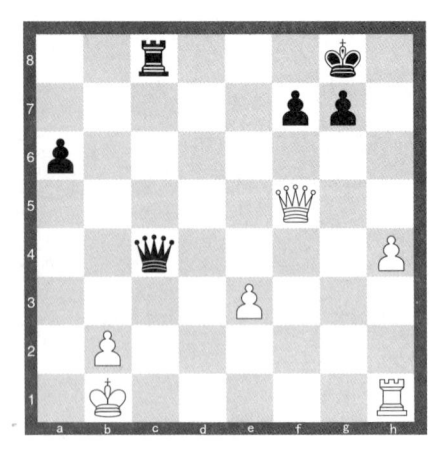

图 128

如图129，白先。白方后、象正攻击b7兵，威胁杀王，b4车要保护b7兵，而黑后要保护b4车——黑后正好位于这条保护链的顶端。

1.Rf4

黑后若离开a3-f8斜线，b4车将不保。

1...Qd6　　2.Qxd6 Rxd6

3.Rxb4

白方得子胜。

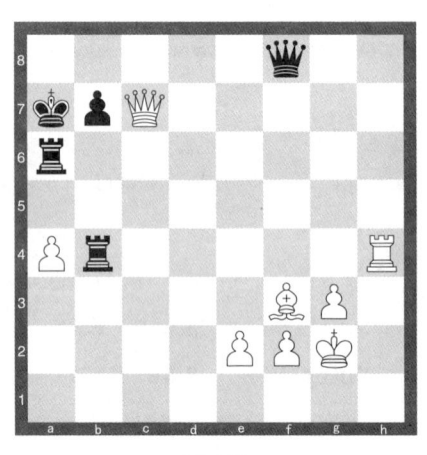

图 129

第三章 局面型弈法的五大方法

在有些局面中，可能存在着不只一个可被利用的弱点。

如图130，白先。

1.Rf3

白车联手白后攻击缺乏保护的黑方黑格象，先手调动至第三横排。

1…Bh2　　2.Re3

白方利用黑方的底线弱点，白车再次携手白后攻击e6车。

2…Be5

若走2…Rxe3，则有3.Qc8+ Re8　4.Qxe8+ Qf8　5.Qxf8#。

3.dxe5 fxe5

白方得子胜。

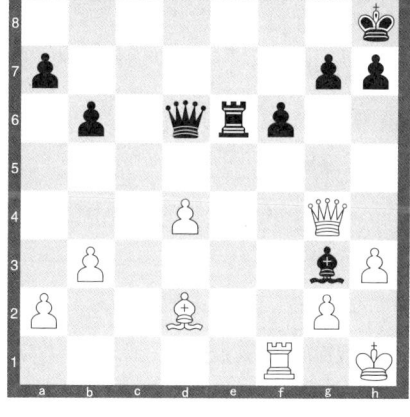

图 130

如图131，黑先。白方虽然多两兵，但王城破损，白王彻底暴露，黑方的攻击兵团蓄势待发。

1…Re5

白后守卫着g5格，妨碍黑车直接攻王，所以需要先把白后赶走。

若走1…Qd8，试图接走Qh4攻王，会遇到2.Nxh3，形成均势。

2.Qf3

白后退无可退，无法继续守卫g5格。

若走2.Qxe5+，则有2…Nxe5　3.f3 Qd8　4.Kf2 Ng4+　5.fxg4 Qh4+　6.Ke2 Qxg4+　7.Kf2 Qg2+　8.Ke3 Re8+　9.Ne7 Rxe7+　10.Kf4 Qg4#。

2…Rg5+　　3.Kh2 Bf1+　　4.Nh3 Rxh3+　　5.Qxh3 Qxh3#

图 131

如图 132，白先。

1.Ba6

白象攻击黑象的保护子——黑后。

1...Qd7

若走 1...Qb8，则有 2.Qxb8 Rxb8 3.Rxf5，白胜。

2.Bb5

连续攻击弱点。

2...Qd8　3.Qxd8 Rxd8　4.Rxf5

白方得子胜。

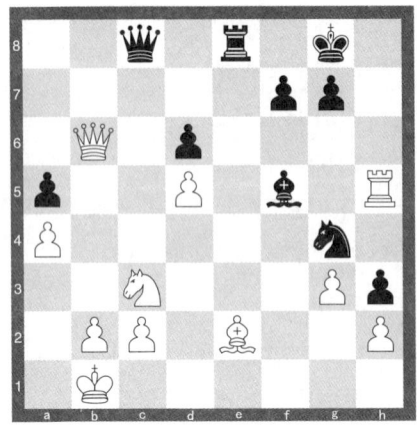

图 132

如图 133，黑先。白方多一子，但白后位置不佳，所以黑方暂缓吃 h5 象，先攻击白后。

1...Rc4

若走 1...gxh5，则有 2.Nxd5 Qxd5 3.Qxa5，白方多一兵且兵形更好。

2.Qa3 b4　3.Qa4 bxc3

4.b4

若走 4.Qa3，则有 4...cxb2 5.Qxb2 gxh5，黑方多子。

4...gxh5　5.Qxa5 Qxa5　6.bxa5 f6　7.Bg3 Re8　8.f3 e5
9.dxe5 fxe5　10.Bf2 d4　11.exd4 exd4

虽然子力恢复平衡，但黑方子力位置比白方更好，且有双连通路兵，胜定。

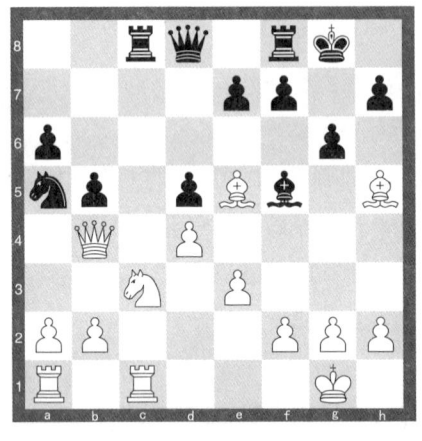

图 133

在有些局面中，攻击弱点是为了调动子力，获得进攻的先手。

如图 134，黑先。

1...Rf8

黑车攻击白象，目的是先手调动至 d 线，利用车、马杀王的威胁赢得白方 d4 马。若走 1...Rf1+ 2.Kd2 Rd1+ 3.Ke3，进攻无果。

2.Bh3 Rd8 3.Kd2

如果逃马则面临杀棋：3.Nxc6 Rd1+ 4.Kb2 Rb1#。

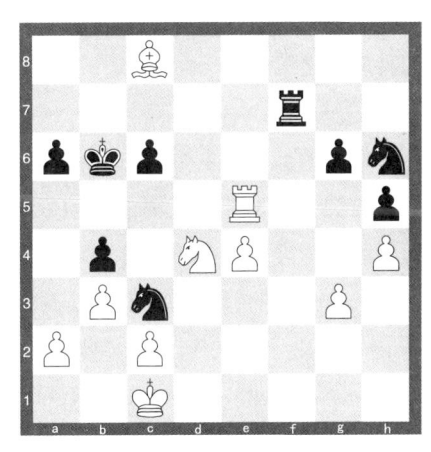

图 134

3...Rxd4+ 4.Ke3 Rd1 5.Re6 Re1+ 6.Kf4 Nf7 7.Rxg6 Rxe4+

黑方得子胜。

三、局面型弃子

局面型弃子的直接目的不是杀王或者得子，而是要获得局面上的补偿或者优势。例如，通过弃子活跃己方子力，控制重要的格子、线路，给对方制造弱点等。本书第四章收录的很多人类棋手的精彩对局都与局面型弃子有关，而第五章第三个对局则展现了当代顶级国际象棋引擎不可思议的"极限弃子"。

本书研究的局面型弃子包括三个部分：

1. 局面型弃兵；

2. 局面型弃半子；

3. 局面型弃子。

下面将通过实例予以具体研究。

如图 135，黑先。黑白双方兵的数量相等，但白方王翼多兵，黑方应采取何种应对之策呢？

1...e5

局面型弃兵，主要目的是活跃黑王和王翼黑兵，加速在王翼的行动，而 b 线通路兵则吸引白王于后翼。

任何消极的着法都将于黑方不利。若走 1...Kf7，则失利于 2.Kd4 Kf6 3.Kc5 e5 4.Kxb5 e4 5.Kc4 Kg6 6.h3 Kh5 7.Kd4 Kg6 8.g4 Kf6 9.gxf5 Kxf5 10.Ke3 Kf6 11.Kxe4。

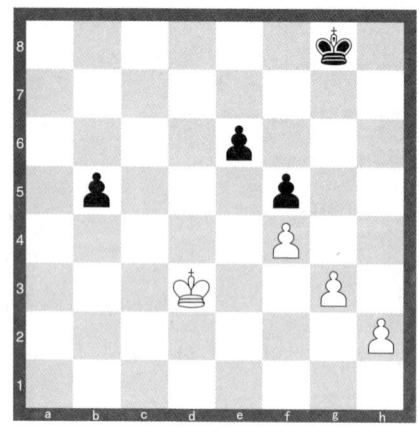

图 135

2.fxe5

白方只能接受弃兵。不能走 2.Kc3，否则有 2...e4 3.Kb4 e3 4.Kc3 b4+ 5.Kd3 b3 6.Kxe3 b2 7.Kd4 b1Q，黑胜。

2...Kf7　　3.Kd4 Ke6　　4.Kc5 Kxe5　　5.h4 f4　　6.gxf4+ Kxf4
7.Kxb5 Kg4　　8.h5 Kxh5

黑方成功获得和棋。

如图 136，白先。白方王翼通路兵难以突破，但在后翼有可能制造出通路兵，这是白方弃子进攻的局面依据。

1.h6+

局面型弃兵，目的是改变黑车的位置，使其不能留在次底线保护 a7 兵，有利于白方王、车、兵在后翼的活跃。

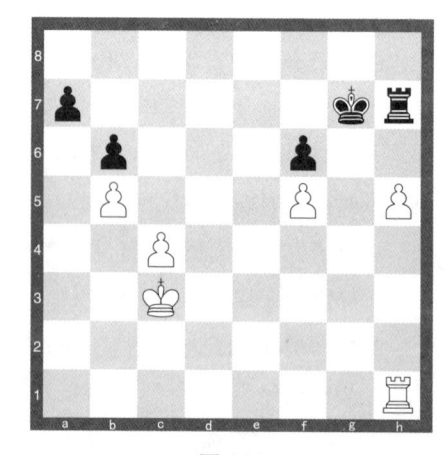

图 136

若直接走 1.Ra1，则有 1...Kh6 2.Kd3 Kg5 3.Rf1 Rxh5 4.Ke4 Rh4+ 5.Kd5 Rh8 6.Ra1 Rd8+ 7.Kc6 Rc8+ 8.Kd5

之后，形成均势局面。

1...Rxh6

若走1...Kh8，则有2.Ra1 Re7 3.Rg1 Kh7 4.Rg7+ Rxg7 5.hxg7 Kxg7 6.Kd4 Kh6 7.c5 bxc5+ 8.Kxc5 Kg5 9.Kc6 Kxf5 10.Kb7 Ke4 11.Kxa7 f5 12.b6 Ke3 13.b7 f4 14.b8Q f3 15.Qb2 f2 16.Qb5 Kf3 17.Qf1 Kg3 18.Kb6，白胜。

2.Ra1 Rh3+ 3.Kb4 Rf3 4.Rxa7+ Kf8 5.Ra6 Rxf5 6.Rxb6 Ke7
7.c5 Rf4+ 8.Ka5

白胜。

如图137，黑先。黑方多一e线通路兵，但在次底线被拦截，应该如何打破僵局呢？

1...Rd8+

化繁为简，弃掉通路兵，并准备换掉对方的车和象。

2.Kxe2 Re8+ 3.Kf2 Nxe1
4.Rxe1 Rxe1 5.Kxe1 Ke6

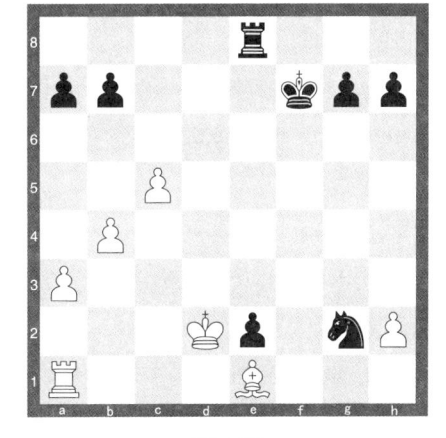

图137

兵形决定计划。虽然双方子力恢复平衡，但黑方在王翼有多兵优势，可以冲出一个通路兵，借此吸引白王于王翼，而黑王则趁机前往后翼消灭白兵并冲出后翼通路兵取胜，这是黑方的赢棋策略，也是黑方此前弃兵、换子的局面依据。

6.Kd2 Kd5	7.Kc3 g5	8.Kd3 h5	9.Ke3 Kc4	10.Kf3 a6
11.Ke4 g4	12.Kf5 Kb3	13.Kg5 Kxa3	14.Kxh5 Kxb4	15.Kxg4 a5
16.Kf5 a4	17.h4 a3	18.h5 a2	19.h6 a1Q	20.Kg6 Kxc5
21.h7 b5	22.Kf7 Qh8	23.Kg6 b4	24.Kh5 Qxh7+	25.Kg5 b3
26.Kf4 Qh3	27.Ke4 b2	28.Ke5 b1Q	29.Kf6 Qhh7	30.Ke5 Qbf5#

黑方的计划取得了成功。

如图 138，黑先。

1...d4+

黑方弃兵的目的是活跃白格象。黑象可通过 c6 格快速进入 d5 格，这样可以同时支持后翼和王翼的通路兵挺进，以此抵消白方车马的优势，获得均势局面。

实战中黑方走了 1...h3，在白方 2.Kf2 之后，黑方通路兵的优势无法发挥，最终落败。

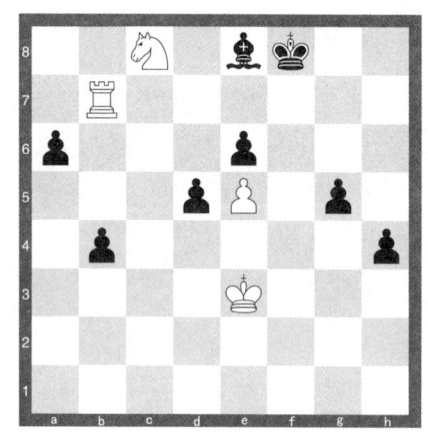

图 138

2.Kxd4

若不接受弃兵，依然是均势：2.Kf2 a5　3.Nd6 Bc6　4.Rf7+（4.Ra7 a4，黑胜）4...Kg8　5.Rc7 Bd5。

2...Bc6　3.Rb6

3.Rh7 b3　4.Kc3 Be4　5.Rh5 Bf3　6.Rxg5 h3　7.Rg3 Bg2　8.Rg4（不能走 8.Kxb3，否则 8...h2　9.Rxg2 h1Q，黑胜）8...h2　9.Rh4 h1Q　10.Rxh1 Bxh1　11.Kxb3，均势。

3...Bd5　4.Nd6

白车切不可贪吃黑兵：4.Rxb4 h3　5.Rb2 Bg2　6.Nd6 h2　7.Rxg2 h1Q，黑胜。

4...h3　　5.Nf5 h2　　6.Ng3 a5　　7.Ra6 b3　　8.Rxa5 h1Q
9.Nxh1 Bxh1　10.Kc3 Bd5

双方均势。

如图 139，白先。

1.e6

经典的局面型弃兵。白方子力出动迅速，在中心弃兵打开中心线，以便充分利用黑王滞留中心这一局面缺陷。

第三章 局面型弈法的五大方法

1...Nxe6　2.Be5

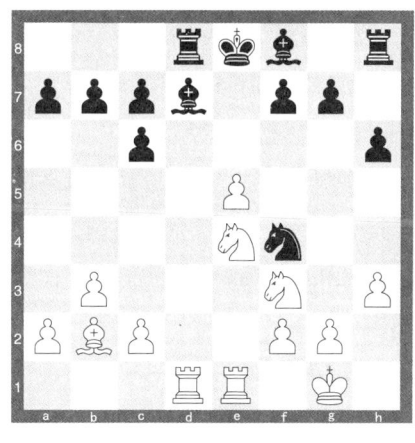

完美地利用黑方的局面缺陷，三种可能的变化如下：

2...Be7　3.Bxc7 Nxc7　4.Nd6+ Kf8　5.Nxb7 Re8　6.Rxd7。

2...Rc8　3.Nh4 c5　4.f4 Bc6　5.f5。

2...c5　3.Bxc7 Rc8（不能走 3...Nxc7，因为有 4.Nf6 或者 4.Nd6 杀王。）4.Nd6+ Bxd6　5.Bxd6 f6　6.Nh4 Kf7　7.Nf5 Rc6　8.Bb8 Rxb8　9.Rxd7+ Kf8　10.c4 a6　11.Re7 Nd4　12.Nxg7，白胜。

图 139

如图 140，白先。b4 兵正受到黑车的攻击，白方该如何应对呢？

1.Ra3

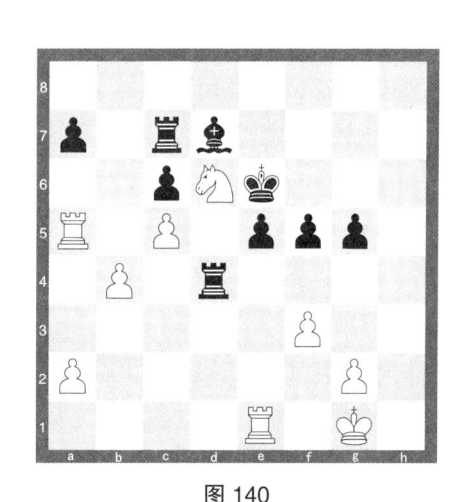

弃掉 b4 兵，活跃白车。也可以走 1.a3，保持后翼兵链的完整，但 a5 车会被困在边线上，难以发挥其动态价值。

1...Rxb4	2.Rae3 Kf6
3.a3 Rb8	4.Rxe5 f4
5.Re7 Kg6	6.Nc4 Rbb7

7.Ne5+

白方双车、马从中心攻王。虽然黑白双方子力均等，但白方子力更为积极、协调，拥有局面优势。

7...Kf6　8.Rf7+ Ke6
9.Re4 Bc8　10.Rf8 Kd5　11.Nd3 Be6　12.Rf6 Re7　13.Rg6 a5
14.Rxg5+ Bf5　15.Rxf5+ Re5　16.Rfxe5#

图 140

·089·

如图141，白先。黑白双方子力均等，但白方子力位置明显优于黑方。白方应如何打开局面、展开进攻呢？

1.a4

意料之外，情理之中。如果黑方不接受弃兵，白方将展开持续进攻，例如：1...Re8　2.a5 Nc8　3.Qb7，白后捉死黑车。

1...Bxa4

若走 1...Nxa4，则有 2.Re6 Bxe6　3.dxe6 Nb6　4.Bxa8。

无论黑方用象还是用马吃掉弃兵，白后都将打开后翼，配合双车双象从中心和王翼进攻黑方。

2.Qa3 Bd7　3.b4 hxg3

若走 3...cxb4，则有 4.Bxb6+ axb6　5.Qxa8+ Bc8　6.Qa7 Re8　7.Qxb6+ Kd7　8.Bg4+ Re6（8...Qxg4　9.Rf7+ Re7　10.Rexe7#）9.Rxe6 Qxe6　10.Rf8 Qxg4　11.Qd8#。

4.Bxg3 cxb4　5.Qxb4 Rc8

6.Be4 Qh6　7.Qa3 Nc4

8.Qxa7 Rc7　9.Qb8+ Bc8

10.Bf5

尽管黑白双方子力依然均等，但是白方占尽了局面优势，胜定。

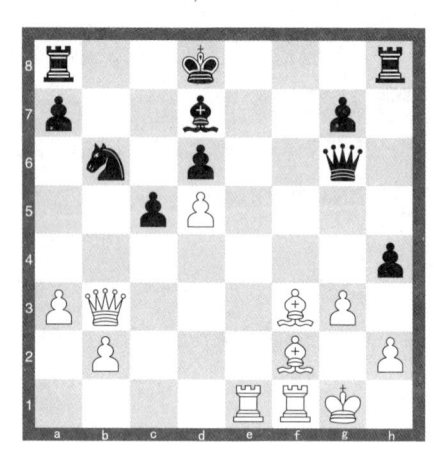

图 141

如图142，白先。d3格的车正受到黑兵的攻击，白方应该如何应对呢？

1.b5

局面型弃兵，目的是活跃白方后、

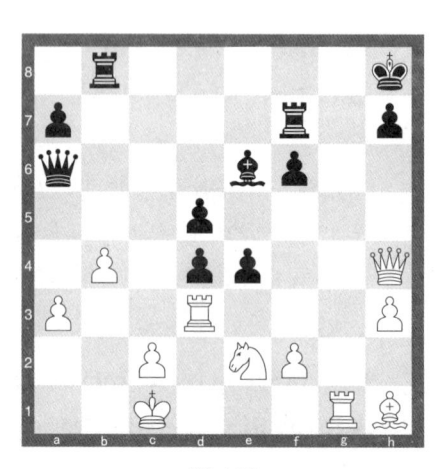

图 142

车、马等子力。

不能走 1.Rdg3，否则有 1...Qxe2　2.Qf4 Rc8　3.Qd2 Qc4　4.Kb1 Bd7　5.Rb3 Ba4　6.Rb2 Rfc7　7.Ka1 Bxc2　8.Rxc2 Qxc2　9.Qxd4 Qc3+　10.Qxc3 Rxc3　11.Kb2 Rc2+　12.Kb3 R8c3+　13.Ka4 Rc1　14.Rxc1 Rxc1　15.Bg2 Rg1，黑胜。

1...Qxb5

若走 1...Rxb5，则有 2.Rdg3 Rb8　3.Nxd4 Bd7　4.Qf4 Rc8　5.Qc7 Be6　6.Qc6 Qxc6　7.Nxc6 Rfc7（7...Rxc6　8.Rg8#）8.Nd4，白胜。

2.Rb3 Qe8　3.Rxb8 Qxb8　4.Nxd4 Bd7　5.Qg3 Qxg3　6.Rxg3

通过换掉一对车和后，白方保持了子力优势。

如图 143，白先。白方虽然多一兵，但局面呈封闭状态，如何打破僵局并实现子力的活跃呢？

1.Rxb5

局面型弃半子。通过这种弃子白方并未很快获得子力优势或者将杀黑王，但此后白方的王、象、兵开始活跃并展开协同进攻。

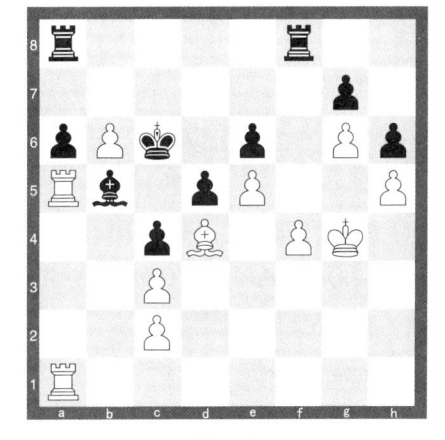

图 143

1...axb5　2.Rxa8 Rxa8
3.f5 exf5+　4.Kxf5

白方通过交换一对车和兵，打开了进攻线路，子力的能量开始释放。

4...Rf8+　5.Kg4 Re8

若走 5...Rg8 企图固守，仍然挡不住白方王和兵的冲锋：6.e6 Kd6　7.b7 Kc7　8.e7 Kxb7　9.Kf5 Kc6　10.Ke6 Kc7　11.Kf7 Ra8　12.e8Q，白胜。

6.e6 Rxe6　7.Bxg7 Re4+　8.Kf3 Rh4　9.Bxh6 Rxh5　10.g7 Rxh6
11.g8Q

白胜。

如图144，黑先。

1...Rb3

典型的局面型弃半子。白方接受弃子之后，后翼和中心的黑兵连成一片，不仅改善了兵形，还限制了白方后、车等子力的活动性。

2.Nxb3

如果白方不接受弃子，黑方后、车、象、兵等子力仍将展开协同进攻：2.Nxa4 d3　3.Rd2 Bd4　4.Qa1 Ra6　5.Nc3 Qf3　6.Bg2 Qxg3　7.Nd1 Qf4　8.Rxc4 Rbxa3　9.Qb1 Qxd2　10.Rxd4 Qc2　11.Qxc2 dxc2　12.bxa3 c1Q。

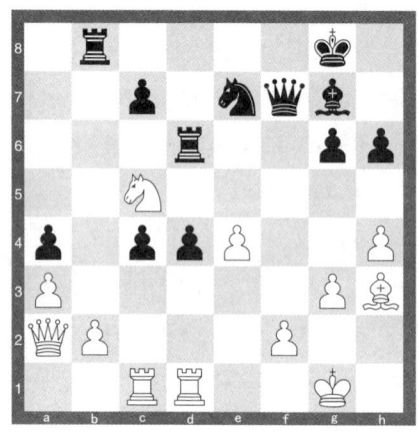

图144

2...axb3	3.Qb1 Nc6	4.f4 d3	5.Rd2 Bd4+	6.Kh2 Be3
7.e5 Bxd2	8.exd6 Bxc1	9.dxc7 Qxc7	10.Qxc1 Nd4	11.Bg2 Qc5
12.Qe3 Qd6	13.Qd2 h5	14.Be4 Ne2	15.Bf3 c3	16.bxc3 Qb6

17.Bxe2

若走17.Bg2，黑方之前通过弃子形成的b线通路兵开始发威：17...b2　18.Qxd3 b1Q。

17...Qf2+　18.Kh3 Qxe2

黑胜。

如图145，白先。

1.Rxf5

局面型弃半子，打通e线和f线，目的是活跃后、车、象、兵等子力，协同攻王。

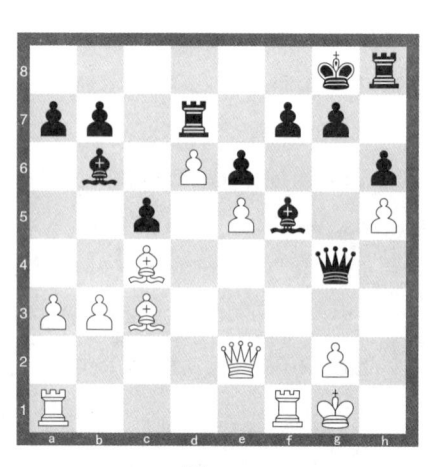

图145

第三章 局面型弈法的五大方法

1...Qxf5

若走 1...exf5，则有 2.Qxg4 fxg4 3.e6 Rxd6 4.e7 Kh7 5.Re1 Re8 6.Bxf7，白胜。

若走 1...Qxe2，则有 2.Bxe2 exf5 3.Bb5 Rd8 4.Bc4 Kf8 5.g4 f4 6.Rf1 Rd7 7.Rxf4 Ke8 8.Bb5 c4+ 9.Kf1 cxb3 10.Ke2 Bc5 11.a4 a6 12.Bxd7+ Kxd7 13.Rxf7+ Kc6 14.Rxg7 Kd5 15.d7 Rd8 16.g5 hxg5 17.h6 Bf8 18.Rg8 Rxd7 19.Rxf8 g4 20.Rg8 Rh7 21.Rg6 Ke4 22.e6，白胜。

2.Rf1 Qg5　3.Bd2 Qh4　4.Rf4 Qd8　5.Rf2 a6　6.Qg4 Kh7
7.Rxf7 Rxf7　8.Qg6+ Kg8　9.Qxe6

白方制造出中心双连通路兵。

9...Qf8　　　10.d7

白方通路兵冲至次底线，而黑方重子却龟缩于棋盘右上角，毫无还手之力。

10...Bc7　　11.Qe8 Kh7　12.Bd3+ Kg8　13.Be3 b6　14.Bc4 g5
15.hxg6 Kg7　16.gxf7 a5　17.Qe6 Bd8　18.Qg4+ Bg5　19.Bxg5 hxg5
20.Qxg5+ Kh7　21.Bd3#

如图146，黑先。黑方少兵，兵形也不好，只能加快在王翼的攻势，寻求局面的平衡。

1...Rxf3

黑方弃半子，既削弱了白方王翼，又有利于黑方后、车、象等子力的协同进攻。

2.gxf3 Bh4　3.Nf5

不能走 3.Qxd7，因为有 3...exf2 4.Nh1 Qf6 5.Nxf2 Qf4+ 6.Kg1 Qg3+ 7.Kh1 Qxf3+ 8.Kh2 Bg3+ 9.Kg1 Bxf2+ 10.Rxf2（10.Kh2 Qg3+ 11.Kh1 Qxh3#）10...Qxf2+ 11.Kh1 Qf3+ 12.Kh2 Qe2+ 13.Kg1 Qxd1+ 14.Kg2 Qe2+ 15.Kg3 Qf2+ 16.Kg4 Qf3+ 17.Kh4 Rf4#。

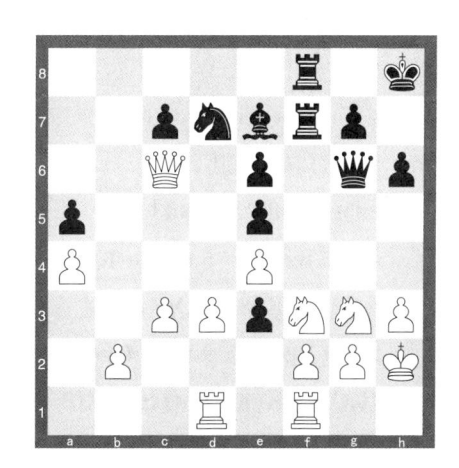

图 146

3...Bxf2　　4.Qxd7 exf5　　5.Rg1

若走 5.Qxc7，则有 5...Qg3+　6.Kh1 Qxh3#。

5...Bxg1+　　6.Rxg1 Qf6　　7.exf5 Rd8　　8.Qxc7 Rxd3

双方均势。

如图 147，白先。白方少一兵，并且 h5 马正受到黑兵的攻击，白马是该前进还是后撤呢？

1.Qd2

局面型弃子。弃掉 h5 马的目的是打开 g 线和 b1-h7 白格斜线，白方利用黑方后翼子力尚未出动、王城削弱的局面劣势，加速后、车、马、象等子力的协同攻王行动。

1...gxh5

黑方若不接受弃子，仍然难以改善局面劣势：1...Kh7　2.Qf4 Rf8　3.Nf6+ Bxf6　4.exf6 Qc5　5.Rxd4 Qf5　6.Qxf5 gxf5　7.Ne5 b6　8.Rad1 Ra7　9.Rd6 Rc7　10.R1d4，白胜。

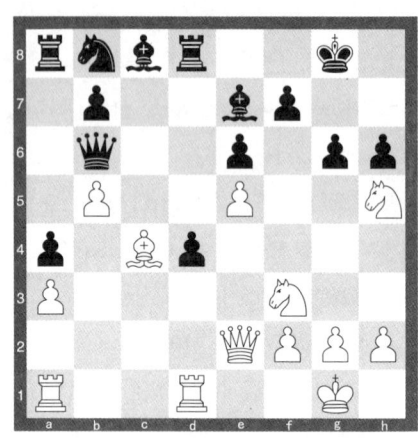

图 147

2.Qxh6 Nd7　　3.Bd3 Nf8

4.Ng5 Bxg5　　5.Qxg5+ Kh8

6.Qxh5+ Kg8　　7.Qg5+ Kh8

8.Re1 Ng6　　9.Bxg6 fxg6

10.Qh6+ Kg8　　11.Qxg6+ Kf8

12.Re4 Re8　　13.Qf6+ Kg8

14.Rg4+ Kh8　　15.Qg7#

如图 148，白先。白方出子领先，如何利用这一优势快速进攻呢？实战中

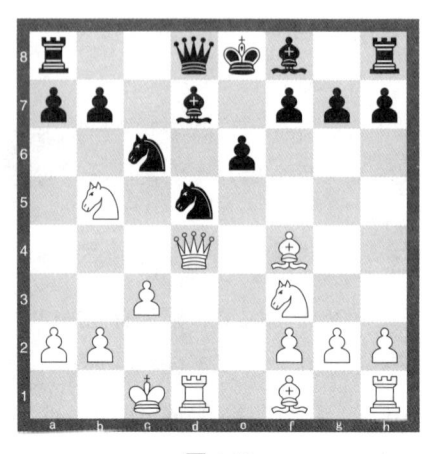

图 148

白方走出令人惊讶的着法：

1.Qxd5

局面型弃子，目的是打开 e 线，有利于车、马、象协同攻王。

1...exd5　　2.Nc7+ Ke7　　3.Nxd5+ Ke8　　4.Nc7+ Ke7　　5.Bc4 Qc8

6.Rhe1+ Kd8

较为顽强的走法是：6...Kf6　7.Nxa8 Bg4　8.Nc7 Bxf3　9.gxf3 g5　10.Ne8+ Kg6　11.h4 f6　12.Bd3+ f5　13.Bc4 gxf4　14.Rg1+ Kh6　15.Nd6 Bxd6　16.Rxd6+ Kh5　17.Bf7+ Kxh4　18.Rh6#。尽管黑方有子力优势，但子力出动较慢且黑王位置不佳，而白方的双车马象活跃且协调，不等黑方展开反击，白方就率先完成将杀。

7.Re8#

如图 149，黑先。

1...Kh8

弃掉 e6 兵，目的是活跃黑方后、车，进攻白王。

2.Qxe6

若白方拒绝接受弃兵，黑方仍然保持优势：2.Qh5 Rf4　3.Qg6 Qf8。

2...Qg5+　　3.Rg3 Qd2+

4.Kh1

图 149

若走 4.Kg1，则有七步杀：4...Qc1+　5.Kh2 Rf2+　6.Rg2 Qf4+　7.Kh1 Rf1+　8.Rg1 Qf3+　9.Kh2 Rf2+　10.Rg2 Qxg2#。

4...Rf1+　　5.Rg1 Rxg1+　　6.Kxg1 Qc1+　　7.Kg2 Qxb2+　　8.Kg1 Qxc3

9.Qxd5 Qg3+　　10.Kf1 Qxh3+　　11.Ke2 Qxa3

黑方已经获得多三兵的优势。

如图 150，黑先。

1...Bh3

黑方弃象，目的是腾出 f5 格，利于黑王经过 f5 格快速到达 e4 格，支持中心通路兵的挺进。另一种赢棋方法是 1...Be4。

2.gxh3

如果白方不接受弃子，可能的变化是：2.Kf2 Kf5　3.Kf3 Bxg2+　4.Ke3 a3　5.Kd3 Be4+　6.Kd2 Bb1　7.Ke3 a2　8.Kf3 g5　9.h5 g4+　10.Kg3 Kg5　11.Kf2 Be4　12.h6 Kxh6　13.Bxf6 Kh5　14.Kg3 Kg6　15.Bb2 Kg5　16.Kf2 Kf4　17.Bc1+ Ke5　18.Bb2+ d4　19.Kg3 Bf3　20.Kh4 Ke4，黑胜。

2...Kf5　　3.Kf2 Ke4　　4.Bxf6 d4　　5.Ke2 a3　　6.Bxd4 Kxd4　　7.Kf3 a2　　8.Kg4 a1Q

黑胜。

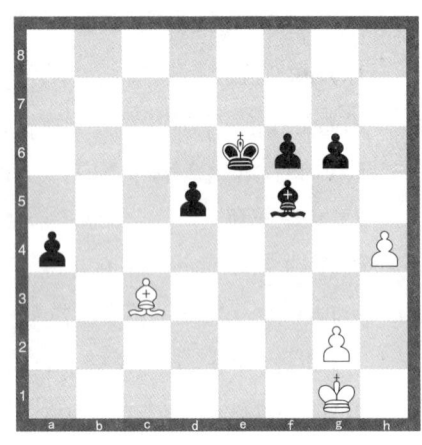

图 150

如图 151，白先。黑方白格象正威胁吃 b5 格的车，白方应如何应对呢？

1.a4

局面型弃半子，不仅改善了白方后翼的兵形，黑方白格象的消失也有利于白方接下来的进攻。

1...Bxb5

黑方也可选择不接受弃车。若走 1...Rad8，则有 2.Bd2 Rfe8　3.Re3 f6　4.Nh3 Qc8　5.Bxa5 Bxb5　6.axb5 bxa5　7.Nf4 Bh6　8.Bh3 Qb7，白方优势。

2.axb5 Qc8　　3.e5 Bxe5　　4.d6 Bxd6

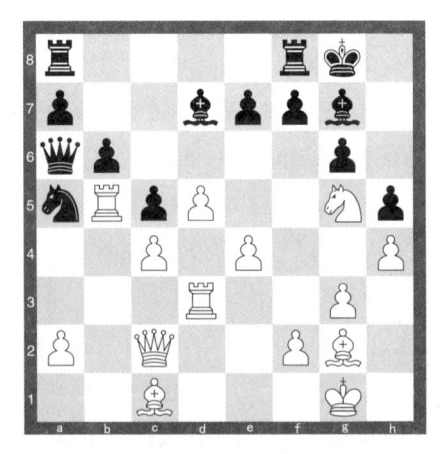

图 151

第三章 局面型弈法的五大方法

白方连弃两个中心兵，目的是打开白格大斜线，白格象进入d5格，与其他子力协同进攻黑方王城。

5.Bb2 Nb7　6.Bd5 Rb8　7.Rf3 e6　8.Rxf7 Rxf7　9.Qxg6+ Kf8　10.Qxf7#

如图152，白先。

1.Re5

类似这种弃子往往会带来多重效果。白方现在弃车，可消除黑方黑格象在黑格斜线上对白方的威胁，或者削弱黑方对黑格的控制，而白方可通过这种弃子改善兵形，也有利于子力的活跃和协同进攻。

1...Bxe5

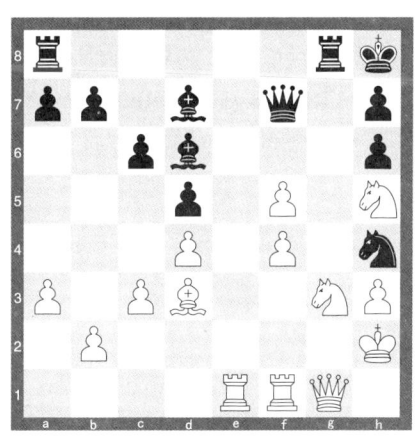

图152

黑方若不接受弃子，白方也可借机调整子力位置，比如在e线叠车，并保持攻势。例如：1...Rae8　2.Qf2 a5　3.Rfe1 Bc7　4.R1e3 Bd6　5.f6 c5　6.Ng7 Rc8　7.Re7 Bxe7　8.Rxe7 Qxf6　9.Rxd7 Rxg7　10.Nh5 Qc6　11.Rxg7。

2.fxe5 Raf8　3.Qe3 Bxf5

4.Bxf5 Nxf5　5.Rxf5 Qg6

6.Nf6 Rg7　7.Qf2 b5

8.Rf4 a5　9.Ngh5 Re7

10.Rg4 Qf7　11.Qf4 Ree8

12.Rg7

白胜。

如图153，黑先。黑方多三兵，但兵形欠佳，如何改善兵形结构呢？

1...Ne3

图153

弃马的目的是制造三连通路兵。

2.dxe3 fxe3 3.Rac1 Qxh4 4.Qb3 e2 5.Rfe1 Qg5 6.Ka3 b5
7.Rg1 bxc4 8.Qxc4

若走 8.Rxg5，则有 8...cxb3 9.Rxg7 f2 10.Bxd4 f1Q，黑胜。

8...Qe3+ 9.Ka4 Be5 10.b5 Ke7 11.Rh1 f2 12.Rxh5 Kf6
13.Rh6+ Kg5 14.Rh2 e1Q

黑方通路连兵的威力得到了很好的发挥。

如图 154，白先。白方白格象可以吃掉黑方 a6 兵吗？

1.Bxa6

白方吞下了黑方布下的诱饵，白象真的落入陷阱了吗？

1...b5

黑方毫不客气地关上了白象逃生的大门。

2.Kf2

白方真正的计划初露端倪。

2...Kc7

黑王开始捕杀白象。

3.Kg2 Kb8 4.Kh3 Ka7 5.Kxh4 Kxa6

黑王如愿以偿地消灭了白象，但它很快就发现自己不经意间已经远离了王翼，而白方在王翼的致命进攻却马上要开始了。

6.Kg5 b4 7.Kf6 Bd5 8.Kxf5 Bxf3 9.e6 Kb5 10.Ke5 Kxc5
11.f5 Bh5 12.f6 Kc4 13.f7 Bxf7 14.exf7 c5 15.f8Q

白胜。真相大白了，原来真正的诱饵不是 a6 黑兵，而是白方的白格象。

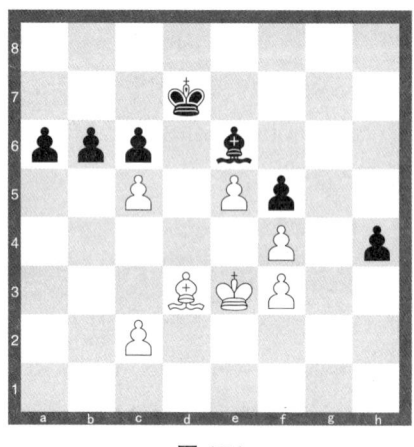

图 154

限制对方子力的活动性或者让对方子力处于不利位置是局面型弃子的重要目标。

如图155，白先。白方多两兵，已然是胜势。现在的问题是：如何把胜势转化为胜利呢？有没有简明的取胜方法？

1.b4

局面型弃兵，目的是限制黑方黑格象的活动性。

若走 1.Kd5，则在 1...Kg5 2.Ke4 Bc3 3.Be2 Bd2 之后，黑方黑格象开始活跃，增加了白方取胜的难度。

1...cxb4

若走 1...Bxb4，则有 2.Kxb6 c4 3.a5 Kg5 4.a6 Be1 5.a7 Bf2+ 6.Kb7 Bxa7 7.Kxa7，白胜。

2.Bb3

黑格象被限制在边线上，不能参与进攻和防御，成了一个"局外人"。

2...Kg5　　3.Kd7 Kf6　　4.Kd6 Kg5　　5.Ke6

黑方已无好棋可走，陷入了楚茨文克（Zugzwang）的境地。

5...Kh6

若走 5...b5，试图解放黑格象的努力也是徒劳的：6.axb5 Bd8　7.Kd5 Bb6　8.Kc6 Ba7　9.b6，白胜。

6.Kf6 Kh7　　7.g5 Kh8　　8.g6 b5　　9.g7+ Kh7　　10.g8Q+ Kh6

11.Qh8#

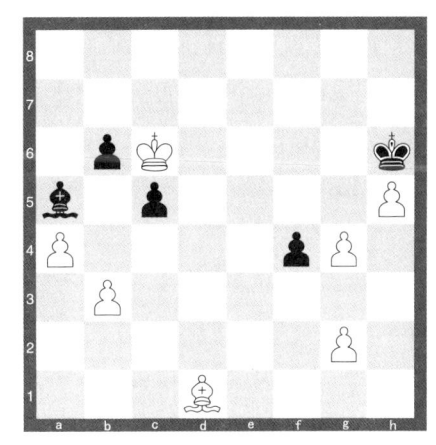

图155

如图 156，白先。白王若离开第七横线，就可以避免 g7 格黑车的牵制，f 兵也就可以升变并且将杀黑王。那么，白王周围共有七个格子可去，应该去哪一个格子呢？

1.Kd8

唯一的制胜之着。

若走 1.Kd6，则有 1...Rd1+ 2.Kc5 Rd8 3.Bxd8 f1Q 4.Bb7 Qxf7，黑胜。

若走 1.Ke8，黑方有吃马并升变带将的先手：1...fxe1Q+ 2.Kd8 Qa5+ 3.Ke8 Re1+ 4.Be6 Rxe6+ 5.Be7 Rxe7+ 6.Kxe7 Qd5 7.Ke8 Qxf7+ 8.Kd8 Qd7#。

若走 1.Kc6，黑方仍有升变带将的先手：1...h1Q+ 2.Kd6 Rd1+ 3.Kc5 Qd5+ 4.Kb6 Qd6+ 5.Nc6 Rb1+ 6.Ka6 Qxc6+ 7.Ka7 Qc7+ 8.Ka8 Rb8#。

1...Rd1+ 2.Nd3

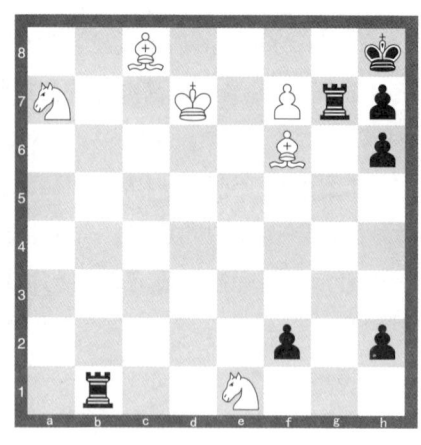

图 156

弃马是为了把黑车吸引到第三横线。

2...Rxd3+ 3.Ke8 Re3+ 4.Kf8 Reg3 5.Bg4

弃象是为了把黑车吸引到第四横线。

5...R3xg4 6.Ke8 Re4+ 7.Kd8 Rd4+ 8.Kc8

现在不能走 8.Bxd4 吃车，因为有 8...f1Q 9.Nc6 h1Q，黑胜。

8...Rc4+ 9.Kb8 Rb4+ 10.Nb5

再弃一马，是为了把黑车吸引到第五横线。

10...Rxb5+ 11.Kc8 Rc5+ 12.Kd8 Rd5+ 13.Ke8 Re5+ 14.Bxe5

此时可以吃车，黑方的长将结束了。

14...f1Q 15.f8Q+

白王保护 f 兵升变。

15...Qxf8+ 16.Kxf8 h1Q 17.Bxg7#

这是一个特别的棋例，为了摆脱黑方的长将，白方子力前赴后继，先后弃掉了双马和一象，成功将黑车引入不利位置并将其消灭，为杀王创造了条件。

四、阻止反击

阻止对手的反击是整个对弈过程中都应该重视的事情，需要棋手有良好的预防性思维和危机意识。很多实战对局都是因为棋手（甚至包括世界棋王、超级棋手）忽视或者漏算了对手的反击而陷入不利局面甚至输棋。

长将是阻止反击的重要方法。

如图 157，黑先。黑白双方各有一个通路兵，局面是和棋。实战中黑方走了：

1...b4

黑方忽视了白方的反击，以至于两步棋之后就认输了。

2.Qd2+ Ka1　3.Qd4+

白方利用逼兑的手段强制换后，确保 h7 兵升变。

实际上，黑方应满足于通过长将取得和棋，例如：1...Qc8+　2.Kxb5 Qb8+ 3.Kc4 Qc7+　4.Kd4 Qg7+　5.Kc5 Qc7+ 6.Kd4 Qd6+　7.Kc3 Qf6+　8.Qd4 Qf3+ 9.Kd2 Qg2+　10.Ke1 Qh1+。

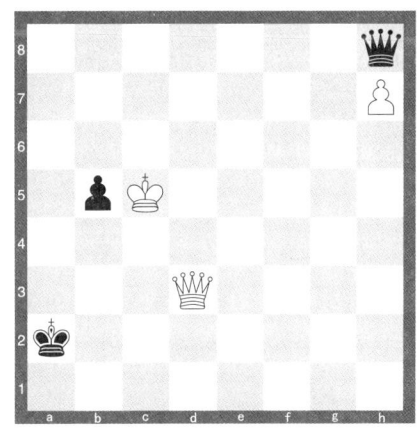

图 157

如图 158，白先。黑方的 c 线通路兵给白方造成了局面压力，但黑王位置较为暴露，这就给白方提供了机会。

图 158

1.Qb7+

白方寻求长将。实战中白方走的是 1.Rc1，正面阻击黑方通路兵，反而陷入不利局面，在 1...Qc7 2.Kg2 Bd4 3.Qa8 c3 之后，最终落败。

1...Kg8   2.Qc8+ Kh7   3.Qf5+ Kh8   4.Qc8+ Kh7

若走 4...Ng8，则有 5.Rd1 Bb6（5...c3 6.Rd8，白优。）6.Kg2 c3 7.Rd3，均势。

5.Qf5+

和棋。

如图 159，黑先。白方多两兵，并且在后翼、中心和王翼各有一个通路兵，黑方最好的策略就是寻求和棋。

1...Rg2+

实战中黑方走的是 1...Kxe4，虽然吃掉了白方中心通路兵，但无法阻止白方王翼和后翼通路兵的轮番进攻：

2.Rb6 f3   3.h6 f2+   4.Kf1 Ke3   5.Rb3+ Kf4   6.h7 Ra1+   7.Kxf2 Ra2+   8.Kf1 Ra1+   9.Kg2 Ra2+   10.Kh3 Ra1   11.a7 Kf5   12.Kg3 Rxa7   13.h8Q，白胜。

2.Kh1 Rg4   3.Rd6

不能走 3.a7，否则有 3...Kf2   4.a8Q Rh4#。

3...Rh4+   4.Kg1 Rxh5   5.Rd5 Rh8   6.e5 Ke2   7.e6 Rg8+

8.Kh1 Rh8+

和棋。

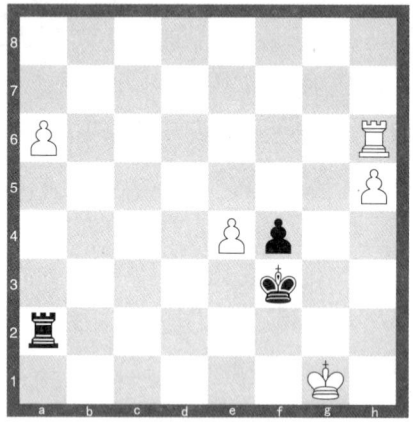

图 159

防止对方的战术打击是阻止反击的重要内容。

如图 160，黑先。

1...Ke7

避免白方后、车的战术打击，确保均势局面。

第三章 局面型弈法的五大方法

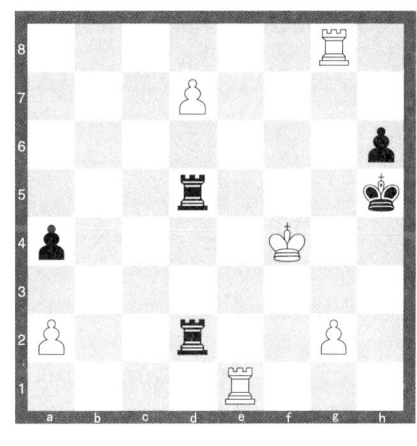

图 160

图 161

实战中黑方走的是 1...d3，立即遭到白方的弃子进攻：2.Rg8 Qxg8 3.Qa8+ Ke7 4.Qxg8，白胜。黑若接走 4...d2，则有 5.f5 d1Q 6.f6#。

如图 161，黑先。黑方双车集结于 d 线，但不能走 1...Rxd7，因为有 2.Rh1#，黑王被将杀于 h 线。黑方现在只能用车将军，解除面临的杀棋威胁，关键问题是：黑方应该用哪一个车去将军呢？

1...R2d4+

精确的着法。用 d2 格的车去将军，而 d5 格的车应该守在原位不动，防止白车从第五横线将军并威胁杀王。

实战中黑方错走 1...R5d4+，在 2.Kg3 R2d3+ 3.Kh2 Rd5 4.d8Q Rxd8 5.Re5+ Kh4 6.g3+ 之后落败。

2.Kg3

2.Kf3 Rd3+ 3.Kf2 Rd2+ 4.Kg1 Rd1 5.Rxd1 Rxd1+ 6.Kf2 Rxd7，和棋。

2...Rg5+ 3.Rxg5+ hxg5 4.Re7 Kg6 5.Kf3 a3 6.Ke3 Rd1
7.g4 Kf6 8.Rh7 Ke6 9.Ke4 Kf6

不能走 9...Rxd7 10.Rxd7 Kxd7 11.Kf5 Kd6 12.Kxg5，白胜。

10.Rh6+ Kg7 11.Rh3 Rxd7 12.Rxa3 Rd2 13.Ra5 Kg6 14.a4 Rf2

15.Ke5 Rf4　16.Ra8 Rxg4　17.a5 Ra4　18.a6 Kg7　19.Kf5 g4
20.a7 g3　21.Rd8 Rxa7　22.Rd3 g2　23.Rg3+ Kf7　24.Rxg2
和棋。

对方隐藏得较深的反击手段给阻止反击增加了难度。

如图162，白先。黑王被困于棋盘右上角不能动弹，白车可从第八横线或者h线杀王，但白方容易忽视黑方的逼和手段。

1.Kg3

正确的应着。也可走1.Bc4 Rb8　2.Kf3 Rb3+　3.Bxb3 a1Q　4.Rd8#；还可走1.Re2 Rb8　2.Kf3 a1Q　3.Rh2#。

不能走1.Bxa2，因为有1...Rb2　2.Rxb2，逼和；也不能走1.Rxa2 Rb2+　2.Rxb2，逼和。

1...Rg1+　2.Bg2 a1Q

3.Rd8#

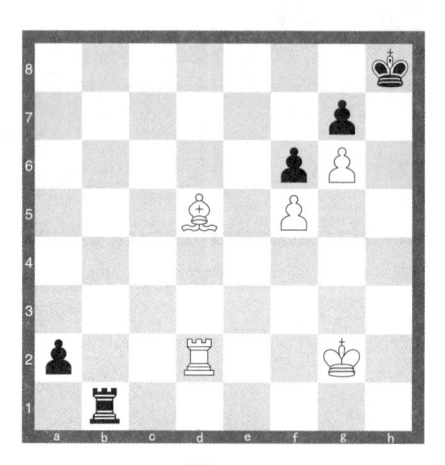

图162

如图163，白先。

1.Kc5

白王及时回援。白方的首要任务是阻止黑方后翼双连通路兵和黑车的进攻。

盲目进攻只会招致失败：1.g5 b2　2.Rb1 Ra2　3.g6 Kf8　4.Kc5 a5　5.Kc4 a4　6.Kc3 a3　7.Rf1+ Kg7　8.Rb1 Ra1　9.Rxb2（9.Rxa1 bxa1Q+）9...axb2　10.Kxb2 Ra8，黑胜。

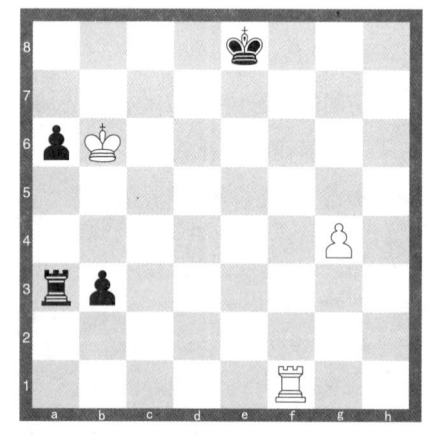

图163

第三章 局面型弈法的五大方法

1...a5	2.Kc4 a4	3.Kc3 Ra2	4.g5 Rc2+	5.Kb4 Ke7
6.Kxa4 b2	7.Rb1 Rg2	8.Ka3 Rxg5	9.Rxb2	

和棋。

阻止对方活跃子力是阻止反击的重要手段。

如图164，白先。实战中白方走了：

1.Bc1

白方用黑格象保护f4兵，防止黑王的入侵，但忽视了黑方象、兵的活跃带来的威胁。

白方应走1.Bd4，既防止黑方黑格象进入黑格大斜线，又阻止d线通路兵的挺进，确保和棋。

1...Bc3

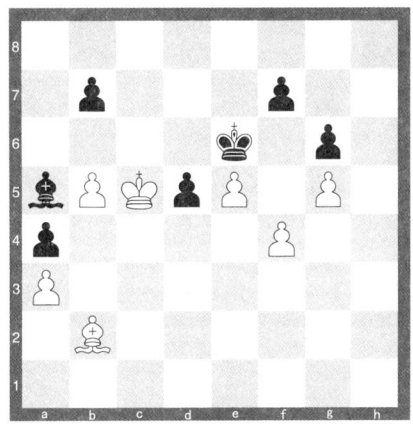

图164

黑象立即占领黑格大斜线，将在黑王的支持下推进d线通路兵。

2.b6 d4	3.Kc4 Kf5	4.Kd3 Ba1	5.Kc4 Ke4	6.Bd2 d3
7.Kc5 Bd4+	8.Kd6 Be3	9.Bb4 d2	10.Bxd2 Bxd2	11.Ke7 Bxf4
12.Kf6 Bxg5+	13.Kxg5 Kxe5	14.Kg4 f5+		

黑方王翼双连通路兵势不可挡，胜定。

如图165，黑先。

1...Qf2+

关键一着。黑后的目的是守住f线，防止白后进入f7格造成致命威胁。若急于走1...Nxd5，黑方只能长将和棋：2.Qxd5+ Kh8（2...Kg7 3.Qf7+ Kh8 4.Qh7#）3.Qf7 Qe2+ 4.Bg2 Qh5+ 5.Kg1 Qd1+ 6.Kf2 Qd4+ 7.Ke2 Qc4+。

2.Kh1 Nxd5	3.Qxd5+ Kg7	4.Qe5+ Qf6	5.Qxf6+ Kxf6	6.g7 Kxg7

·105·

7.Be6 Rxe7

黑胜。

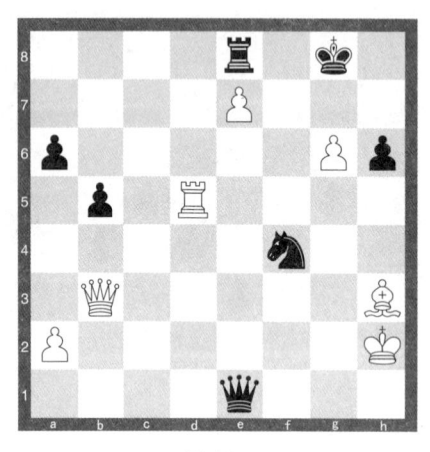

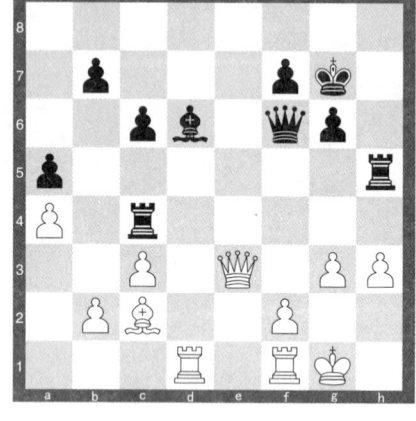

图 165

图 166

如图 166，白先。实战中白方走了：

1.Qd3

白后同时攻击 c4 格的黑车和 d6 格的黑象，看起来是很好的一步棋，但却忽视了黑方的反击。

1...Rxh3

白方王城的白格空虚，成为被黑方利用的弱点。

2.Qxc4

2.Qxd6 Qf3，黑方威胁下一步在白格杀王。

2...Qf3   3.Rxd6 Rh1#

图 166 局面，白方只需简单地走 1.Kg2 即可，弥补白格弱点并保持优势。

在活跃己方子力的同时，需注意对方的反击，尽量阻止对方活跃子力。

如图 167，黑先。在 1...Nc5 和 1...Ne5 之间作出选择，哪种走法比较好呢？

1...Nc5

第三章 局面型弈法的五大方法

正确的调动。黑马不仅占据了前哨据点，还挡住了白后对次底线的攻击。

实战中黑方走的是 1...Ne5，遭到白方 Qxc7、Rxd6 的反击，最终白胜。

在活跃己方子力的同时，既需注意对方的反击，又要尽量防止阻碍己方其他子力的活跃。

如图 168，黑先。实战中黑方走了：

1...Nb4

黑方急于调动子力，但马在 b4 格挡住了 b6 格车对白王的威胁。黑马可攻击 d3 格的象，但又忽视了白方的反击。

2.Bxh7

黑方此时发现大事不妙，被迫认输。若接走 2...Bg7，则有 3.Bg6+ Kg8 4.Qh7#；若接走 2...Qxh7+，则有 3.Qxh7+ Kxh7 4.Rh5#。

图 168 局面，黑方正确的走法是 1...Nxd4，若走 2.b3（此时白方不能走 2.Bxh7，因为会遭到黑方的猛烈进攻：2...Rxb2+ 3.Kxb2 Nf5+ 4.Kc2 Qxc5+ 5.Kd1 Rd8+ 6.Ke2 Qxe3+ 7.Kf1 Qxf4+ 8.Kg2 Rd2+ 9.Kh1 Qe4+ 10.Qf3 Qxf3+ 11.Rg2 Qxg2#），则有 2...Rf7 3.exd4 Bxd4 4.Re5 Bxe5（不能走 4...Qa3，因为有 5.Re8+ Qf8 6.Rxf8+ Rxf8 7.Qxh7#）5.fxe5，形成大致均势的局面。

图 167

图 168

如图169，黑先。实战中黑方走了：

1...b5

黑方挺兵捉象，但漏看了白方的反击。黑方应走1...Kg8，黑王离开黑格斜线，进攻之前先预防白后从黑格斜线上进行击双打击。

2.Qa3+ Kg8　3.Qxa7 Qd8
4.Bb3

黑方白丢一兵，最终白胜。

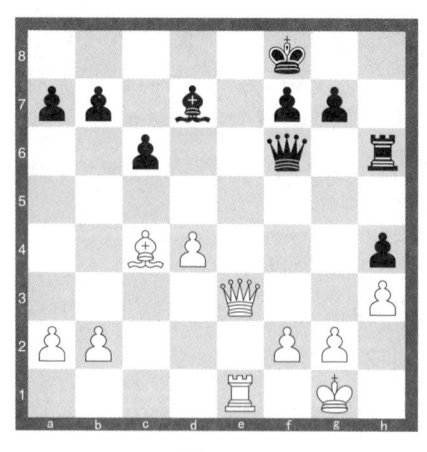

图169

如图170，白先。双方局面大致均势，但行棋仍需小心。实战中白方走了：

1.c5

c兵避开了a4格黑车的攻击，保持了多一兵的子力优势，但白方忽略了己方白格象的安全。

1...c6

白方白格象回撤的线路被黑方c兵切断了，面临被捉死的命运。

2.f3 Nh6　3.Re4 Ra7
4.Rb4 Rb8　5.a4 Raxb7

黑方得子占优。

如果白方及时撤回己方白格象，有机会反夺优势，例如：1.f3 Nh6　2.Be4 Rxc4　3.Rec1 Rxc1+　4.Rxc1 Rc8　5.Bb7 Rb8　6.Rxc7。

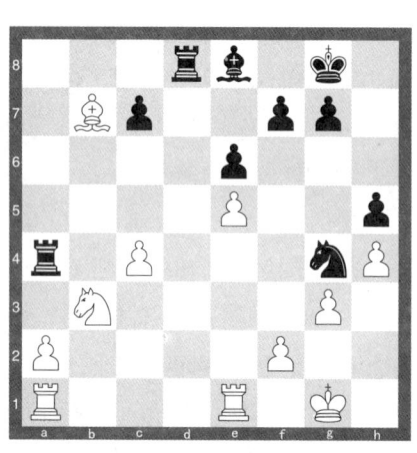

图170

如图171，白先。双方局面大致均势，但若不注意对方的反击，局面可能急转直下。实战中白方走了：

第三章 局面型弈法的五大方法

1.g3

白方挺兵捉车，看似自然，实则犯下大错，因为白方对黑方的弃子进攻估计不足。

1...dxe3　　2.gxf4 Qxg4+

3.Kf1 Qh3+　　4.Kg1 Nf5

黑方虽不能马上将杀白王，但白方王城破碎，在黑方后、车、马的协同进攻之下，黑方获胜只是时间问题。

5.d6 Nh4　　6.fxe3 Qg3+

7.Kf1 Nf3　　8.Qf2 Qh3+

9.Qg2 Qxg2+　10.Kxg2 Nxe1+ 11.Rxe1 Rxd6　12.Kf3 Rd2　13.Rb1 g6

14.b4 axb4　　15.Rxb4 Ra2　16.Ke4 h5　　17.Kd5 Rc2　18.Rb3 h4

19.Kc6 h3　　20.Kxc7 h2　　21.Rb1 Rxc3+　22.Kxb6 Rb3+　23.Rxb3 h1Q

24.a5 Qe4　　25.Ka7 Qe7+　26.Ka8 Kg7　　27.Rb6 Qc5

黑胜。

图 171

如图 172，黑先。白方多一兵，黑方需走得正确才能确保形成均势局面。

1...Rf3

主动换车，阻止白方王和兵在王翼的反击。

实战中黑方走的是 1...Kd4，忽视了白方 Kg2-h3 和 g4-g5 的王翼反击计划，例如：2.Kg2 Rb2　3.Kh3 Kd3　4.g4 Rb1　5.g5 Rh1+　6.Kg4 e3　7.fxe3 Kxe3　8.g6 Rg1+　9.Kh5 Rh1+　10.Kg5 Rg1+　11.Kf6 Rf1+　12.Kg7，白胜。

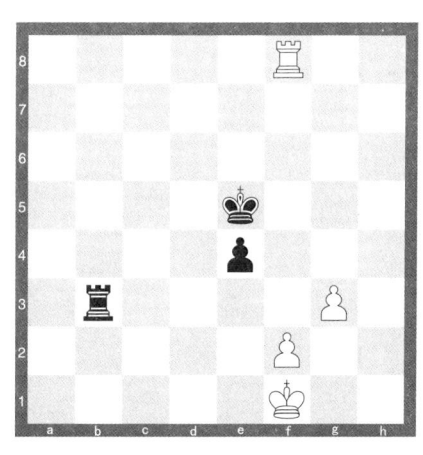

图 172

2.Rxf3

若不换车，白方也无法扩大优势：2.Re8+ Kd4 3.Rd8+ Ke5 4.Kg2 Ke6 5.Re8+ Kd5 6.g4 Rf4 7.Kg3 Rf3+ 8.Kg2 Rf4，和棋。

2...exf3   3.Ke1 Kd5   4.Kd2 Kd4   5.g4 Ke4   6.g5 Kf5

7.Ke3 Kxg5   8.Kxf3 Kf5

白方多一兵却无法实现升变，和棋。

如图173，白先。

实战中白方忽视了黑方的反击，走了：

1.axb4

白方h1格的车尚未及时出动，这一点将被黑方利用。

1...Bb5+   2.Kd1 Ra2

3.Kc1 Nf4   4.Ne4 Ra1+

白王如果躲将，h1车就被黑车吃掉。

5.Rb1 Rxb1+   6.Kxb1 Bd3+

7.Kc1 Bxe4

黑方得子胜。

图173局面，白方正确的走法是1.Ra1，黑方若走1...Bb5+则2.Kd1，黑车将被迫离开次底线。

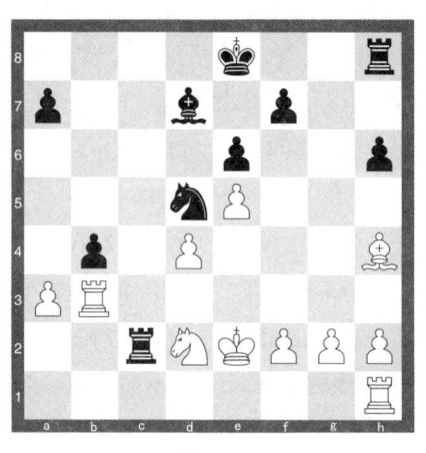

图173

如图174，黑先。

1...Qc5+

黑方王翼空虚，黑后利用将军的先手调动至f8格，消除白方长将的威胁。

若走1...Qc6，则有2.Qg6+ Kh8（不

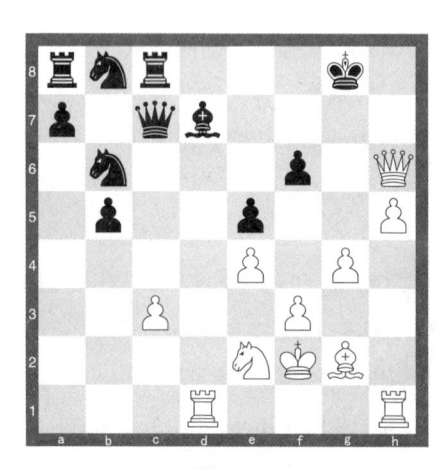

图174

·110·

能走 2...Kf8，因为有 3.h6 Na6 4.Qg7+ Ke8 5.h7 Kd8 6.h8Q+，白胜。）3.Qh6+ Kg8 4.Qg6+，长将和棋。

2.Kg3 Qf8　　3.Qg6+ Qg7

黑方保持多子优势。

在一个优势或者胜势局面中，进攻方如果不注意对方的反击，优势可能会转为劣势，胜势也可能转为均势甚至败势。

如图 175，黑先。

1...Kh5

在进攻之前，先消除对方长将和棋的威胁。如果急于走 1...Bb3 攻王，白方的机会就来了：2.Qe8+ Kf6 3.Qf8+ Kg6 4.Qh6+ Kf7 5.Qh7+ Ke8 6.Qg8+ Ke7（不能走 6...Kd7，因为有 7.Qf7+ Kd8 8.Qc7+ Ke8 9.Qc8+ Kf7 10.Qb7+ Kg6 11.Qxb3，白胜。）7.Qg7+ Ke8，和棋。

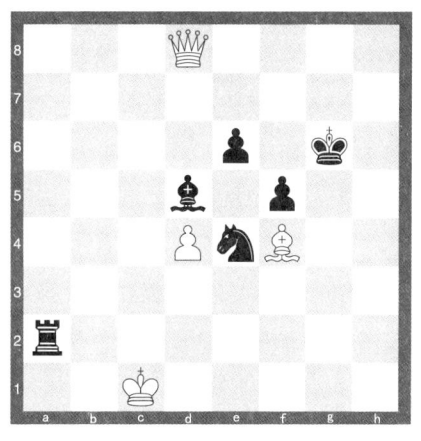

图 175

2.Qh8+ Kg4　3.Be5 Bb3　　4.Qg7+ Kf3　　5.Qb7 Bd5　　6.Qb5 Nf2 7.Kb1 Ke3　8.Qf1 Nd3　　9.Qd1 Rb2+　　10.Ka1 Rd2　　11.Qh5 Rf2 12.Qd1 f4　13.Bf6 Ra2+　14.Kb1 Rb2+　　15.Ka1 Rg2　　16.Be7 f3 17.Bh4 f2　18.Kb1 Rg1

黑方王、车、马、象、兵实现了协同作战。

19.Bxf2+ Kxf2　20.Kc2 Rxd1　　21.Kxd1 Ke3　　22.Kc2 Kxd4

黑胜。

如图 176，黑先。实战中黑方走了：

1...Kf8

黑王避开了白方在中心 e 线上的牵制，但忽视了白方简化局面并利用双连通路兵取胜的手段。

2.Rxe6 Qxg3　3.fxg3 fxe6

4.c7 Rc8　　5.b6 Kf7

6.b7 Rxc7　　7.b8Q

白胜。

黑方应改走 1...Rd1+　2.Kh2 Qd6 3.Qxg7 Kd8　4.Qg3 Rb1　5.Rxh5 Qxg3+ 6.Kxg3 Kc7，成功守住局面。

以攻对攻也是阻止反击的重要方法。

如图177，白先。黑方上一步刚刚走了Rf6，准备与白方换车，让黑后进入c3格，最后走Qb2杀王。白方该如何应对这种威胁呢？

1.fxe6

以攻对攻，化解黑方的杀王威胁。

实战中白方走了1.Rxg7，遭遇 1...Rh3　2.Qe1 Rh1　3.Qxh1 Qc3，绝杀无解，黑方成功实现了计划。

1...fxe6

黑方若贪吃白车将惨遭失败：

1...Rxg3　2.exd7 Rd8（2...Rc7　3.d8Q+ Ka7　4.Qxc7#）3.Nc6+ Kc7　4.Nxb4，白胜。

2.Rxg7 R3c5

若走 2...Rh3，黑方将反遭白方反击：3.Rxd7，黑方不能走 3...Qc3，因为白方有 4.Qb7 的杀棋。

3.Rg3

白车在夺回一兵、恢复子力平衡之后，及时回撤，防止黑后进入c3格，获得了一个大致均势的局面。

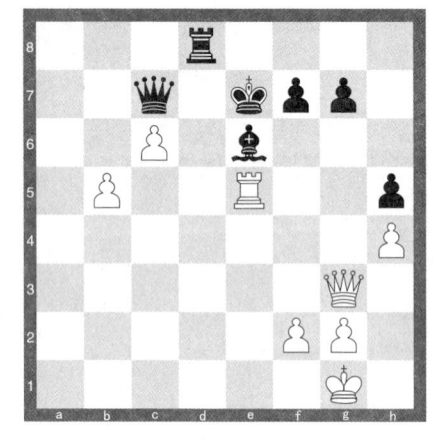

图 176

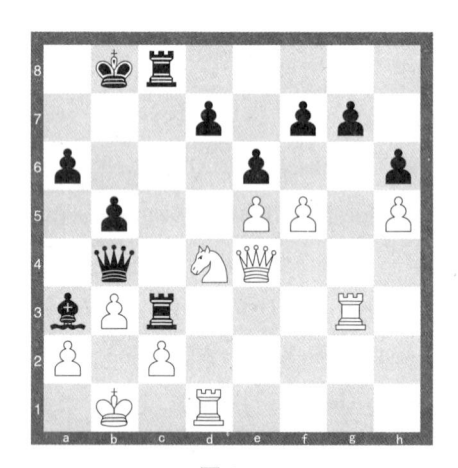

图 177

第三章 局面型弈法的五大方法

如图 178，黑先。白方上一步刚刚走了 1.Nd7，威胁吃车，黑车该何去何从呢？

实战中黑方走了：

1...Rd8

黑车捉马，看似自然，对白方的反击却估计不足。

黑车应走到 c 线，并对白方形成一定的反击，例如：1...Rc8 2.Nb6 Nxb6 3.cxb6（3.Rxb6，双方均势）3...c2 4.b7 c1Q+ 5.Kh2 Qc6 6.bxa8Q Rxa8，黑方稍优。

2.Nb6 Nxb6　3.cxb6 Qb7

4.Qxc3

由于黑车没走到 c 线，白方在 b 线形成通路兵的同时还顺手吃掉了黑方的 c 线通路兵。

4...Rd7　5.Bc7

白方兼具局面优势和子力优势。

图 178

如图 179，黑先。白方上一步刚刚走了 1.Bh5，威胁吃车，黑车该何去何从呢？

实战中黑方走了：

1...Rc8

黑车捉象，看似自然，但对白方后续的进攻却缺乏深入的计算。

黑车应走到 f 线，防止白方车、象的攻击：1...Rf8 2.Re1 Rc8 3.d6 Qe5

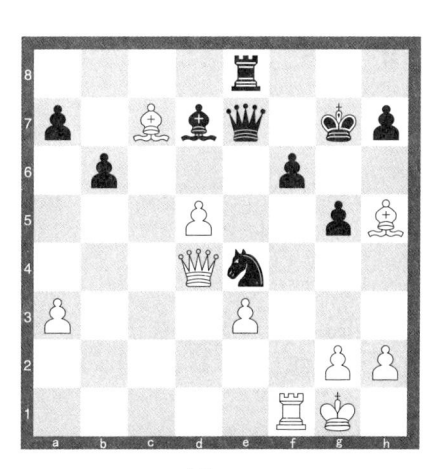

图 179

4.Qxe5 fxe5　5.Bf3 Nc5，双方均势。

2.d6 Qe6　　3.Bf3 Nc5　　4.Bd5 Qe5　　5.Qxe5 fxe5　　6.Rf7+

制胜的进攻，这就是黑车没守住 f 线的结果。

6...Kg6　　7.Rxd7 Nxd7　8.Be6 Rf8　　9.Bxd7

白方得子得势，胜定。

选择正确的应将方法很重要，否则可能给对方带来反击的机会。

如图 180，黑先。白方上一步刚走了 1.Qd4+，黑方应该如何应将呢？

实战中黑方走了：

1...Ka8

黑方忽视了白方的战术打击，和棋走成了输棋。应改走 1...Kb8　2.Qd8+ Ka7　3.Qd4+ Kb8。由于黑方的杀王威胁，白方只能满足于长将和棋。

2.Qxe4+

这就是黑王进入白格大斜线给白方带来的机会。

2...Qxe4　　3.Bg2 Qxg2+

4.Kxg2

换掉后、象，白方净多三兵，胜定。

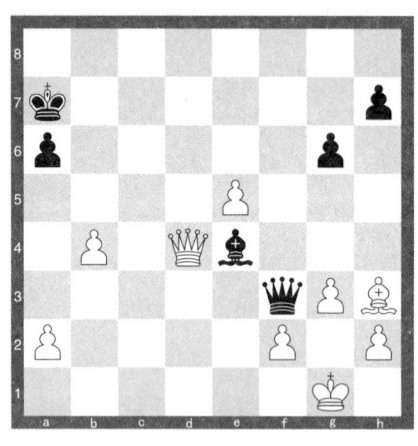

图 180

如图 181，黑先。白方上一步刚走了 1.Rf8+，黑方应该如何应将呢？

实战中黑方走了：

1...Kxf8

黑方取胜在即，但现在吃车却有失

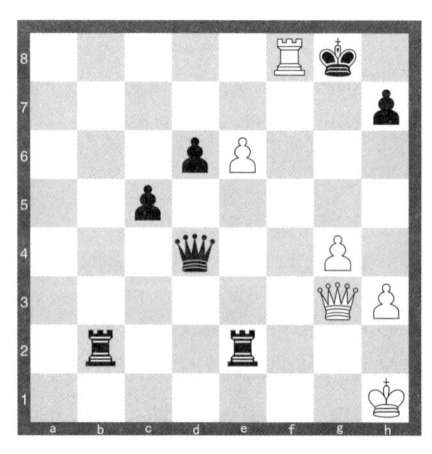

图 181

冷静，以致痛失好局。

正确的走法是拒吃白车，不给白后反击的机会：1...Kg7 2.Rf7+ Kg6 3.Rf6+ Qxf6 4.Qd3+ Kg7 5.Qd1 Qf3+ 6.Kg1 Qg2#，黑方六步杀王。

2.Qf3+ Kg7

不能走 2...Ke7，因为有 3.Qf7+ Kd8 4.Qd7#。

3.Qf7+ Kh6   4.Qh5+ Kg7   5.Qf7+

白方长将和棋。

如图 182，黑先。白方上一步刚走了 1.Qe6+，黑方应该如何应将呢？

实战中黑方走了：

1...Bf7

看似自然的应着却在顷刻之间让黑方陷入败势，因为白方有制胜的进攻。

黑方有多子优势并且有两个通路兵，局面稍优。此时应走 1...Kh8，在 2.Qf5 Qb6+ 3.Kf1 Bg6 4.Qxg6 Qxg6 5.Bxg6 a3 之后，保持稍优局面。

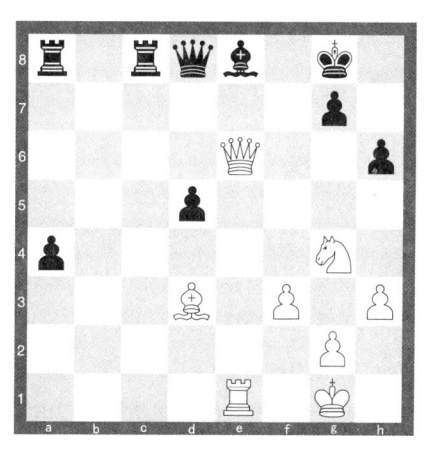

图 182

2.Nxh6+ gxh6

若走 2...Kh8，则有 3.Nxf7+ Kg8 4.Nxd8+ Kh8 5.Qe8#。

3.Qxh6

白方胜定。例如：3...Ra7 4.Bh7+ Kh8 5.Bf5+ Kg8 6.f4 Be8 7.Be6+ Bf7 8.Re3 Bxe6 9.Rg3+。

兑换技术是阻止反击的重要方法。

如图 183，黑先。

1...Bxf5

实战中黑方走了 1...c5，忽视了白方的弃子进攻：2.Nxh6+ gxh6 3.Bxh6

· 115 ·

Rxe5 4.dxe5 Nh7 5.Bxf8 Rxf8 6.Qh6 f5 7.exf6 Be6 8.f7+ Qxf7 9.Bxh7+ Qxh7 10.Qxe6+ Qf7 11.Qxa6 Qg7 12.Rd1 Qxg3 13.Qxb5 Qe5 14.a6，白胜。

2.Nxf5 g6   3.Nxh6+ Bxh6

4.Rxe8+ Rxe8 5.Bxh6 Nxd4

黑方多一 c 线通路兵，形势较好。

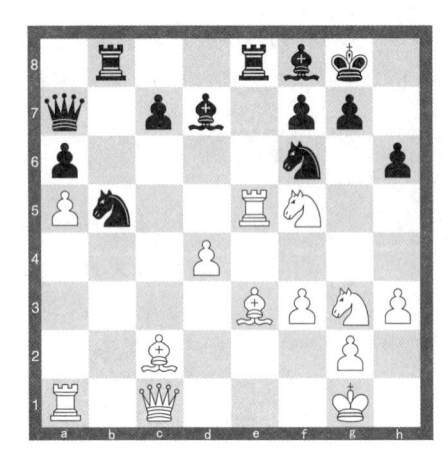

图 183

如图 184，黑先。实战中黑方急于进攻，却忽视了白方后、车、马的联手反击：

1...Qxf2

应走 1...Qd6，阻止白方反击：2.f4 Bc8 3.Qg5 Rf2 4.Nh5+ Kf8 5.Qh6+ Ke7 6.Re3+ Kd7 7.Rg3 Qe7 8.Rxg6 Rxg2+ 9.Rxg2（9.Kxg2 Qe2+ 10.Kg3 Qe1+）9...Qh4+ 10.Kg1 Qe1+，和棋。

2.Nh5+ Kh6   3.Nf4 Rc6

4.Rh3+ Kg7   5.Qd7+

白胜。若接走 5...Kg8，则有 6.Qe8+Kg7 7.Qh8+ Kf7 8.Rh7#。

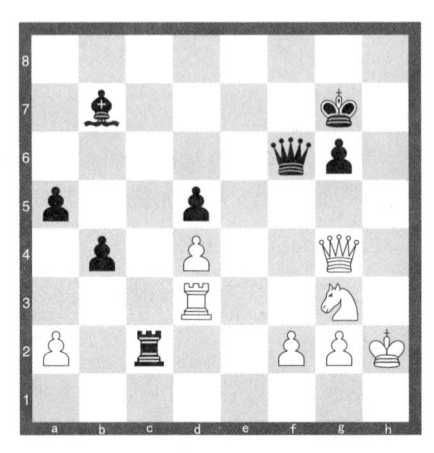

图 184

如图 185，白先。黑方后翼有双连通路兵，白方须正确防御才能取得和棋。

1.Rd6

白车从黑方通路兵的后方控制住双连通路兵。

实战中，白方走的是 1.Ra1，试图从正面封堵黑方通路兵，遭到黑方反击：1...b4 2.Rxa6 b3 3.Rb6 b2 4.f6+ Kg6 5.h4 Nf4 6.Kg3 Nd5 7.Rb7 Nc6 8.Kf3 Rd2 9.Ne5+ Kxf6 10.Nxf7 Rd3+ 11.Kf2 b1Q 12.Rxb1 Nxb1，黑胜。

第三章 局面型弈法的五大方法

1...a5　　2.Rb6 b4

3.Rb5 Ra2　　4.f6+ Kg6

5.h4 Nf4　　6.Kg3 Ne2+

不能走 6...Nxg2，否则有 7.Rg5+ Kh7　8.Rg7+ Kh8　9.Ne5 Ra3+　10.Kg4 Ne3+　11.Kg5 a4　12.Nxf7#。

7.Kh2 Nf4　　8.Kg3

和棋。

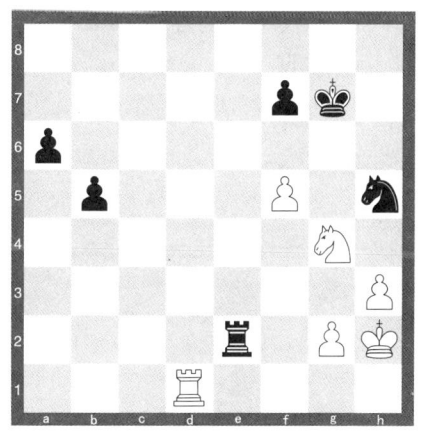

图 185

如图 186，黑先。

1...Qg4

攻守兼备之着。黑后需守住 e6 兵，若走 1...Qxg2，则有 2.Qxe6+ Kh8　3.Qe5+ Kg8　4.Qe6+，白方获得长将机会。

2.Qe5 Nh2　　3.Qxh2

若走 3.Ne3 Nf3+　4.Kd1 Qg1+　5.Kc2 Nxe5，黑胜。

3...Qxe4+　　4.Re3 Qb1+

5.Ke2 Qxb2+　　6.Kd3 Qb1+

7.Kc3 Rc8+　　8.Kd4 Rd8+

9.Kc3 Qb4+　　10.Kc2 Rd2+

11.Kc1 Qb2#

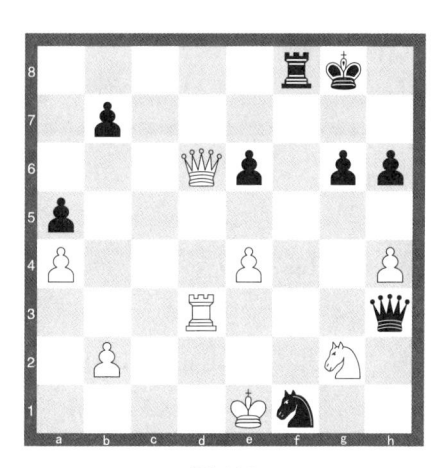

图 186

如图 187，黑先。

1...Ra8

若贪吃白车将遭到灭顶之灾：1...Qxd1　2.Qa7 Nf7　3.h7+ Kh8（3...Kxh7　4.Qxf7+ Kh6　5.Rh3#）4.Qxf7，准备 Qg7 杀王。

2.Qb6

若走 2.Qd2，则有 2...Qxd2　3.Rxd2 Nxh6，黑优。

2...Rcb8　　3.Qc7 Qxc7　4.Nxc7 Ra7　5.Ne6 Kf7　6.Rh1 Kf6　7.h7 Rh8

黑方优势。

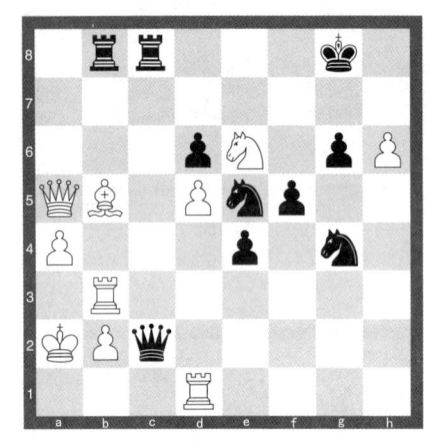

图 187 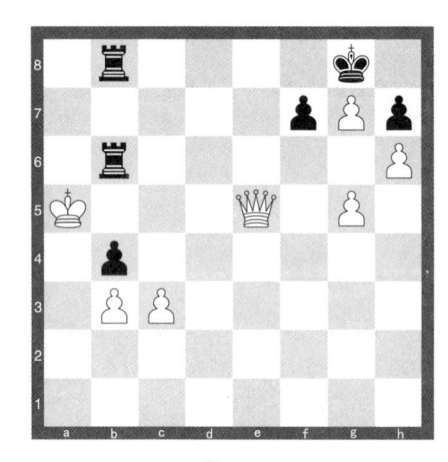　　　　　　　　　　图 188

如图 188，白先。

1.c4

实战中白方走的是 1.cxb4，遭到黑方反击：1...Rxb4　2.g6 hxg6　3.Qh2 Rxb3　4.h7+ Kxg7　5.Qe5+ Kxh7　6.Ka4 Rb1　7.Qh2+ Kg8　8.Qe5 Ra8+　9.Qa5 Rxa5+　10.Kxa5，黑胜。

1...R6b7　　2.Ka6

不能走 2.Ka4，因为有 2...Ra7+　3.Qa5 Rxa5+　4.Kxa5 f6　5.gxf6 Kf7　6.c5 Kxf6，黑胜。

2...Rb6+　　3.Ka7 R6b7+　4.Ka6 Rb6+　5.Ka7 R6b7+　6.Ka6

和棋。

阻击的目标应该精准，要找到对方真正的威胁进行阻击。

如图189，白先。黑方多一兵且有两个通路兵，实战中白方走了：

1.Rd1

白车正面阻击黑兵，但白方应该阻击的不是黑兵，而是黑后：1.Rc1 d2 2.Rxc3 d1Q+ 3.Kg2 Qd5+ 4.Rf3，形成均势局面。

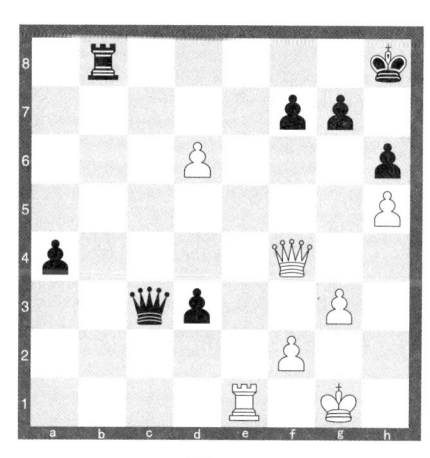

1...Qc2　　2.Qd2 a3

由于黑后的支持，黑方通路兵难以阻挡，胜定。

五、逼走劣着

楚茨文克（Zugzwang）是国际象棋术语，指的是这样一种局面：轮到走棋的一方没有好棋可走，只能被迫走出对己方不利或者对对方有利的着法。逼走劣着即是迫使对方陷入楚茨文克这种局面，从而获得优势。

如图190，白先。

1.Kb6

逼走劣着。黑王和中心黑兵都已无法动弹，黑方目前只有两个选择，要么挺进f兵，要么挺进h兵，但无论挺进哪个兵都是在被迫送兵。

1...h5

若走1...f5，白方将三步杀王：2.gxf6 h5　3.f7 g5　4.f8Q#。

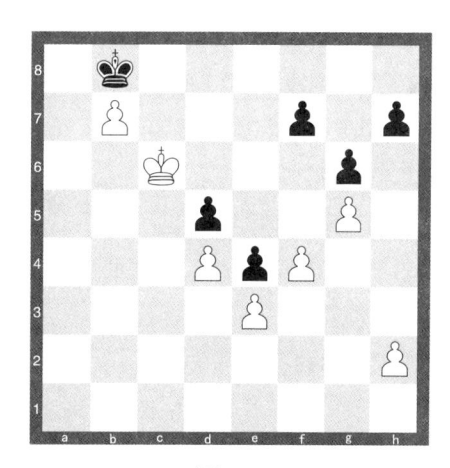

2.gxh6 f6　　3.h7 g5
4.h8Q#

如图191，白先。

1.Qa1

退一步海阔天空。白后在中心黑格大斜线上保持对黑方的牵制，同时又保护着两个白车，现在黑方无论如何应对，都无法避免白方下一步的将杀。

1...Rxh1

（1）1...Rxa8 2.Qxa8#；

（2）1...Rh6+ 2.Rxh6#。

2.Qxh1#

白方仅用两步棋将杀黑王，逼走劣着的效果再次凸显。

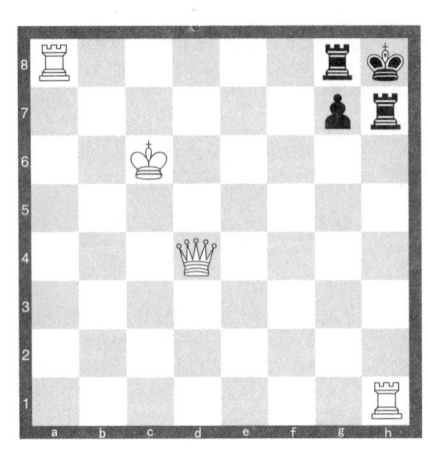

图 191

如图192，白先。白方最快可以几步杀王呢？

1.Bf6

逼走劣着。若走1.Kf8则立即形成逼和局面。

也可以走 1.Nf5 Kg8 2.Bxg7 h5 3.Kf6 Kh7 4.Kf7 h4 5.Nh6 h3 6.Ng4 h2 7.Nf6#。

1...gxf6

黑方的唯一着法，"帮助"白方消除逼和威胁。

2.Kf8 f5

f兵眼睁睁看着白方下一步将杀黑王。

3.Nf7#

三步杀王。

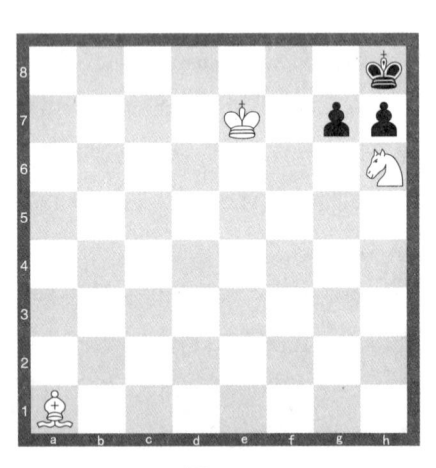

图 192

如图193，白先。白车控制第五横线和h线，c2马控制d4、e3等格子，e5马控制d3、g4等格子，现在白方只需调动白王和白格象，用逼走劣着的方法迫使黑王进入绝境。

1.Bh1

精确的着法。现在黑王只有一个格子可以去，就是f4格。

1...Kf4　　2.Kg2

现在黑王仍然只有一个格子可以去，就是e4格。

2...Ke4　　3.Kg3#

白方所有子力配合得天衣无缝，完成了三步杀。

图193

如图194，黑先。白方虽然多一兵，但是王和象的位置都很差，黑方可利用白方的局面劣势快速杀王。

1...Be4

逼走劣着。白方现在只能送兵或者走王。

2.Kh1

白王进入白格大斜线，等着被黑方闪击。

若走2.d5，则有2...Bxd5　3.Kh1 g3　4.fxg3 Kxg3#。

2...g3　　3.d5

若走3.fxg3则有一步杀：3...Kxg3#。

3...Ke2+　　4.f3 Bxf3#

四步杀王。

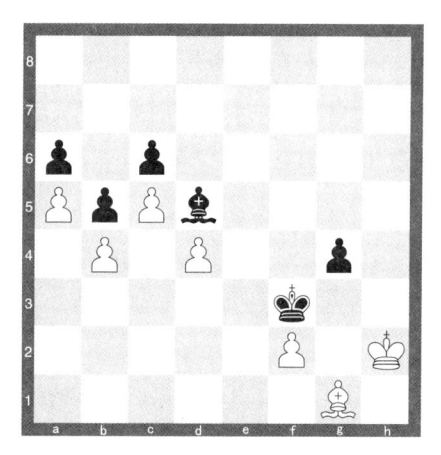

图194

如图 195，白先。

1.Rg4+

若走 1.Rxh7+ Kg5 2.Ke4 f5+ 3.Ke5 Kg4 4.Rg7+ Kf3 5.Kxf5，白方最终也可以实现单车杀王，但对局过程延长了。

1...Kh5   2.Kf4 Kh6

3.Rg3

逼走劣着。白方迫使黑方送兵或者在 h 线走王，例如：3...f5 4.Kxf5 Kh5 5.Rh3#。

3...Kh5   4.Rg2

再次逼走劣着。白方迫使黑方继续挺兵或者在 h 线走王。

4...h6   5.Rg1

第三次逼走劣着。白方迫使黑方最后一次挺兵。

5...f5   6.Rg2

第四次逼走劣着。黑方现在只有唯一一个选择：黑王主动与白王进行对王，让白方下一步就实现单车杀王。

6...Kh4   7.Rh2#

白方仅用七步棋就完成了杀王。白车在 g 线上的小步移动看似简单，却体现了国际象棋的技巧性和艺术性。

如图 196，白先。黑白双方的象都是白格象，白方两个兵都在黑格，不会受到黑象的攻击，而黑方两个兵都在白格又无法动弹，并且同时受到白象的攻击。

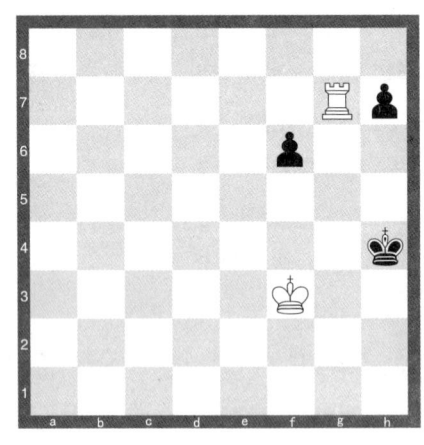

图 195

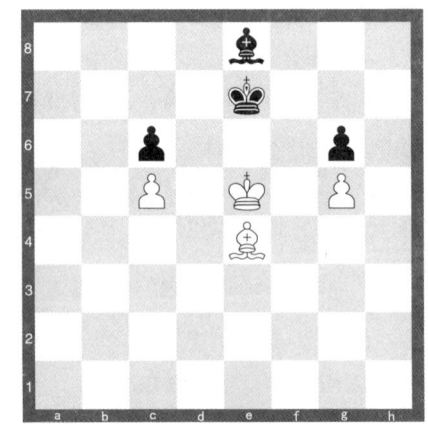

图 196

第三章 局面型弈法的五大方法

1.Bg2

逼走劣着。黑方如果走王，白王就将入侵黑方阵地；黑方白格象只有 d7 一个格子可去，因为要保护 c6 兵。

1...Bd7　　2.Bf3

再次逼走劣着。

2...Be8　　3.Be4

白方第三次逼走劣着，黑方无论如何应对，都不可避免要丢兵。

3...Bd7

若走 3...Bf7 则有 4.Bxc6；若走 3...Kd7，则有 4.Kf6 Kc7　5.Bxg6。

4.Bxg6

白方得兵，胜定。

如图 197，黑先。黑白双方的象都是黑格象，黑方五个兵都在白格，不会受到白象的攻击，而白方五个兵都在黑格，黑方可以运用逼走劣着的方法，赢得白兵而取胜。

1...Bg7　　2.Bg1 Bf8

3.Bh2 Bh6　　4.Bg3 Bg7

5.Bf2 Bf6　　6.Be1

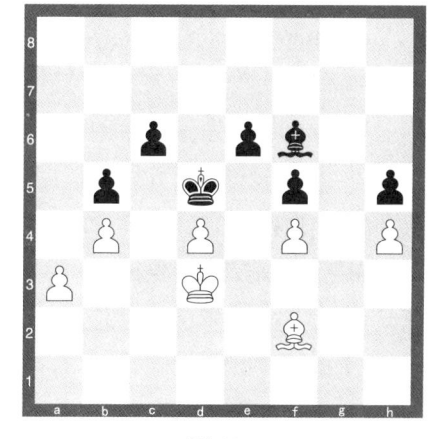

图 197

若走 6.Bg1，则有 6...Bxh4。

如果白方走王，黑王将趁机入侵：6.Kc3 Ke4　7.Bg1 Bg7　8.Bf2 Bh6　9.Bg3 Bxf4　10.Bxf4 Kxf4　11.Kb3 Ke3　12.Kc3 f4，黑胜。

6...Bxd4

黑方得兵，胜定。

如图198，白先。白方后翼有多兵优势，但g5象是只拦路虎，如何让黑象主动离开g5格呢？

1.Bb5

巧妙的调动。白格象控制了a6格，封锁住黑王的退路，下一步准备冲兵b4将杀黑王，黑方为了解杀，黑格象必须调至d2格或e7格防止白方冲兵b4，这样，黑格象被迫离开g5格，为白兵让路。

1...Bd2　2.g5 hxg5　3.h6 Bb4
4.h7 Bd6　5.h8Q g4　6.Qa8#

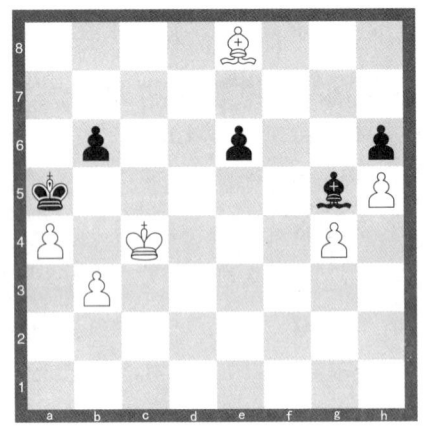

图198

如图199，白先。黑王被困于棋盘左上角，无法动弹，黑方只能走王翼的兵和象，但黑兵被白兵所阻，缺乏活动性，而黑象也难以同时保护两个黑兵，这就给了白方在王翼突破的机会。

1.Kc4

白王的计划是走到f5格，同时攻击黑象和黑兵。

1...Bf6　2.Kd5 Bg5
3.Ke4 h4　4.Kf5 Bh6
5.Kg4 Bg5

此时白王不能吃象，因为在6.Kxg5之后立即形成逼和局面。

6.a7

此着一出，黑方顿时陷入了楚茨文克：如果黑方走王，白王就吃象；如果黑方逃象，白王就吃兵。

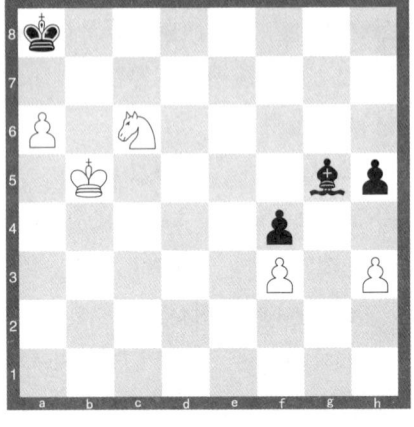

图199

第三章 局面型弈法的五大方法

6...Kb7

若走 6...Bf6，则有 7.Kxf4 Kb7　8.Kg4 Ka8　9.f4 Bg7　10.Kxh4 Bf6+　11.Kh5 Bg7　12.f5，白胜。

若走 6...Bh6，则有 7.Kh5 Bg7　8.Kxh4 Bh6　9.Kg4 Kb7　10.h4 Ka8　11.Kh5 Bg7　12.Kg5 Ba1　13.Kxf4，白胜。

7.Kxg5 Ka8

黑王为了防止 a 兵升变，无法脱身，只能眼睁睁地看着王翼沦陷。

8.Kxf4 Kb7　9.Ke5 Ka8　10.f4

白方王翼通路兵开始冲锋，白胜。

如图 200，白先。黑白双方子力均等，兵形对称，近距离对王，初看之下是和棋局面，但深入研究会发现，双方的象都是白格象，白方三个兵中有两个在黑格，黑方三个兵中有两个都在白格，白方白格象可以同时威胁两个在白格的兵，而黑王为了保护 h5 兵、黑象为了保护 a6 兵，自身的活动性都受到了限制，这就给了白方运用逼走劣着的方法消灭黑兵的机会。

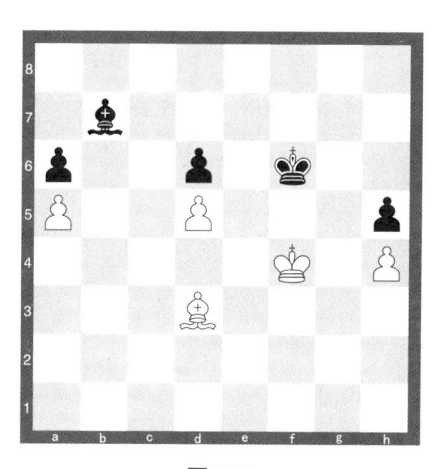

图 200

1.Bf5

局面型弃兵，这是让黑方陷入楚茨文克的关键一环。d5 兵实际上是黑方白格象的掩护屏障，现在白方弃掉 d5 兵，白格大斜线打开之后，黑象的活动性实际上进一步受到了限制。

1...Bxd5　2.Bd3 Bb7　3.Be2

白象同时保持对 a6 兵和 h5 兵的威胁。

3...Kg6　4.Ke3 Kh6　5.Bd3 Kg7　6.Kf4 Kf6　7.Bc4 Kg6

8.Be2

黑方已经陷入了楚茨文克，例如，若走 8...Kf6 则有 9.Bxh5；若走 8...d5 则有 9.Ke5，白胜。

8...Kh6

若走 8...Bc8，则有 9.Ke4 Bb7+ 10.Kf4 Bc8 11.Bf3 Bd7（11...Kh6 12.Be4 Bg4 13.Bd3 Bc8 14.Ke4 Bb7+ 15.Kf5 Kg7 16.Kg5 d5 17.Kxh5，h5兵被消灭。）12.Ke3 Bc8 13.Be2 Bb7 14.Bd1 Bc8 15.Bf3 Kh6 16.Be4 Kg7 17.Bf3 Kg6 18.Kf4 Be6（由于没有 d5 兵作为掩护屏障，黑象不能再进入白格大斜线。）19.Be4+ Kf6 20.Bb7 Bc4 21.Bf3 Kg6 22.Ke4 d5+ 23.Ke5 Kh6 24.Bxd5，中心兵被消灭。

9.Kf5

黑王因要保护 h5 兵而无法脱身，白王得以入侵黑方阵地。

9...Bc8+ 10.Kf6 Bb7 11.Ke6 d5 12.Kf5 Bc8+ 13.Kf6 Bb7 14.Bd3 Bc8 15.Ke5 Bb7 16.Kd6 Kg7 17.Kc7 Ba8

黑象躲无可躲，被迫放弃 a6 兵。

18.Bxa6

黑方无法同时兼顾后翼、中心和王翼的三个孤兵，白胜。

如图 201，黑先。

1...Qd5

牵制住白车，白兵也不能动，迫使白方只能走王。

2.Ka1

白方被迫丢车。若走 2.Ka3 则有一步杀：2...Qa5#。

2...Qxb3 3.Kb1 Kd2

4.Ka1 Qd3 5.Ka2

若走 5.b3，则有 5...Kc2 6.Ka2 Qa6#。

图 201

第三章 局面型弈法的五大方法

5...Kc2　　6.Ka1 Qa6#

黑方运用逼走劣着的方法，实现了最高效的杀王。

如图202，黑先。

1...Rf4

此着一出，白方即刻陷入楚茨文克，面临丢子或被将杀的局面，已无好棋可走。

也可以走 1...Qc3+　2.Qg3 Qxe1　3.Qd3+，黑方取胜过程较长。

2.Qd8

如果走马，则立即会被将杀：2.Ng2 Qf3#；

如果走王，也很快会被将杀：
2.Kg3 Qc3+　3.Kg2 Qd2+　4.Kh3 Qe3+　5.Kg2 Rf2+　6.Kh1 Qxe1#。

2...Rf3+　　3.Kg2

若走 3.Nxf3，则立即会被将杀：2...Qxf3#。

3...Rd3+

白后也无法逃脱。

4.Kf1 Rxd8　5.Kg1 Qe4

6.Kf1 Rd2　　7.Nf3 Qxf3+

8.Kg1 Qg2#

图202

如图203，白先。黑方所有子力的活动性都非常有限，白方有巧妙手段使黑方陷入楚茨文克。

1.f5

若走 1.h3 会遇到 1...f5，和棋。

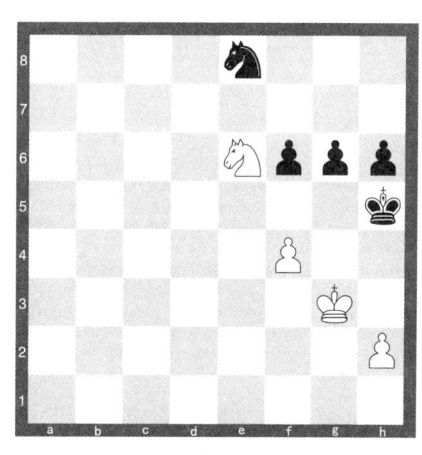

图203

·127·

1...g5

现在黑方只能走马和 g 兵。若走 1...Nd6，则有 2.Ng7+ Kg5 3.h4#；若走 1...gxf5，则有 2.Nf4+ Kg5 3.h4#。

2.h3 g4

现在黑方还是只能走马和 g 兵。若走 2...Nd6 则立即杀棋：3.Ng7#。

3.hxg4#

三步杀王。

如图 204，黑先。白方多一后一兵，拥有绝对的子力优势，但白方只有白后可以走动，而黑方王和象位置积极且协调，拥有绝对的局面优势。

1...g5

此着一出，白方即刻陷入了要么被将杀、要么送后的两难局面。

2.Qf5+

若走 2.Qe7 则立即被将杀：2...Bg2#。

2...Bxf5　3.h3 Bxh3

4.Kh2 Bg2　5.e4 g4

6.e5 g3#

如图 205，白先。黑方多一马一兵，有子力优势，但子力出动较慢且不协调；白方后、车、象等子力更积极活跃，对黑王形成围攻之势，有局面优势。

1.Kh4

此着堪称"超级逼走劣着"的手法，于不动声色之中，藏雷霆万钧之

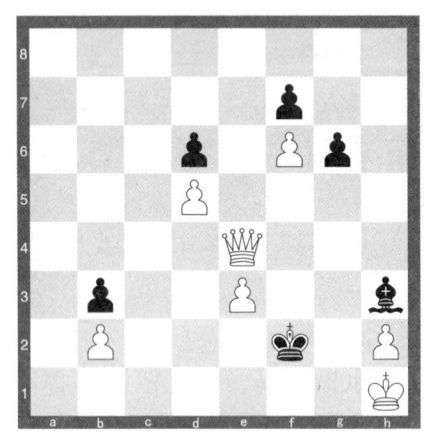

图 204

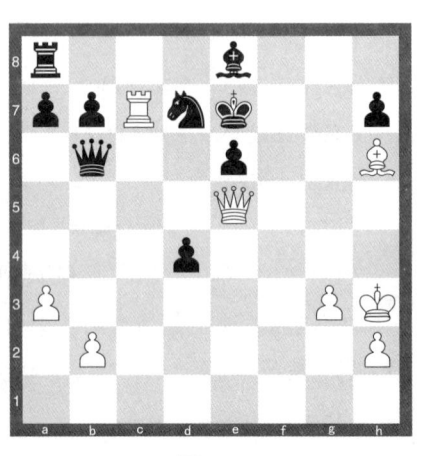

图 205

·128·

力。此着过后，无论黑方如何应对，都将陷入楚茨文克败势局面。

若走看似自然的 1.Bg5+，则在 1...Kf7　2.Bh6 Ke7　3.Bf4 Kf8　4.Qh8+ Ke7　5.Qxh7+ Bf7　6.Rxd7+ Kxd7　7.Qxf7+ Kc6　8.Qxe6+ Kc5　9.Qf5+ Kc4　10.Qc2+ Kd5 之后，形成均势局面。

1...Qxb2

黑方如果走车，可能的变化是：1...Rd8　2.Bg5+ Kf7　3.Qf6+ Kg8　4.Qxd8 Nf8　5.Bf6 Ng6+　6.Kh3 Kf8　7.Bg7+ Kg8　8.Qxe8+ Nf8　9.Qxf8#；

黑方如果走象，可能的变化是：1...Bg6　2.Bg5+ Kf7　3.Rxd7+ Ke8　4.Re7+ Kd8　5.Qh8+ Be8　6.Qxe8#；

黑方如果走兵，可能的变化是：1...d3　2.Bg5+ Kf7　3.Be3 d2　4.Qh5+ Ke7　5.Rxd7+ Kxd7　6.Qxh7+ Kc8　7.Bxb6 axb6　8.Qc2+ Bc6　9.Qxd2，白胜。

2.Qc5+ Kf7　3.Qf8+ Kg6　4.Qg7+ Kf5　5.Rc2 Qxc2　6.g4+ Ke4　7.Qxh7+ Kd5　8.Qxc2

黑方走后，依然是白胜。

第四章 局面型弈法在实战中的运用

本章66个精彩对局主要是当代国际象棋特级大师（包括超级棋手、世界冠军）近些年在大赛中创作出来的，包括世界最佳对局、著名棋手的代表性佳局和新时期具有历史意义的对局。

为了突出重点与特色，本书主要从"局面型弈法"的角度对这些对局进行解读，重点对中局和残局部分进行扼要点评，不拘泥于过多的分支变化和过深的计算。读者朋友可以自行对感兴趣的部分（如开局变例、分支变化、战术组合等）进行分析研究。

第一局

Kasparov, Garry（2812）- Topalov, Veselin（2700）[B07]

Hoogovens Wijk aan Zee（4），20.01.1999

卡斯帕罗夫——托帕洛夫

加里·卡斯帕罗夫，第十三位国际象棋世界冠军，是有史以来的最强棋手之一，被誉为"棋坛巨无霸"。1999年，他正处于职业生涯巅峰的状态，国际等级分达到了2851分，创造了历史最高纪录。是年在维克安泽超级大赛上下的这局棋，不仅他本人认为是自己的最佳对局，在世界最佳对局排行榜上也雄踞第一位。

第四章 局面型弈法在实战中的运用

1.e4 d6　　2.d4 Nf6
3.Nc3 g6　　4.Be3 Bg7
5.Qd2 c6　　6.f3 b5
7.Nge2 Nbd7　8.Bh6

卡斯帕罗夫主动兑换黑格象，目的是阻止黑方进行短易位。

8...Bxh6　　9.Qxh6 Bb7
10.a3 e5　　11.0-0-0 Qe7
12.Kb1 a6（图206）
13.Nc1

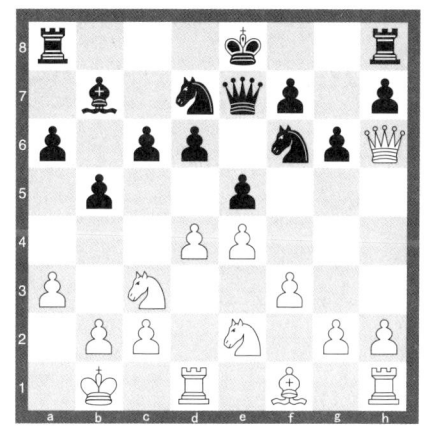

图206

黑方准备长易位，白马的调动计划是 Nc1-b3-a5，最大限度地靠近黑王。

13...0-0-0　　14.Nb3 exd4
15.Rxd4 c5　　16.Rd1 Nb6
17.g3 Kb8　　18.Na5 Ba8
19.Bh3 d5　　20.Qf4+ Ka7
21.Rhe1 d4　　22.Nd5 Nbxd5
23.exd5 Qd6（图207）
24.Rxd4

白方子力已经部署到位，卡斯帕罗夫进行了本局中第一次弃子。托帕洛夫该不该接受弃子呢？

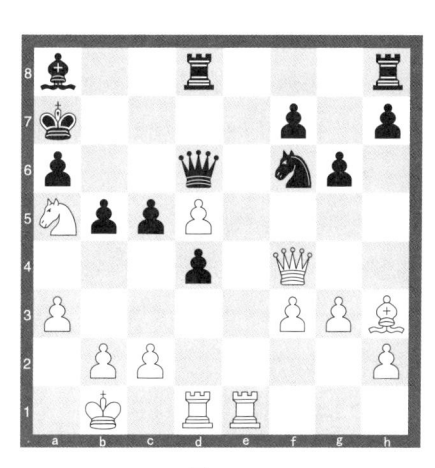

图207

24...cxd4

应走 24...Kb6 更为稳妥。现在黑方接受弃车，引发了白方后续令人叹为观止的连环弃子攻击。

25.Re7+

卡斯帕罗夫连弃双车，利用战术威胁强行入侵次底线，发挥车的最大价值，并对黑王形成最大威胁。

· 131 ·

不能走25.Qxd4+，因为有25...Qb6 26.Re7+ Nd7 27.Rxd7+（27.Qc3 Qg1+）27...Rxd7 28.Qxh8 Rxd5。

25...Kb6（图208）

当然不能走25...Qxe7接受第二个弃车，因为黑王很快会被将杀：26.Qxd4+ Kb8 27.Qb6+ Bb7（27...Qb7 28.Nc6#）28.Nc6+ Ka8 29.Qa7#。

26.Qxd4+

局面型弃子。卡斯帕罗夫弃掉a5格的白马，正是这步弃子将黑王逼入绝境。黑方拥有绝对的子力优势，但白方子力积极而协调，正准备对位置不佳的黑王展开持续追杀。在这里，局面优势而不是子力优势主导了对局的发展进程。

26...Kxa5

托帕洛夫被迫接受弃子。若改走26...Qc5，黑王可能更快被将杀：27.Qxf6+ Qd6 28.Be6 Bxd5 29.b4 Bxe6 30.Rb7#。

27.b4+ Ka4 28.Qc3

棋盘前的卡斯帕罗夫就像一团火，他没走更精确、更有力的28.Ra7，而是直接威胁杀王。

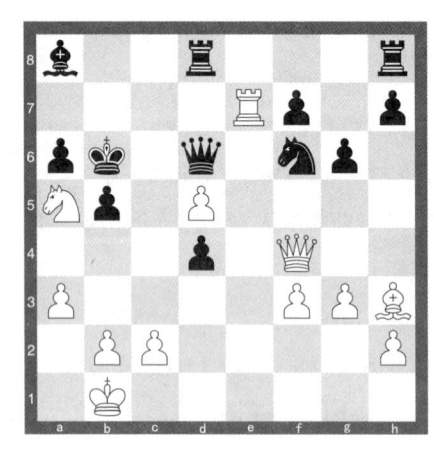

图208

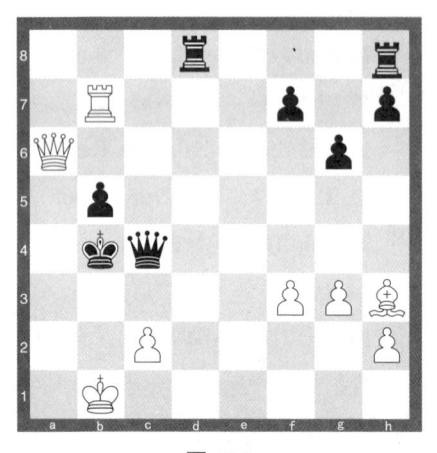

图209

28...Qxd5 29.Ra7 Bb7 30.Rxb7 Qc4 31.Qxf6 Kxa3 32.Qxa6+ Kxb4（图209）

33.c3+

黑王位置不佳，白方的所有战术型弃子都为杀王战略服务。

33...Kxc3 34.Qa1+ Kd2 35.Qb2+ Kd1（图210）

黑王历经千难万险，从e8格来到了d1格，穿越了整个棋盘，噩梦之旅的高

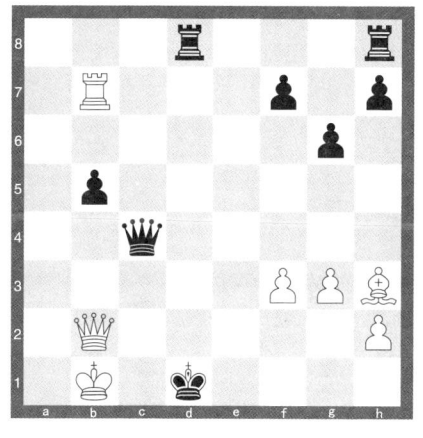

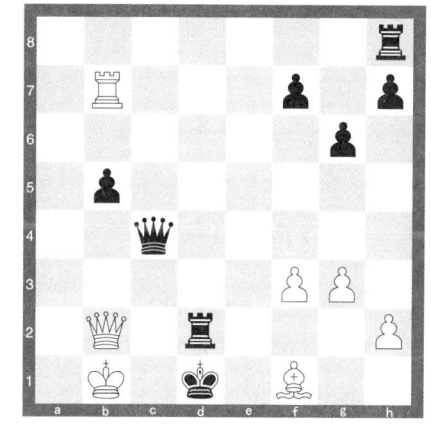

第四章 局面型弈法在实战中的运用

图210

图211

潮也即将开始。

36.Bf1

极其高效的子力调动。前36回合，卡斯帕罗夫只调动了两次白格象。白方第一次调动白格象是19.Bh3，控制c8-h3白格斜线，协助后、车、马进攻黑王，这个任务已经完成了，现在白格象进行第二次调动，目标直指黑后。

36...Rd2（图211）

若走36...Qxf1，则有37.Qc2+ Ke1 38.Re7+ Qe2 39.Qxe2#。若走36...Qc6则有37.Qe2#。

37.Rd7

卡斯帕罗夫妙手连出，每步棋都有千钧之力。白方后、车、象三个进攻子力，不仅每一个子力都发挥出了最大价值，互相之间也形成了完美的协调配合。

37...Rxd7   38.Bxc4 bxc4   39.Qxh8 Rd3   40.Qa8 c3   41.Qa4+ Ke1
42.f4 f5   43.Kc1 Rd2   44.Qa7 1–0

托帕洛夫认输。一个惊心动魄的对局结束了。

本局棋是局面型弈法和战术型弈法完美结合的巅峰之作，令人回味无穷。这位棋坛巨无霸一直都是"国际象棋最高峰"的象征。

第二局
Ivanchuk- Gelfand[C42]
2010
伊凡丘克——盖尔凡德

1.e4 e5　　2.Nf3 Nf6

3.Nxe5 d6　4.Nf3 Nxe4

5.Nc3 Nxc3　6.dxc3 Be7

7.Be3 0-0　8.Qd2 Nd7

9.0-0-0 Re8　10.h4 c6

11.Kb1 Qa5　12.h5 h6

13.Bd3 Bf8　14.g4 Nf6

（图 212）

15.g5

图 212

在类似这种异向易位对攻的局面中，一方为了在对攻中占得先机，经常采用换兵、弃兵、弃子等方式，制造开放线或者半开放线，利用开放的线路攻王。现在 g 线和 h 线即将变成半开放线，有利于白方攻王。

15...Be6

若走 15...hxg5，白方的两个王翼小兵将发起轮番进攻：16.Nxg5 Be6　17.a3 Qc7　18.h6 g6（18...gxh6　19.Rdg1 hxg5　20.Bxg5 Ng4　21.Bf6 Bg7　22.Qg5 Nxf6　23.Qxg7#）19.f4 c5　20.Nxe6 Rxe6　21.f5 Re5　22.fxg6 fxg6　23.Rhg1 Be7　24.Rxg6+，白胜。

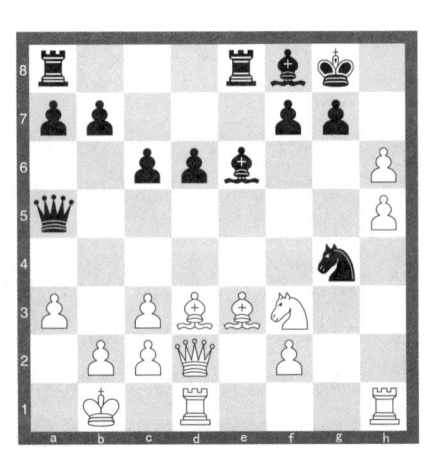

图 213

16.a3 Ng4　　17.gxh6（图213）

17...Qd5

黑方无论是走 17...gxh6 还是 17...Nxh6，g线都将变成开放线，无法抵挡白方的攻势，可能的变化如下：

17...gxh6　18.Rhg1（18.Rdg1 Qd5　19.c4 Qxf7　20.Be2 Qe4　21.f3 Qh7　22.fxg4）18...Qxh5　19.Nd4 Bg7　20.Bf4 Kf8（20...Kh8　21.f3 Ne5　22.Rh1 Bh3　23.Bf1 Qg6　24.Bxh3）21.Bxd6+ Kg8　22.Nxe6 Rxe6　23.Be2 Rg6　24.Qf4 Rd8　25.Rxg4 Rxg4　26.Bxg4 Qg5　27.Rd3 Re8　28.Qxg5 hxg5　29.Bc5，白胜；

17...Nxh6　18.Bxh6 gxh6　19.Rdg1+ Kh8　20.Qf4 Bg7　21.Rh2 Rg8　22.Rhg2 Qxh5　23.Rh2 Bh3　24.Rxh3 Qxh3　25.Qxf7 Raf8　26.Qg6，即将杀王。

18.Qe2 Qa2+　19.Kc1 Qa1+

20.Kd2 Qxb2　21.Rdg1 Bd7

（图214）

22.Rxg4

为了打开进攻线路，在所不惜。此后的进攻与将杀，一气呵成。

22...Bxg4　23.Ng5 Be6

若走 23...Bxe2 则有两步杀：24.h7+ Kh8　25.Nxf7#。

24.Bd4 Qa2　25.Rg1 c5

26.Bh7+ Kh8　27.hxg7+ Bxg7

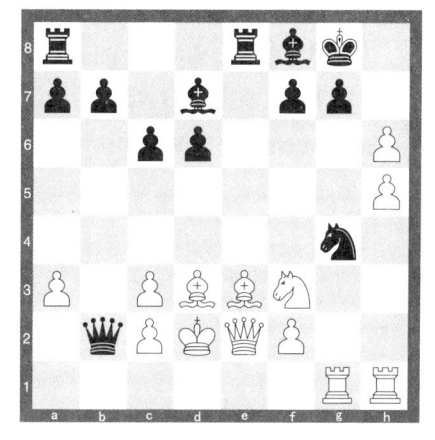

28.Nxf7+ Bxf7　29.Bxg7+ Kxh7 30.Qd3+ Kg8　31.Bf6+ Kf8　32.Qxd6+ Re7

33.Qxe7# 1-0

图214

伊凡丘克长期排名世界前列，是国际象棋界的无冕之王，被誉为"棋坛长青树"。本局棋为我们提供了一个对攻局面中进攻的样本。白方g兵勇当开路先锋，一路拼杀至次底线，生动地展现了小兵的力量。

第三局

Kramnik, V（2787）- Karjakin, Sergey（2766）[D20]
FIDE Candidates 2014 Khanty-Mansiysk RUS（2.4），14.03.2014
克拉姆尼克——卡尔亚金

弗拉基米尔·克拉姆尼克，第十四位国际象棋世界冠军，是一位局面型天才棋手，国际等级分最高时曾达到 2817 分。"棋坛巨无霸"卡斯帕罗夫称他是"世界上最难以击败的棋手"。

1.d4 d5 2.c4 dxc4
3.e4 Nf6 4.e5 Nd5
5.Bxc4 Nb6 6.Bd3 Nc6
7.Be3 Nb4 8.Be4 f5（图 215）
9.a3

克拉姆尼克用 e4 格的象交换对方 b4 格的马。异格兑换之后，白方 a1 车进攻的线路打开了，而黑方在中心 e 线形成了被白方 e5 兵分割的两个孤兵。

9...fxe4

若走 9...N4d5，则有 10.Bxd5 Nxd5 11.Nc3 Nxc3 12.bxc3 Qd5 13.Nf3 e5 14.0-0，形成均势局面。

10.axb4 e6 11.Nc3 Bxb4
12.Qh5+ g6 13.Qg4 Bxc3+
14.bxc3 Qd5 15.Ne2 Bd7
16.0-0 Qc4（图 216）

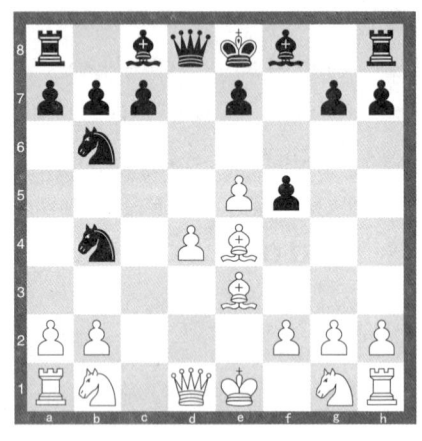

图 215

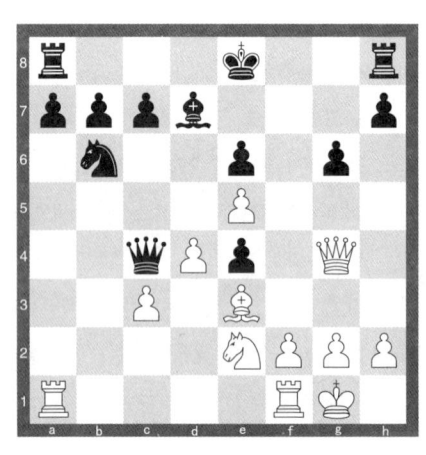

图 216

17.Ng3

克拉姆尼克用c3格的兵交换对方e4格的兵，这次异格兑换将有利于白方车和马的活跃。

17...Bc6

若走17...Qxc3明显不好：18.Nxe4 Qd3 19.Rfd1 Qb5 20.Rdb1 Qc6 21.Rc1 Nc4 22.Nf6+ Kd8 23.Nxd7 Qxd7（23...Kxd7 24.d5 Qxd5 25.Rd1）24.Rxc4，白胜。

18.Ra5

克拉姆尼克的中局计划初露端倪。

18...0-0-0　　19.Rc5 Qb3（图217）

20.c4

克拉姆尼克用c4兵交换对方的e6兵，制造出e线通路兵，同时有利于白方从即将成为半开放线的c线展开进攻。

20...Kb8　　21.Qxe6 Rde8

22.Qh3 Nxc4　　23.Rxc6

克拉姆尼克弃半子，有利于白方后、车、马等子力的活跃。

23...bxc6　　24.Nxe4 Nb6

25.Nc5 Qd5　　26.Rc1 Ka8

27.Na6 Kb7　　28.Nb4 Qf7

（图218）

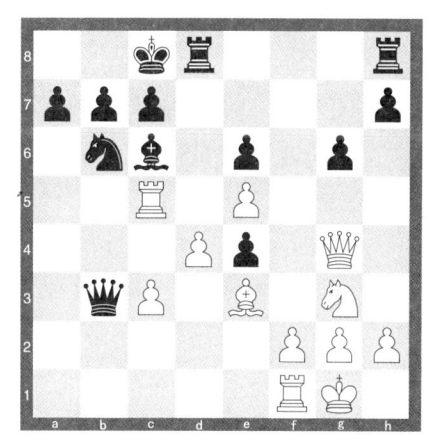

图217

图218

29.Qg4

白后准备进入白格大斜线，配合车、马展开协同进攻。

29...Nd5　　30.Nxc6 Re6　　31.Na5+ Ka8　　32.Qe4 Rb6　　33.g4 h5

34.Rc5

克拉姆尼克的子力协调达到极致。

34...Rd8　　35.Nc6 Rxc6

35...Rd7　36.e6。

36.Rxc6 hxg4　　37.Rf6 Qh7　　38.Bg5 Qg8　　39.Rxg6 1–0

白方得子得势，黑方被迫认输。

克拉姆尼克对局面的理解极其精深，既把开局和中局计划进行了完美的结合，又把每一个子力的价值和子力协调的价值都发挥到了极致。

第四局

Kramnik, V（2787）– Mamedyarov, S（2757）[D38]

FIDE Candidates 2014 Khanty-Mansiysk RUS（7.4），21.03.2014

克拉姆尼克——马梅迪亚洛夫

1.d4 Nf6	2.c4 e6
3.Nf3 d5	4.Nc3 Bb4
5.cxd5 exd5	6.Bg5 Nbd7
7.Qc2 c5	8.e3 Qa5
9.Bd3 c4	10.Bf5 0–0
11.0–0 Re8	12.Nd2 g6
13.Bxd7 Nxd7	14.h4 b5
15.a4 Bxc3	16.bxc3 b4
17.cxb4 Qxb4	18.Nb1 Qd6
19.Nc3 Qc6	20.Rfb1 Ba6
21.Qd1 f6	22.Bf4 Rad8

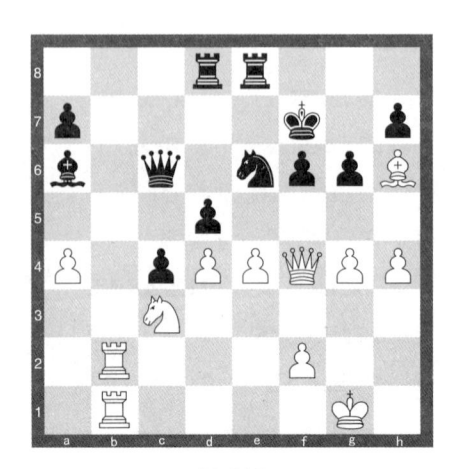

图 219

第四章 局面型弈法在实战中的运用

23.Qf3 Nf8　24.Bh6 Kf7　25.Rb2 Ne6　26.Rab1 Ng7　27.g4 Kg8　28.Qf4 Kf7　29.e4 Ne6（图219）

两位超级大师战至第29回合，局面依然是均势。现在白方需做出抉择：换后还是保留后。

30.exd5

克拉姆尼克选择换后，在c、d两条线上形成双连通路兵，看起来前景光明，但微妙之处在于：换后之后，黑马直接进入王翼，将配合黑方双车和白格象进攻白王，而白方在后翼的进攻若稍有不慎，白王可能会遭到灭顶之灾。较好的走法是：30.Qe3 Nc5　31.exd5 Qd7　32.Qf3 Nd3　33.Re2 Rxe2　34.Qxe2 Bc8　35.f3，白方稍优。

图220

30...Nxf4　31.dxc6 g5　32.hxg5 fxg5　33.c7 Rd6　34.Bxg5 Nh3+　35.Kg2 Nxg5　36.d5 Bc8　37.Rb8 Rf6（图220）

38.Ra8

白方应立即让马投入进攻：38.Nb5 Bxg4（38...Rf4　39.Nd6+ Ke7　40.Nxe8 Rxg4+　41.Kf1 Ba6　42.c8Q Bxc8　43.Rxc8 Kf7　44.Rb7+ Kf8　45.Nf6#）39.Rxe8 Kxe8　40.Nxa7 Bh3+　41.Kg3 Rf3+　42.Kh4 h6　43.Kh5 Kf7　44.c8Q Bxc8　45.Nxc8，双方均势。

38...Rf4　39.f3

若走39.Rbb8，黑方在王翼的进攻速度会更快：39...Rxg4+　40.Kf1 Nf3　41.Ne2 c3　42.Ng3 c2　43.Rxc8 c1Q+　44.Kg2 Ne1+　45.Kf1 Nd3+　46.Kg2 Nf4+　47.Kf3 Qd1+　48.Ne2 Qxe2#。

39...Rxf3

黑方将优势拱手让出，此时应走39...Nxf3，如下变化是证明：40.Rbb8 Ne1+　41.Kh2 Rf2+　42.Kg1 Rc2　43.Rxc8 Nf3+　44.Kf1 Re1#。

40.d6

克拉姆尼克没有抓住对手送上门来的机会，此时应走40.Rbb8，阻止黑方白格象配合车、马进攻白王：40...Rxc3 41.Rxc8 Rc2+ 42.Kg3 Rc3+ 43.Kg2 Re2+ 44.Kf1 Rh2 45.Rf8+（45.Kg1 Nf3+ 46.Kf1 Rc1#）45...Kg7 46.Rf2 Rc1+ 47.Ke2 Rc2+ 48.Ke3 Rhxf2 49.c8Q Rf3+ 50.Kd4 Rd2+ 51.Ke5 Nf7+ 52.Ke4 Ng5+，和棋。

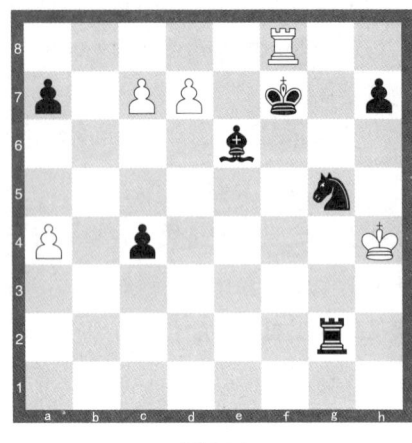

图 221

40...Bxg4　　41.Rxe8 Kxe8

42.Rb8+ Kf7　43.Rd8 Bh3+　44.Kh2 Rxc3

45.d7 Rc2+　46.Kg3 Rg2+　47.Kh4 Be6　48.Rf8+（图 221）

关键时刻，黑方应如何应将呢？

48...Kxf8

超级棋手的超级失误。此时黑方应走48...Kg6，与车、马、象共同织造一张杀网：49.Rg8+（49.c8Q Rg4#）49...Kh6 50.Rxg5 Rh2+ 51.Kg3 Bxd7 52.Rg8 Ra2 53.c8Q Bxc8 54.Rxc8 Rxa4，黑胜。

49.c8Q+

由于黑方上一步接受了弃车，克拉姆尼克终于获得了绝地反击的机会。

49...Kg7　50.Qb7 Nf3+　51.Qxf3 Rh2+ 52.Kg5 h6+　53.Kf4 Rh4+

54.Ke5　1–0

黑方认输。

本局证明了：在进攻的过程中，阻止对手的反击是多么重要。

第四章 局面型弈法在实战中的运用

第五局

Aronian, L（2830）- Mamedyarov, S（2757）[D38]

FIDE Candidates 2014 Khanty-Mansiysk RUS（2.1），14.03.2014

阿罗尼安——马梅迪亚洛夫

1.d4 Nf6	2.c4 e6
3.Nf3 d5	4.Nc3 Bb4
5.Bg5 Nbd7	6.cxd5 exd5
7.Nd2 c6	8.e3 Nf8
9.Bd3 Ng6	10.0-0 0-0
11.f4 h6	12.Bxf6 Qxf6

13.f5（图222）

13...Ne7

看似自然的退马却破坏了已方子力的协调性：黑马把黑后的退路给堵死了。黑方应走13...Qg5，白方若走14.fxg6 将会遇到 14...Qxe3+　15.Kh1 Qxd3。

14.Nde4

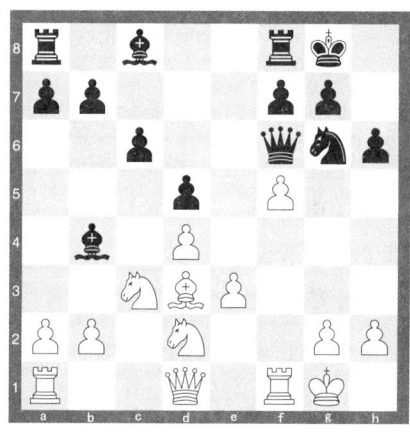

图 222

等级分正好达到个人巅峰——2830 分的阿罗尼安眼明手快，立即展开对黑方最大的弱点——f6 格黑后的追杀。

14...dxe4	15.Nxe4 Qh4	16.g3 Qh3	17.Nf2

阿罗尼安成功捉死黑后。对这位超级棋手来说，接下来的事情就很简单了。

17...Qxf1+	18.Kxf1 Nxf5	19.Qf3 Nd6	20.e4 f6	21.Bc2 Be6
22.Nd3 Nc4	23.Kg1 Bd6	24.Nf4 Bxf4	25.gxf4 Rad8	26.f5 Bf7
27.Qc3 Rfe8	28.Bd3 Nb6	29.a4 a6	30.a5 Nc8	31.e5 Ne7
32.e6 Bh5	33.Be4 Nd5	34.Qh3 Be2	35.Kf2 Bb5	36.Rg1 Kh7

（图 223）

37.Qa3

白方子力已经部署到位，战术机会也随之产生了：37.Rxg7+ Kxg7（37...Kh8 38.Qxh6#）38.Qh5 Nf4 39.Qf7+ Kh8 40.Qxf6+ Kg8 41.Qf7+ Kh8 42.f6 Nd3+ 43.Bxd3 Re7 44.fxe7 Bxd3 45.exd8Q#。

37...Bc4 38.Rg4 Bb5
39.Rg1 Bc4 40.Rc1 Bb5
41.Bf3 Nf4 42.Rd1 Kh8
43.d5 Nxd5 44.Bh5 1-0

黑方认输。

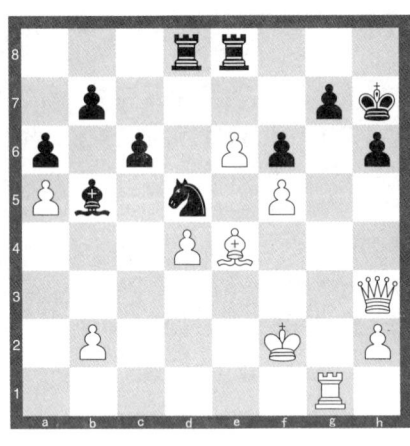

图 223

本局证明了子力位置和子力协调的重要性。子力位置差，或者子力之间不协调，都会成为被对方利用的弱点。

第六局

Kramnik, V（2760）- Topalov, V（2772）[D37]
41st Olympiad Open 2014 Tromso NOR（5.2），06.08.2014

克拉姆尼克——托帕洛夫

1.d4 Nf6 2.c4 e6 3.Nf3 d5 4.Nc3 Be7 5.g3 0-0
6.Bg2 Nbd7 7.Qd3 Nb6 8.c5 Nbd7 9.0-0 c6 10.b4 b6
11.Bf4 a5 12.a3 Ba6 13.Qc2 Nh5 14.Bd2 Nhf6 15.Bf4 Nh5
16.Bd2 Nhf6 17.Rfe1 Bc4 18.Bf4 Nh5 19.Be3 Nhf6 20.Bf4 Nh5
21.Be3 Nhf6 22.h3 h6 23.Nd2 Ba6 24.f4 bxc5 25.bxc5 Nxc5
26.dxc5 d4 27.Bf2 dxc3 28.Qxc3 Nd5 29.Qc2 Bf6（图224）
30.e4

克拉姆尼克弃半子，制造中心通路兵。常规的 30.Rad1 Nc3 31.Ne4 Nxd1 32.Rxd1 Qe7 33.Nxf6+ Qxf6，形成均势局面。

30...Bxa1

30...Nxf4 31.gxf4 Bxa1 32.Rxa1 Qf6 33.Qc1 Qxf4 34.Nf3 Qc7（34...Qxe4 35.Nd4 Qg6 36.Nxc6 Rfe8 37.Ne5 Qf5 38.Bxa8）35.e5 Rad8 36.Nd4 Rd7 37.Rb1 Qxe5 38.Nxc6 Qf5 39.Rb6 Qh5（39...Bb7 40.Nd4 Qg6 41.c6）40.Nd4 Bc8 41.c6，白胜。

31.exd5 Qf6

若走 31...exd5，则有 32.Rxa1，双方车兵换马象，虽然子力上相当，但白方轻子比黑方重子更为活跃、协调：32...Qf6 33.Nb3 a4 34.Nd4 Bc4 35.Qf5 Qxf5 36.Nxf5 Ra7 37.Bd4 Rb8 38.Be5 Rb3 39.Nd4 Rxg3 40.Nxc6 Rb7 41.Nb4 Re7 42.c6，白胜。

32.d6 Qc3   33.Qd1 Bb2
34.Bxc6 Rad8   35.Nb1 Qf6
36.Qd2 Rb8   37.Be4 e5
38.Nc3 Qe6   39.Nd5 Qxh3
40.Bg2 Qh5   41.d7 exf4
42.Qxf4 Bxa3（图 225）

图 224

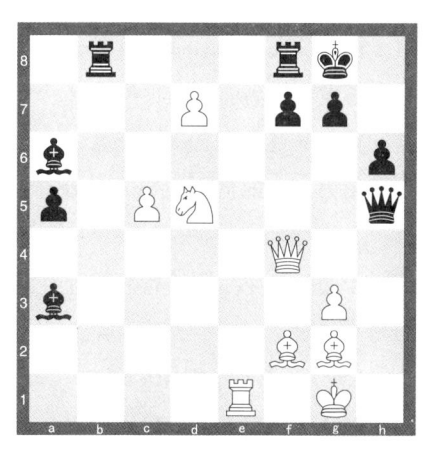

图 225

前世界冠军托帕洛夫等级分最高时曾达到 2816 分，是一位进攻型棋手，但此时他的子力（后双车双象）都处于"归边"状态，没有形成合力，自然谈不上协同进攻，反而是作为局面型棋手的克拉姆尼克行棋精准有力，子力配合完美，中心攻势已经势不可挡。

43.Qxb8

这就是通路兵冲至次底线带来的机会。

43...Rxb8　　44.Re8+ Kh7　45.Rxb8 Qd1+ 46.Kh2 Qh5+　47.Bh3 Qf3

48.d8Q Qxf2+　49.Bg2　1–0

黑方认输，黑王也将很快被将杀，例如：49...Bxc5　50.Nf4 Qxf4（50...g5　51. Qg8#）51.gxf4 Kg6　52.Be4+ Kh5　53.Qd1+ Kh4　54.Bf5 Bg1+　55.Qxg1 Be2　56. Qg3+ Kh5　57.Qh3#。

第七局

Carlsen, Magnus（2877）– Caruana, Fabiano（2801）[C24]
2nd Sinquefield Cup 2014 Saint Louis USA（3.1），29.08.2014

卡尔森——卡鲁阿纳

美国名将卡鲁阿纳等级分最高时曾达到2844分。2018年他在与卡尔森的世界冠军对抗赛中，12盘慢棋全部弈成和棋，创造了世界冠军赛的一个纪录。

2014年的辛格菲尔德杯超级大赛是卡鲁阿纳的"封神之战"，前七轮他豪取七连胜，先后战胜托帕洛夫、瓦谢尔·拉格拉夫、卡尔森、阿罗尼安、中村光等世界排名前十的顶尖高手，后三轮和棋，最终以8.5分的成绩夺冠，领先获得第二名的世界冠军卡尔森高达3分，人们甚至惊呼"新两卡时代"到来了。本局即是他在第三轮战胜世界棋王的精彩对局。

1.e4 e5　　　2.Bc4 Nf6

3.d3 c6　　　4.Nf3 d5

5.Bb3 Bb4+　6.c3 Bd6

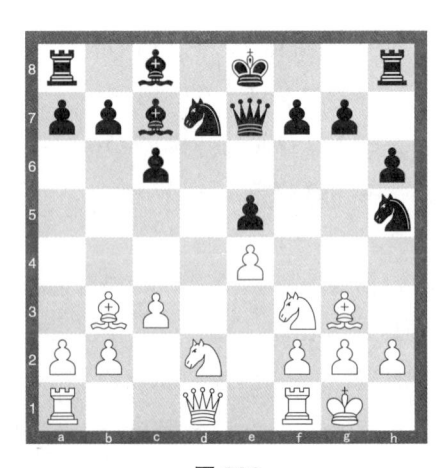

图226

第四章 局面型弈法在实战中的运用

7.Bg5 dxe4　8.dxe4 h6　9.Bh4 Qe7　10.Nbd2 Nbd7　11.Bg3 Bc7　12.0–0 Nh5（图226）

13.h3

这步挺兵造成了白方王翼黑格的削弱，成为最终失利的导火索。相对较好的走法是：13.a4 Nxg3　14.hxg3 Nf6　15.Nc4 0–0　16.Qc2 Rd8　17.a5 Rb8　18.Rfe1。

13...Nxg3　14.fxg3 Nc5　15.Bxf7+

比较激进的下法，导致局面进一步恶化。在此后形成的开放局面中，白方王翼的弱点进一步暴露。相对稳健的走法是：15.Bc2 0–0　16.b4 Ne6　17.a3 b5　18.Bb3。

15...Kxf7　16.Nxe5+ Kg8　17.Ng6 Qg5　18.Rf8+ Kh7　19.Nxh8 Bg4　20.Qf1 Nd3（图227）

21.Qxd3

若走21.Rxa8，卡鲁阿纳将立即从黑格展开致命进攻：21...Qe3+　22.Kh1 Qxg3　23.e5 Nf2+　24.Kg1 Nxh3+　25.Kh1 Nf2+　26.Kg1 Bb6　27.Nc4 Be2　28.Qb1+（28.Qxe2 Ng4+　29.Qe3 Bxe3+　30.Nxe3 Nxe3　31.Rxa7 Qxg2#）28...Bd3　29.Qe1 Ng4+　30.Ne3 Qh2#，一曲激动人心的"黑格狂响曲"。

21...Rxf8　22.hxg4 Qxg4　23.Nf3 Qxg3　24.e5+ Kxh8

图227

图228

25.e6 Bb6+

卡鲁阿纳紧紧抓住白方王翼的黑格弱点，并把黑格象的价值发挥到极致。

26.Kh1 Qg4

卡鲁阿纳准备发起总攻。

27.Qd6 Rd8　28.Qe5（图228）

28...Rd5

强有力的子力调动。黑车杀入棋盘中心，可以在白方王翼和底线两个方向展开进攻。

29.Qb8+ Kh7　30.e7 Qh5+　31.Nh2

31.Qh2 Qe8　32.g3 Rh5　33.Nh4 Qxe7　34.Qc2+ Kg8　35.Kg2 Qe6　36.Qb3 Rd5　37.Qc2 Re5　38.Qb3 Re2+　39.Kh1 Qxb3　40.axb3 Rxb2，黑胜。

31...Rd1+　32.Rxd1 Qxd1+　33.Nf1 Qxf1+　34.Kh2 Qg1+　0–1

卡尔森认输。更有力的杀王方法是：34...Bg1+　35.Kg3（35.Kh1 Be3+　36.Kh2 Bf4+　37.Qxf4 Qxf4+）35...Qf2+　36.Kg4 h5+　37.Kxh5 g6+　38.Kg5 Qf5+　39.Kh4 Bf2+　40.g3 Qh5#。

第八局

Carlsen, M（2863）- Anand, V（2792）[C65]

WCh 2014 Sochi RUS（2），09.11.2014

卡尔森——阿南德

马格努斯·卡尔森，棋史上第十六位国际象棋世界冠军，是公认的继卡斯帕罗夫之后的最强棋手。他是同时拥有国际象棋慢棋、快棋和超快棋世界冠军头衔的历史第一人，国际等级分最高时曾突破2880分。他在2013年战胜阿南德成为世界棋王后，又于2014年、2016年、2018年和2021年分别战胜阿南德、卡尔亚金、卡鲁阿纳和涅波姆尼亚奇四位世界冠军挑战者，四度卫冕，五度封王，成为当之无愧的"21世纪最强棋手"。

1.e4 e5　2.Nf3 Nc6

第四章 局面型弈法在实战中的运用

3.Bb5 Nf6   4.d3 Bc5

5.0–0 d6   6.Re1 0–0

7.Bxc6 bxc6   8.h3 Re8

9.Nbd2 Nd7   10.Nc4 Bb6

11.a4 a5   12.Nxb6 cxb6

13.d4 Qc7（图 229）

14.Ra3

卡尔森开始活跃子力。白车进入第三横线，可以灵活机动地调至后翼、中心或王翼参与进攻。这种车的横向调动是西班牙开局形成的类似局面中典型的子力调动方法，非常引人入胜。

14...Nf8   15.dxe5 dxe5

16.Nh4 Rd8   17.Qh5 f6

18.Nf5 Be6   19.Rg3 Ng6

20.h4 Bxf5   21.exf5 Nf4

22.Bxf4 exf4   23.Rc3 c5

（图 230）

24.Re6

棋盘上有 d 线和 e 线两条开放线。卡尔森的计划是牢牢控制住 e 线，车从 e1 格调至 e6 格是这一计划的第一步。

24...Rab8   25.Rc4

白车进行第二次横向调动，准备 Rce4 在 e 线上叠车，这是白方计划的第二步。

25...Qd7   26.Kh2 Rf8   27.Rce4 Rb7（图 231）

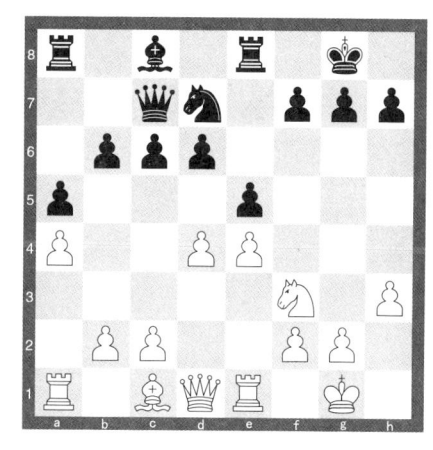

图 229

图 230

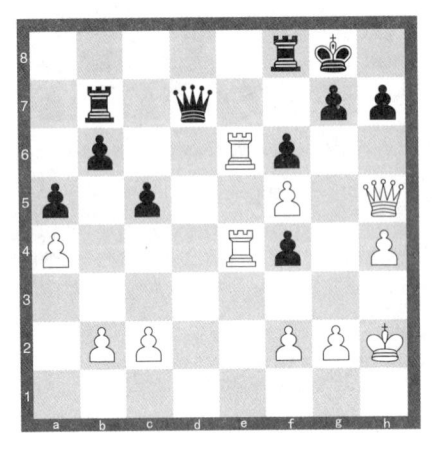

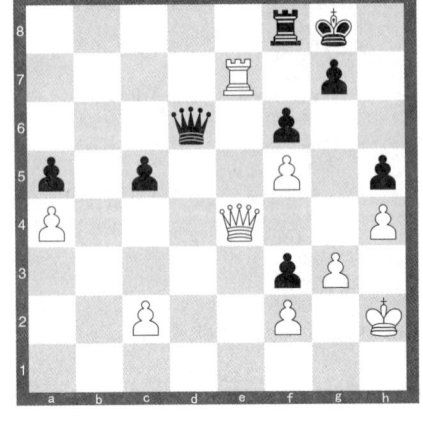

图 231

图 232

28.Qe2

白后也在中心 e 线集结，所有重子形成了完美配置：白后在后面压阵，双车在前面冲锋，即将杀入次底线。卡尔森完成了控制开放线的计划。

28...b5　　29.b3 bxa4　　30.bxa4 Rb4　　31.Re7 Qd6　　32.Qf3 Rxe4　　33.Qxe4 f3+　　34.g3 h5（图 232）

双方都是后车六兵，子力完全均等，但是在局面上，白方后、车控制了重要线路，可以协同起来率先威胁黑王，占尽先机。

35.Qb7 1-0

致命一击。白方后、车准备从次底线将杀黑王。而黑方后、车始终没有协同起来，既没有反击的先手，也无法进行有效的防御，被迫认输。

纵观全局，两位顶尖局面型大师之间没有电光石火般的战术争斗，弈来行云流水，自然天成。卡尔森尽显棋王风范，向人们展示了调动子力、协同进攻的艺术和局面型弈法之美。

第九局

Anand, V（2792）- Carlsen, M（2863）[D37]

WCh 2014 Sochi RUS（3），11.11.2014

阿南德——卡尔森

1.d4 Nf6   2.c4 e6
3.Nf3 d5   4.Nc3 Be7
5.Bf4 0-0   6.e3 Nbd7
7.c5 c6   8.Bd3 b6
9.b4 a5   10.a3 Ba6

（图233）

后翼弃兵开局形成的典型局面。白方要不要兑换黑方白格象呢？

11.Bxa6 Rxa6

阿南德的计划是制造c线通路兵，兑象是实现计划的第一步。

12.b5

局面型弃兵，目的是为c兵开路，f4格的黑格象也将支持c兵的挺进。

12...cxb5

黑方若不吃兵而走其他应着，情况会更糟糕。可能的变化是：

12...Ra7（12...Ra8 13.bxc6 Nb8 14.c7）13.bxc6 Nb8 14.Bxb8 Qxb8 15.Rb1 Ra6 16.Ne5 Qc7 17.Qd3 Rfa8 18.Na4 Bd8 19.cxb6。

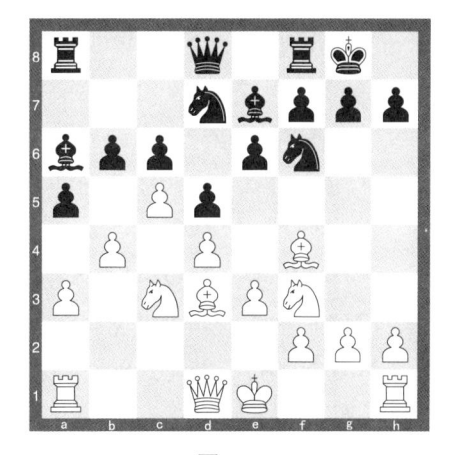

13.c6 Qc8   14.c7 b4   15.Nb5 a4   16.Rc1 Ne4（图234）

图233

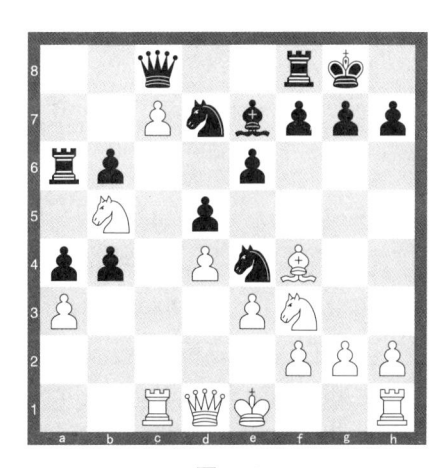

图234

c兵已冲至次底线，接下来应该如何实现它的升变呢？

17.Ng5

战术行动为战略计划服务。阿南德弃马，目的是引离黑方黑格象或者中心马，准备Nd6，赶走黑后，再冲兵升变。黑方若接受弃子，两种可能的变化如下：

A.17...Bxg5　18.Bxg5 Nxg5　19.Nd6 Qa8　20.c8Q Rxc8　21.Rxc8+；

B.17...Nxg5　18.Bd6 Bxd6　19.Nxd6 Qa8　20.c8Q Rxc8　21.Rxc8+。

17...Ndf6

卡尔森没有接受弃子，此后双方换掉了双马。

18.Nxe4 Nxe4　19.f3 Ra5

20.fxe4 Rxb5　21.Qxa4 Ra5

22.Qc6 bxa3　23.exd5 Rxd5

24.Qxb6 Qd7　25.0-0 Rc8

（图235）

白方后车象兵协同作战，给黑方施加了巨大的局面压力。

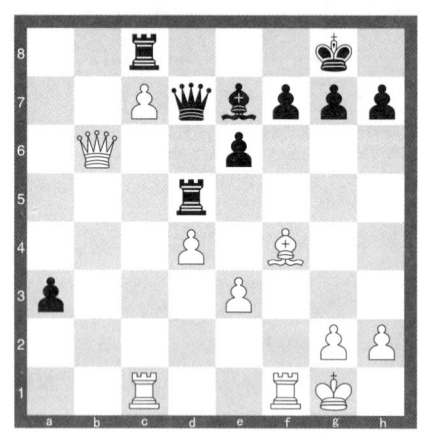

图235

26.Rc6

阿南德继续强化局面，准备在c线集结重子，加强对c线的控制和对通路兵的保护。

26...g5　27.Bg3 Bb4　28.Ra1 Ba5　29.Qa6 Bxc7　30.Qc4

卡尔森虽然消灭了白方通路兵，但要付出丢子的代价。

30...e5　31.Bxe5 Rxe5　32.dxe5 Qe7　33.e6 Kf8　34.Rc1　1-0

黑方子力损失不可避免，卡尔森认输。

纵观全局，攻守双方所有大子（后、车、马、象）都在围绕着c线通路兵而战，生动形象地说明了：兵是国际象棋的灵魂。

第十局
Yu Yangyi（2705）- Kramnik, V（2760）[C65]
Qatar Masters Open 2014 Doha QAT（9.1），04.12.2014
余泱漪——克拉姆尼克

余泱漪，中国国际象棋顶尖大师之一，2013年获得国际棋联世界青年锦标赛（U20）冠军，成为首次在国际棋联世界青年锦标赛中获得冠军的中国棋手。2014年，余泱漪相继获得全国冠军和亚洲冠军。同年，在著名的卡塔尔公开赛上超越众多顶尖高手荣获冠军，震惊棋坛。本局即是他在卡塔尔公开赛上与前棋王克拉姆尼克的对决。

1.e4 e5　　2.Nf3 Nc6
3.Bb5 Nf6　　4.d3（图236）

图236

面对前世界冠军祭出的"杀手锏"——柏林防御，余泱漪以反柏林防御应对，这是白方进攻柏林防御的主要方法之一。

4...Bc5	5.Bxc6 dxc6
6.Nbd2 Be6	7.0-0 Nd7
8.Nb3 Bb6	9.Ng5 Bxb3
10.axb3 f6	11.Nf3 Nf8
12.Nd2 Ne6	13.Qh5+ g6
14.Qd1 Bc5	15.Nc4 b5
16.Na5 Qd7	17.Be3 Bb6
18.b4 0-0（图237）	

图237

19.Qd2

黑方后翼兵形削弱，余泱漪立即把白后调往后翼，首先针对 c 线叠兵弱点展开进攻。

19...f5　　20.exf5 gxf5
21.Qc3 f4　　22.Bxb6 cxb6
23.Nxc6 Qd6

若走 23...Rfc8，则有 24.Nxe5 Rxc3 25.Nxd7 Rxc2　26.Nxb6 Rb8　27.Nd5 Rxb2　28.Rxa7，白方多两兵，胜定。

24.Rxa7 Rxa7　25.Nxa7 f3（图 238）

26.Qc6

白方多两兵并且兵形更好，兼具子力优势和局面优势，此时兑后正当其时。

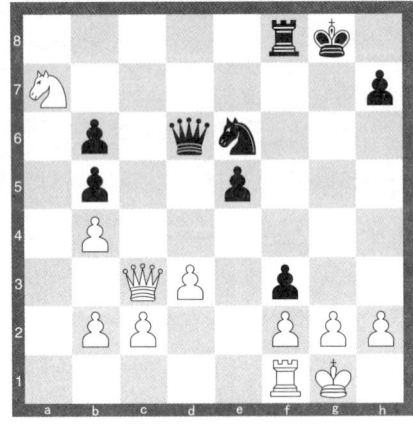

图 238

26...Qe7　27.Nxb5 Kh8　28.g3 Qf7　29.Ra1 Ng5　30.Ra8

把兑换进行到底。

30...Qe7　31.h4 Nh3+　32.Kf1 e4　33.Qxe4　1–0

白方多出四个兵，克拉姆尼克已无力再战。

第十一局
Carlsen, M（2862）– Radjabov, T（2734）[C65]
77th Tata Steel GpA Wijk aan Zee NED（9），20.01.2015
卡尔森——拉迪亚波夫

1.e4 e5　2.Nf3 Nc6　3.Bb5 Nf6

阿塞拜疆名将拉迪亚波夫当年是和卡尔森、卡尔亚金齐名的神童，现已成长为世界超级棋手，2019 年夺得国际象棋世界杯冠军。现在，他用流行的柏林防御迎战世界冠军。

第四章 局面型弈法在实战中的运用

4.d3 Bc5	5.0-0 d6
6.Nbd2 0-0	7.Bxc6 bxc6
8.h3 h6	9.Re1 Re8
10.Nf1 a5	11.Ng3 Rb8
12.b3 Bb4	13.Bd2 Ra8
14.c3 Bc5	15.d4 Bb6
16.dxe5 dxe5	17.c4 Nh7
18.Qe2 Nf8	19.Be3（图239）

黑方面临着一个至关重要的局面问题：如何处理自己的黑格象。

图239

19...c5

这步挺兵在一瞬间就把黑格象囚禁在了b6格。拉迪亚波夫可能认为今后可以找机会解放这个象，但谁能想到，直到白方第40步棋结束对局，这个象始终被牢牢地钉在了b6格。

黑方如果走19...Ng6则会面临更糟糕的局面：20.c5 Ba7 21.Red1 Qe7 22.Qc2，象在a7格依然无法解脱。如果不想造成子力的困境，黑方可以走19...Bxe3或者19...Bd4。

20.Rad1 Qf6   21.Nh5 Qe7

22.Nh2 Kh7   23.Qf3 f6

24.Ng4（图240）

此时此刻，b6格的黑象就像一个"大兵"，被隔绝在后翼，这就相当于黑方少了一个大子，或者说白方多了一个大子。确实，白方在王翼的进攻机器已经开始发出轰鸣声。

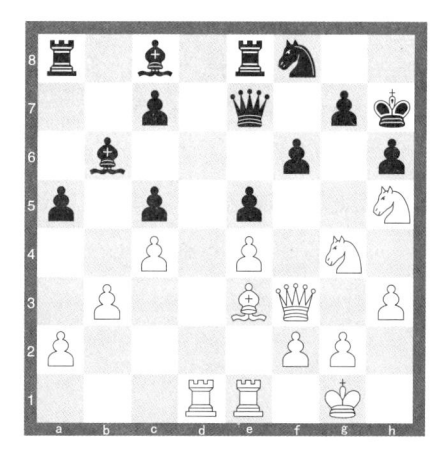

图240

24...Bxg4

若走24...a4，将遭遇白方弃子攻击：25.Ngxf6+ gxf6　26.Nxf6+ Kg6　27.Nxe8

153

Qxe8　28.Rd5　Qf7　29.Qg3+　Kh7　30.Rxe5。

25.Qxg4 Red8

黑方 23...f6 已经导致王翼白格削弱，现在应走 25...g6 补上白格的窟窿，阻止白方从白格发起进攻。

26.Qf5+ Kh8

现在走 26...g6 为时已晚，因为有 27.Qxf6 Qxf6　28.Nxf6+ Kg7　29.Ng4。

27.f4 Rxd1　28.Rxd1 exf4

29.Bxf4 Qe6　30.Rd3 Re8

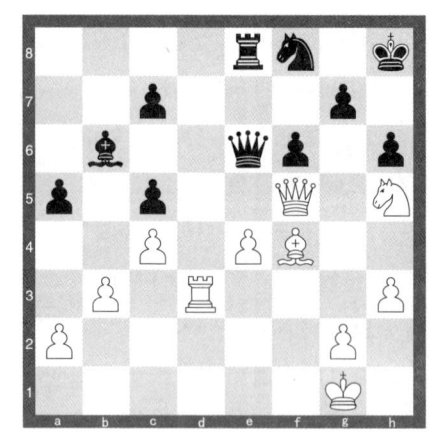

（图 241）

图 241

拉迪亚波夫忽视了卡尔森接下来的战术打击。尝试解放黑格象的如下变化依然不能扭转败势：30...Qxf5　31.exf5 Re8　32.Kf2 Kh7　33.Re3 Rxe3　34.Kxe3 c6　35.Ke4 Kg8　36.Bd6 Nd7　37.Nf4 Kf7　38.Ne6 g6　39.Nf4 gxf5+　40.Kxf5 a4　41.bxa4 Ba5　42.Ne6 h5　43.Bxc5。

31.Nxg7 Kxg7　32.Qh5 Nh7　33.Bxh6+ Kh8　34.Qg6 Qg8　35.Bg7+ Qxg7 36.Qxe8+ Qf8　37.Qe6 Qh6　38.e5 Qc1+　39.Kh2 Qf4+　40.Rg3 1–0

至此，拉迪亚波夫认输。

卡尔森在王翼迅猛攻杀，而直至终局，黑方在 b6 格的黑象却远远地躲在后翼充当一名看客。

第四章 局面型弈法在实战中的运用

第十二局

Anand, V（2797）－ Nakamura, Hi（2776）[D37]

4th Zurich CC Classical Zurich SUI（4.2），17.02.2015

阿南德——中村光

1.d4 d5   2.c4 e6
3.Nc3 Be7   4.Nf3 Nf6
5.Bf4 0-0   6.e3 Nbd7
7.c5 Nh5   8.Bd3 Nxf4
9.exf4 b6   10.b4 a5
11.a3 c6   12.0-0 Qc7
13.g3 Ba6   14.Re1 Bf6
15.Kg2 Bxd3 16.Qxd3 Rfb8
17.h4 Qa7   18.Ne2 g6
19.Rab1 axb4 20.axb4 Qa2
21.Rec1 bxc5 22.bxc5 h5
23.Ne5 Nxe5 24.fxe5 Bg7

（图242）

白方接下来该如何发展呢？

25.Rb6

被动兑换，同时准备在b线叠车。如果黑方走25...Rxb6则允许白方在b线形成通路兵、进一步扩大优势：26.cxb6 Qa4 27.Rb1 Rb8 28.b7 Qa2 29.Rb6 Qa7 30.Qb1 Bf8 31.Nc1 Be7 32.Nd3 Bd8 33.Rb4 Be7 34.Nc5 Bxc5 35.dxc5 Qxc5 36.Ra4 Qf8 37.

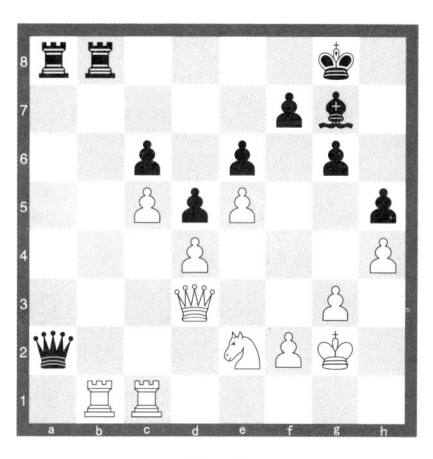

图242

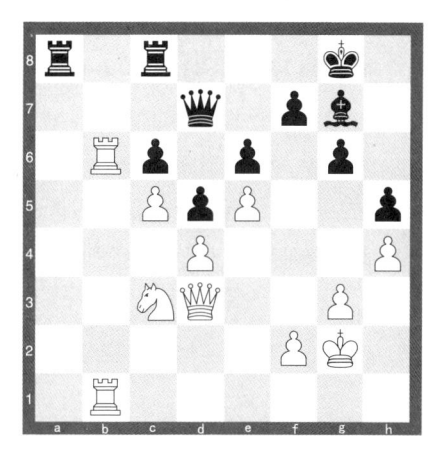

图243

Qb6 Kh7 38.Qc7 Kg7 39.Rf4 Re8 40.Rf6 Kg8 41.Qxc6 Rb8 42.Qd7 Re8 43.Rf4 Kg7 44.Qc7 Rd8 45.Rf6 Re8 46.Rxe6 Rxe6 47.b8Q。

25...Rc8　　26.Nc3 Qa7　　27.Rcb1 Qd7（图243）

28.R1b4

白方双车已经控制 b 线，接下来要继续优化子力结构，为白马建立前进据点：第一横线的车调至第四横线，支持白马经 a4 格进入 b6 格，彻底攻破黑方后翼。

28...Bh6　　29.Na4 Qd8

30.Ra6 Kg7　　31.Rb7 Rxa6

32.Qxa6 g5　　33.Qe2 g4

34.Qa6 Qg8（图244）

白方层层推进，黑方则节节败退，已经陷入绝望。若走 34...Qe8，白方的局面型进攻依然无法抵挡：35.Nb6 Rb8 36.Rc7 Kg6（36...Qd8 37.Qa7 Qg8 38.Rxc6）37.Nc8 Qd8 38.Qxc6。

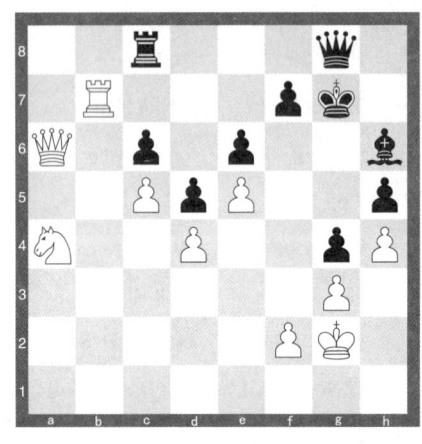

图244

35.Nb6 Rf8　　36.Nd7 Qh7　　37.Nxf8 Qe4+　　38.Kh2 Kxf8　　39.Rb8+ Kg7

40.Qc8 Kg6　　41.Qh8 1−0

纵观全局，一代棋王阿南德以"气吞万里如虎"之势，指挥他的白方军团从黑方后翼席卷至王翼，把子力调动上升到艺术的高度。神奇之处在于：他的进攻计划是清晰的，对手也清楚他要做什么，可就是无法阻止。

第四章 局面型弈法在实战中的运用

第十三局

Carlsen, M（2863）— Kramnik, V（2783）[C65]

Vugar Gashimov Mem 2015 Shamkir AZE（7.3），24.04.2015

卡尔森——克拉姆尼克

1.e4 e5　　2.Nf3 Nc6

3.Bb5 Nf6　4.d3 Bc5

5.c3 0-0　　6.0-0 d6

7.h3 Ne7　　8.d4 Bb6

9.Bd3 d5　　10.Nbd2 dxe4

11.Nxe4 Nxe4　12.Bxe4 exd4

13.Qc2 h6　14.a4 c6

15.Rd1 Nd5　16.Nxd4 Re8

（图245）

图 245

17.a5

局面型弃兵。黑方若接受弃兵，就为白方a1格的车打开了进攻线路。

17...Bxa5

如果不接受弃兵而走17...Bc7　18.a6 Qd6　19.Nf3 b5　20.b3 Qe7　21.Bxd5 cxd5　22.Be3 Qf6　23.Qd3 Bxa6　24.b4 Bc8　25.Qxd5，白优。

18.Nf3 b5

若走18...Bc7　19.Bh7+ Kh8　20.c4 Nb4　21.Rxd8 Nxc2　22.Rxe8+ Kxh7　23.Ra2 Nb4　24.Ra3 c5　25.Ne5 Bxe5　26.Rxe5 Be6　27.Rxc5 Rd8　28.

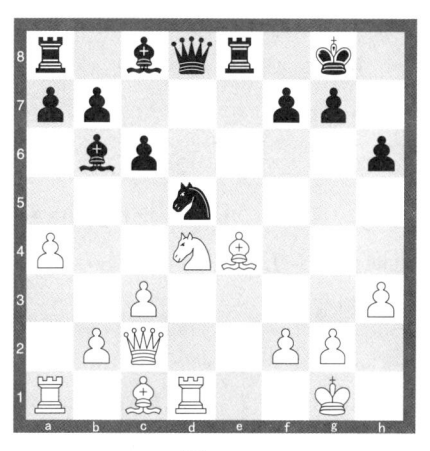

图 246

Be3 Nc6 29.Kh2 g5 30.f4 gxf4 31.Bxf4 Rd4 32.Rf3 Rxc4 33.Rh5 Nd4 34.Rxh6+ Kg7 35.Rg3+ Kf8 36.Bd6+ Ke8 37.Rd3 Nf5 38.Rh8+ Kd7 39.Bc5+ Kc7 40.Bxa7，白胜。

19.Nd4 Bc7

错着。应走 19...Bb7 20.Bxd5 cxd5 21.Nxb5 a6 22.Nd4 Bc7，保持均势。

20.Nxc6 Qd6 21.g3 Bb7（图246）

22.Bf4 Qxc6 23.Bxd5

交换一对马之后，有利于白方后、车、象的协同进攻。

23...Re1+

若走 23...Qb6 24.Bxb7 Qxb7 25.Rd7 Rac8 26.Qf5 Rf8 27.Be3 a6（27...Qc6 28.Rxa7）28.Bc5 Qc6 29.Bxf8 Rxf8 30.Qd5 Qxd5 31.Rxd5，白方通过局面优势进而获得了子力优势。

24.Kh2

若走 24.Rxe1 Qxd5 25.Qe4 Qxe4 26.Rxe4 Bxe4 27.Bxc7 则形成均势局面。

24...Qxd5 25.Rxd5 Rxa1 26.Rd1 Rxd1 27.Qxd1 Rd8 28.Qe2 Bb6 29.Be3 Bxe3 30.Qxe3 Rd1 31.g4 Bc6 32.Qc5 Bd7 33.Qxa7 Rd2 34.Kg3

白王踏上了实现自身动态价值最大化之路。

34...Rd3+ 35.Kf4 Kh7 36.Qb7 Rd2 37.Ke3 Rd6 38.f4 g6 39.Qb8 Rd5 40.Ke4 Be6 41.Qb7 Rc5 42.Kd4 Rc4+ 43.Ke5 b4 44.cxb4 Rc2 45.Kf6

白王到达了最理想的格子，为白后在g7格将杀黑王做好了准备。

45...Rxb2 46.Qb8 Rf2（图247）

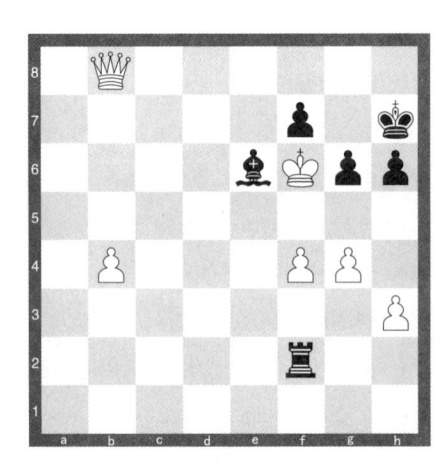

图247

47.f5

卡尔森的王、后、兵形成完美的配合，即将发起最后一击。

47...gxf5

若走47...Bxf5，则有48.Qa7 Rf1（48...Be4 49.Qxf2）49.Qxf7+ Kh8 50.Qg7#。

48.Qg3 Rf1　49.g5　1–0

黑方认输。后续变化是：49...hxg5（49...Rc1 50.g6+ Kh8 51.gxf7 Rc8 52.Qg7#）50.Qxg5 f4 51.Qg7#。

第十四局

Shirov, A（2691）– Kramnik, V（2783）[C67]

TCh-RUS Men 2015 Sochi RUS（1.1），01.05.2015

希洛夫——克拉姆尼克

1.e4 e5　2.Nf3 Nc6

3.Bb5 Nf6　4.0–0 Nxe4

5.Re1 Nd6　6.Nxe5 Be7

7.Bf1（图248）

和反柏林防御一样，希洛夫采用的变例也是白方进攻柏林防御的主要方法之一。

7...Nf5　8.Nf3 d5

9.d4 0–0　10.c3 Re8

11.Bd3 Bd6　12.Rxe8+ Qxe8

13.Qc2 g6　14.Nbd2 b6

15.Nf1 Bd7　16.Bg5 Qf8

17.Re1 f6　18.Bd2 Re8　19.Ne3 Nce7　20.c4 dxc4　21.Nxc4 Nd5

22.Be4 Qf7　23.Nxd6 Nxd6　24.Bxd5 Qxd5　25.Qxc7

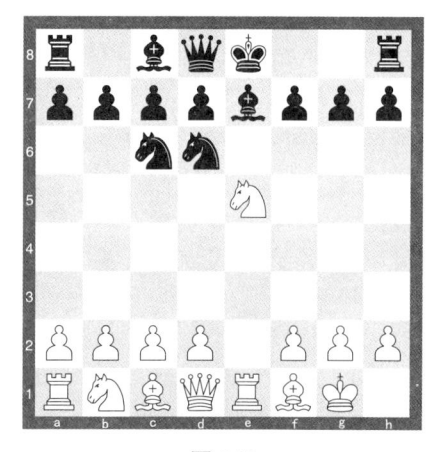

图248

白方通过交换一对马、象，获得了多一兵的优势。

25...Nb5（图249）

26.Rxe8+

兑车的目的是削弱黑方底线的防御，有利于白后的进攻。

26...Bxe8	27.Qe7 Qf7
28.Qd8 Nc7	29.Bh6 Nd5
30.Qd6 Ne7	31.g4 Nc8
32.Qd8 Qe6	33.h3 Nd6

34.d5 Nf7（图250）

35.dxe6 Nxd8

交换一对后，更有利于白方通路兵的挺进。

36.Nd4 a6   37.f4 Nc6   38.Ne2

这里避免换马。若走38.Nxc6 Bxc6 39.a3 Bd5 40.e7 Kf7 41.Bf8，白方仅有微弱优势。

38...Ne7   39.Ng3 Bc6   40.f5 gxf5   41.gxf5 Bb5（图251）

图249

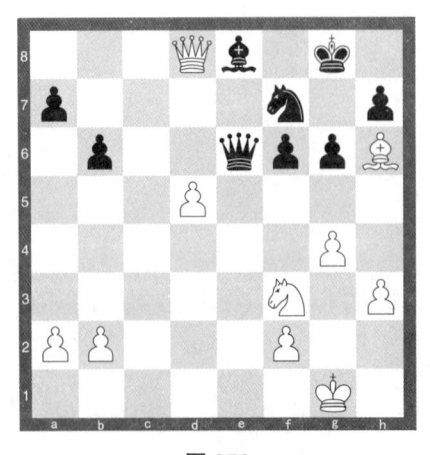

图250

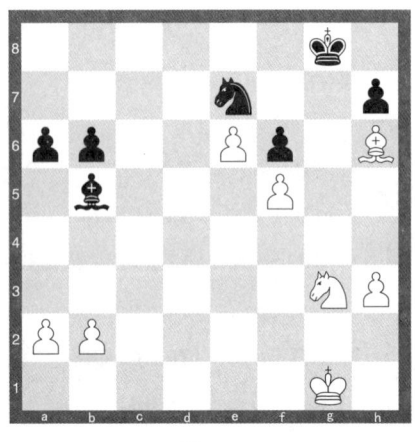

图251

第四章 局面型弈法在实战中的运用

42.Ne4 Nxf5 43.Nxf6+ Kh8 44.Bf8

白方与对方交换一对兵，既活跃了己方子力，又限制了黑王的活动。

44...a5   45.Kf2 Bc6

46.e7 Nd6   47.Kg3 Ne8

48.Ng4 h5   49.Ne5 Bd5

50.a3 Kg8   51.Kf4 Bb3

52.Kg5 Bd1   53.Nc4 Kf7

54.Nxb6 Nd6 55.Nd5 Ne4+

56.Kh4 a4（图 252）

57.Nc3

希洛夫抓住机会逼兑一马，进入多两兵的异色格象制胜残局。

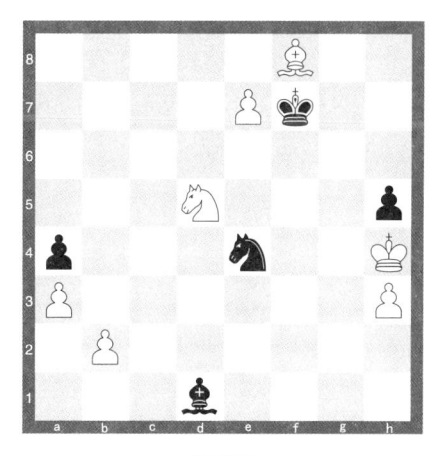

图 252

57...Nxc3   58.bxc3 Be2

59.Kg5 Ke8   60.h4 Kd7   61.Kf6 Bc4   62.Bh6 Ke8

63.Bf4 Bf7   64.Bg5 Bb3（图 253）

65.Ke5

白王显得自由洒脱，它准备带领 c 线通路兵向底线冲锋。而黑王则胆战心惊，不知如何应对白方两个通路兵。

65...Kd7   66.Kd4 Bf7

67.Kc5 Kc7 68.c4 Be8

69.Kd5 Kd7

若走 69...Bf7+，则有 70.Ke5 Kc6 71.Kf6 Be8 72.Be3 Kd6 73.c5+ Kd7 74.Bf2 Kc6 75.Kg7 Kd7 76.Kf8 Ke6 77.Kxe8。

70.c5 Bg6   71.c6+ Kc7

72.Bf4+ Kc8 73.Ke6 Bf7+

黑方最后的尝试。

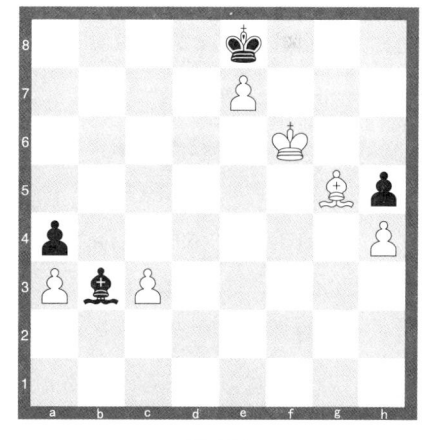

图 253

·161·

74.Kf6

白方当然不会走 74.Kxf7 形成逼和局面的。

74...Be8　　75.c7 Kd7　　76.Kg7 1-0

克拉姆尼克认输，因为黑王很快就会被将杀，例如：76...Kc8　77.Kf8 Kd7　78.c8Q+ Kxc8　79.Kxe8 Kb7 80.Kd7 Kb6 81.e8Q Kc5 82.Qe4 Kb6 83.Qb4+ Ka6 84.Kc7 Ka7 85.Qxa4#。

第十五局

Wei Yi（2724）- Bruzon（2669）[B85]

6th China Hainan Danzhou Super GM Tournament, 03.07.2015

韦奕——布鲁佐恩

韦奕，1999年出生的中国天才棋手，2015年就打破了等级分突破2700分世界最年轻的年龄纪录。2014年和2018年奥赛、2015年和2017年世团赛，他四次帮助中国队获得世界团体冠军。在第六届海南儋州超霸战上，年仅16岁的韦奕战胜布鲁佐恩的精彩对局被称为"21世纪的不朽对局"。

1.e4 c5　　2.Nf3 e6
3.Nc3 a6　　4.Be2 Nc6
5.d4 cxd4　　6.Nxd4 Qc7
7.0-0 Nf6　　8.Be3 Be7　　9.f4 d6　　10.Kh1 0-0（图254）
11.Qe1

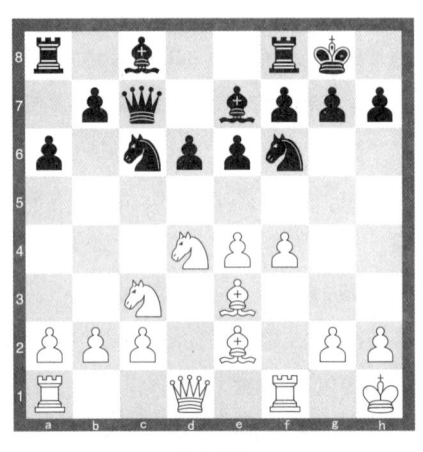

图254

白方的进攻方向在王翼，接下来的子力调动都为王翼进攻服务。

11...Nxd4　　12.Bxd4 b5　　13.Qg3 Bb7　　14.a3 Rad8　　15.Rae1 Rd7
16.Bd3 Qd8　　17.Qh3 g6　　18.f5 e5　　19.Be3 Re8　　20.fxg6 hxg6

第四章 局面型弈法在实战中的运用

21.Nd5 Nxd5（图255）

即使走较好的 21...Bxd5 22.exd5 Rb7 23.Qf3，依然是白方优势。关键的问题是，黑方完全忽视了对手可能的弃子攻击。

22.Rxf7

算度深远的弃子攻王。韦奕展现出自己的进攻天赋。

22...Kxf7   23.Qh7+ Ke6

24.exd5+ Kxd5   25.Be4+

再弃一子，将黑王引入绝境。

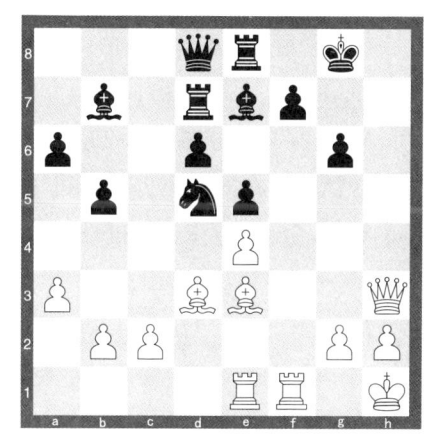

图 255

25...Kxe4

若走 25...Ke6，也难逃被将杀的命运：26.Qxg6+ Bf6   27.Qf5+ Kf7   28.Qh7+Ke6   29.Bf5+ Kd5   30.Bxd7 e4   31.Qh5+ Kc4（31...Re5   32.Qf7+ Re6   33.Qxe6#）32.Qe2+ Kd5   33.Qd2+ Bd4   34.Qxd4#。

26.Qf7

韦奕的棋力道十足，现在威胁一步杀。若随手走 26.Qxg6+，黑王将逃出生天，局势将惨遭逆转：26...Kd5   27.c4+ Kc6   28.cxb5+ Kc7（不能走 28...Kxb5   29.Qd3+ Ka5   30.Qd2+ Kb5   31.Qb4+ Kc6   32.Qc4#）29.bxa6 Bxa6，黑胜。

更精确的杀王变化是：26.c4 Kd3（26...bxc4   27.Qxg6+ Kd5   28.Qf7+ Kc6   29.Qxc4#）27.Qxg6+ e4   28.Qg4 Kxc4   29.Rc1+ Kb3   30.Qd1+ Kxb2   31.Rb1+ Kxa3   32.Qb3#。

26...Bf6   27.Bd2+ Kd4

28.Be3+ Ke4（图256）

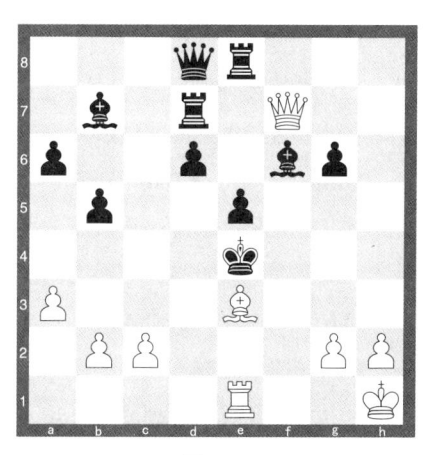

图 256

29.Qb3

步步紧逼，招招致命。白后再次威胁一步杀。

29...Kf5　30.Rf1+ Kg4　31.Qd3 Bxg2+ 32.Kxg2 Qa8+　33.Kg1 Bg5 34.Qe2+ Kh3　35.Bf2+ Kh2　36.Be1

尽管将杀在即，但仍然不可大意。若随手走 36.Qd3+，则有 36...Kg4　37.Qg3+Kf5　38.Qh3+ Kf6　39.Qxd7 Bf4　40.Bh4+ g5　41.Qxd6+ Kg7　42.Qd7+ Kg6，黑王再次逃出生天，和棋。

36...Rf8　37.Qd3+ Kg4　38.Qg3+ Kh5　39.Qh3+ Bh4　40.Qxh4# 1—0

韦奕的棋胆大而心细，极富观赏性。他从第 22 步棋弃车直到第 40 步棋杀王，中间长达 19 个回合，弃子具有战略性，即局面性。

第十六局

Carlsen, M（2851）— Kramnik, V（2801）[D35]
4th Norway Chess 2016 Stavanger NOR（7.3），27.04.2016

卡尔森——克拉姆尼克

1.d4 d5　2.c4 e6　3.Nc3 Nf6　4.cxd5 exd5　5.Bg5 c6 6.e3 Bf5（图 257）

7.Qf3

卡尔森的局面嗅觉异常灵敏。他没有按部就班地出子，而是准备在开局阶段就给对手制造永久性的弱点。

7...Bg6　8.Bxf6 Qxf6　9.Qxf6 gxf6

黑方王翼兵阵破碎，形成了 f 线叠兵和 h 线孤兵。白方接下来的子力调动计划就是用马去占领弱格，即叠兵前面的 f5 白格。

10.Nf3 Nd7　11.Nh4 Be7　12.Ne2 Nb6　13.Ng3 Bb4+　14.Kd1 Na4 15.Ngf5（图 258）

白方顺利实现了计划的第一步。

15...Kd7　16.Rb1 Ke6

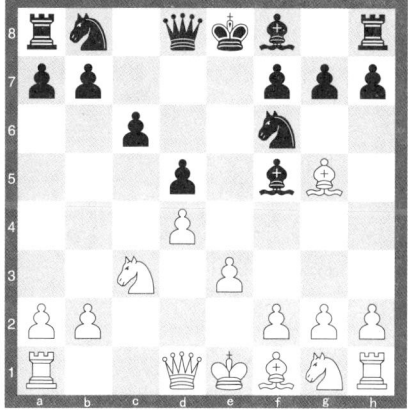

图 257

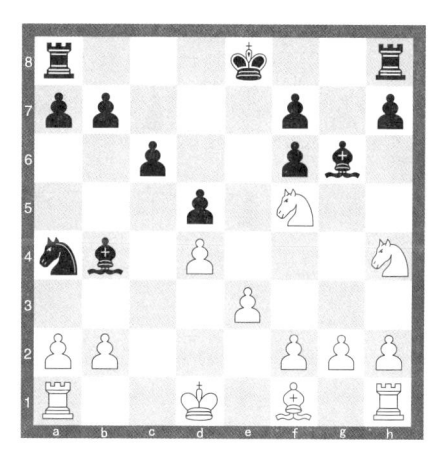

图 258

17.Bd3 Rhc8　18.Ke2 Bf8

19.g4 c5　20.Ng2 cxd4

21.exd4 Bd6　22.h4 h5

23.Ng7+ Ke7　24.gxh5 Bxd3+

25.Kxd3（图 259）

棋盘上出现了两对叠兵，但黑方的叠兵是弱势的象征，而白方的叠兵同时也是通路兵，是力量的象征。

25...Kd7　26.Ne3 Nb6

27.Ng4 Rh8　28.Rhe1 Be7

29.Nf5 Bd8　30.h6 Rc8

31.b3 Rc6　32.Nge3 Bc7（图 260）

33.Rbc1

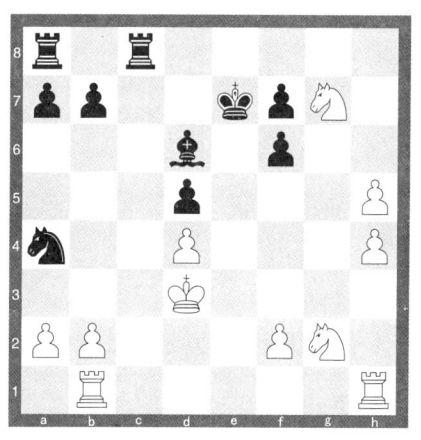

图 259

把黑方子力尽可能兑掉，以更好地实现在王翼的优势。

33...Rxc1　34.Rxc1 Bf4　35.Rc5 Ke6　36.Ng7+ Kd6　37.Ng4 Nd7

不能走 37...Bxh6，因为有 38.Nxh6 Rxh6　39.Nf5+ Kd7　40.Nxh6 得车。

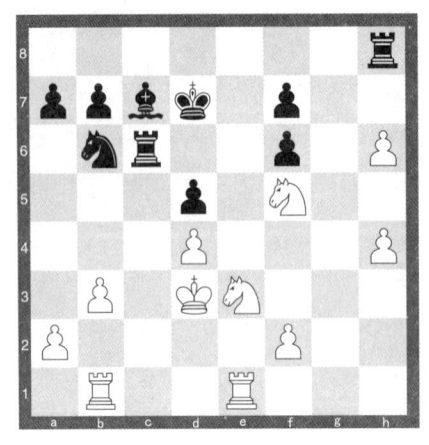

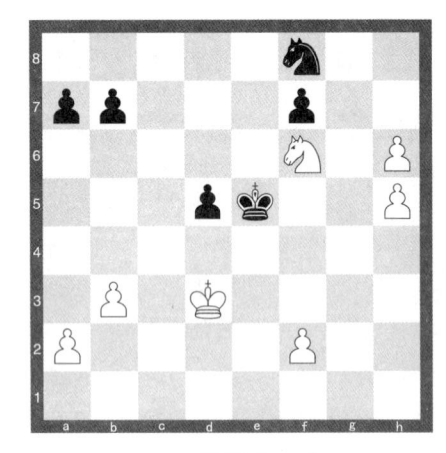

图 260

图 261

虽然是边线叠兵，但在白方双马的密切配合下，直到终局，这对叠兵都安然无恙。

38.Rc2 f5   39.Nxf5+ Ke6   40.Ng7+ Kd6   41.Re2 Kc6   42.Re8 Rxe8

白方兑掉第二个车，为通路兵升变扫清障碍。

43.Nxe8 Nf8   44.Ne5+ Bxe5   45.dxe5 Kd7   46.Nf6+ Ke6   47.h5 Kxe5

（图 261）

48.Nd7+

最后来个战术点缀。

48...Nxd7   49.h7 Nc5+   50.Ke2 1–0

这是两位国际等级分都超过 2800 分的棋王之间的对决。纵观全局，卡尔森在开局阶段就利用兑换技术给黑方王翼制造出弱点，然后牢牢抓住弱点，子力协同进攻，逐渐扩大己方局面优势直至最终取胜，展现出超强的局面控制力。

第十七局

Mamedyarov, S（2761）– Kramnik, V（2808）[D37]

10th Tal Mem 2016 Moscow RUS（9.2），06.10.2016

马梅迪亚洛夫——克拉姆尼克

1.d4 Nf6	**2.c4 e6**
3.Nf3 d5	**4.Nc3 Be7**
5.Bf4 0-0	**6.e3 Nbd7**
7.a3 c5	**8.cxd5 Nxd5**
9.Nxd5 exd5	**10.dxc5 Nxc5**
11.Be5 Bf5	**12.Be2 Bf6**
13.0-0 Bxe5	**14.Nxe5 Qf6**

（图262）

15.b4

马梅迪亚洛夫是阿塞拜疆头号棋手，等级分最高时曾达到2820分。现在他计划与黑方换马，在c线制造一个潜在的通路兵。

15...Qxe5	**16.bxc5 Rac8**
17.Rc1 Rfd8	**18.Qd4 f6**
19.g4 Bg6	**20.Rc3 Rc7**
21.Rfc1 Re7	**22.Rd1 Qg5**

（图263）

23.Qb4

马梅迪亚洛夫的计划清晰而连贯，现在准备攻击b7兵，为己方c兵的前进扫清障碍。

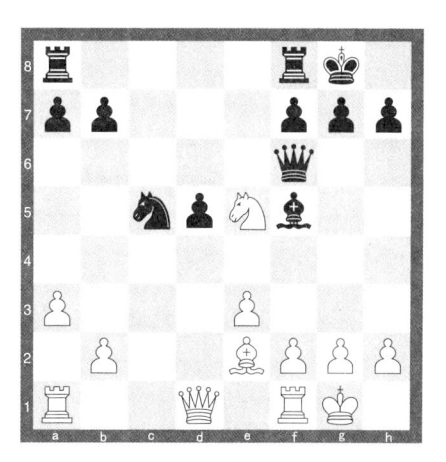

图262

图263

23...Re4　　24.Rd4 Rde8

25.Rcd3 Kh8　26.Rd2 h5

27.Qxb7 hxg4　28.Rxd5 f5

29.Bf1 Rxe3　30.c6 Rc3

31.c7 Qf4　　32.Rd7 Rg8

33.R2d4 Qc1（图264）

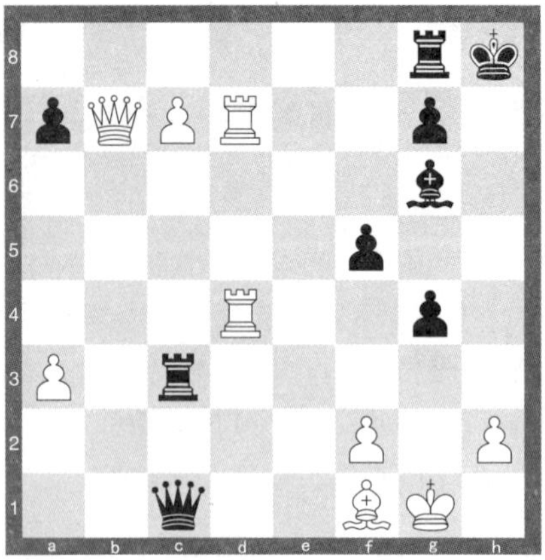

34.Qb8

c线通路兵冲至次底线，马梅迪亚洛夫发起总攻。

34...Kh7　　35.Rd8 Bf7

36.Rxg8 Bxg8　37.Rd8 Be6

38.Rh8+ Kg6　39.Qe8+ Kf6　40.Qf8+ Kg6　41.Qd6 Rc6　42.c8Q 1–0

c兵如愿升变，一个完美的结局。黑方认输。

图264

第十八局

Ding Liren（2760）– Aronian, L（2785）[A14]

Sharjah Grand Prix 2017 Sharjah UAE（9.5），27.02.2017

丁立人——阿罗尼安

1.Nf3 Nf6　　2.c4 e6　　3.g3 d5　　4.Bg2 Be7　　5.0-0 0-0

6.d4 dxc4　　7.Qc2 a6　　8.a4 Bd7　　9.Qxc4 Bc6　　10.Bf4 Bd6

11.Qc1 a5　　12.Nc3 Na6　　13.Bd2 Nb4　　14.Qb1 Bxf3　　15.Bxf3 c6

16.Rd1 Qe7　　17.Ne4 Nxe4　　18.Qxe4 Rfd8　　19.Bc3 Rd7　　20.Rd2 Qd8

21.Rad1 Be7（图265）

22.h4

有益的挺进。h兵将连续挺进至h5，必要时再进至h6，在黑方王翼钉入一个楔子。

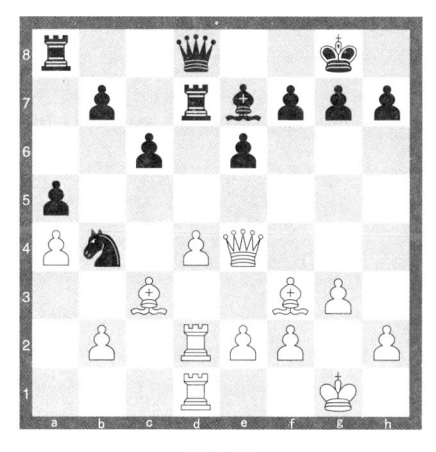

第四章 局面型弈法在实战中的运用

图 265

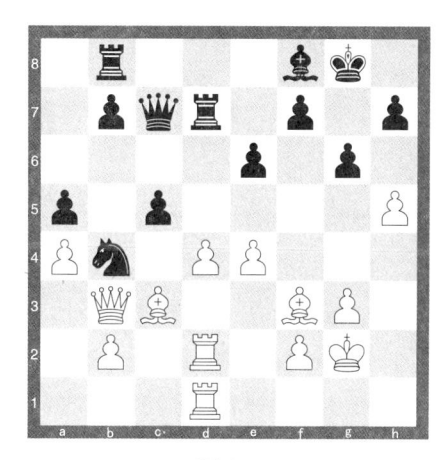

图 266

22...Rb8　23.e3 Nd5　24.Qc2 Qc7　25.Kg2 g6　26.h5 Bf8　27.e4 Nb4　28.Qb3 c5（图 266）

黑方过早地打开了中心，经过兑换将有利于白方活跃子力。

稳健的走法是：28...Bh6　29.Re2 Bg7　30.Bg4 Rbd8　31.Red2。

29.dxc5 Rxd2　30.Rxd2 Qxc5
31.Rd7 b5　32.axb5 Qxb5
33.Qd1 Nc6　34.Be2 Qb6
35.Bc4 Rb7　36.b3 Qa7

（图 267）

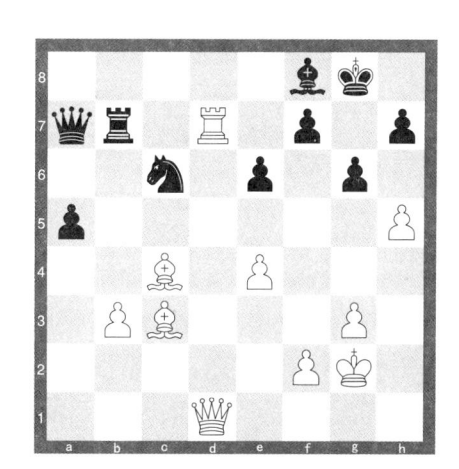

37.Rd6

图 267

经典的局面型弃子，堪称"神之一手"。丁立人深刻洞悉局面本质，以弃半子的方式消除黑方对王翼黑格的控制，有利于白方后、双象和 h 兵协调配合，对黑方虚弱的王城展开进攻。

37...Bxd6

若走 37...Rc7，白方同样保持优势：38.Rd3 Rc8　39.hxg6 hxg6　40.Bf6 Bg7

41.Bxg7 Kxg7　42.Bxe6 Rc7　43.Bc4 Qc5　44.f4。

38.Qxd6 Qb6　39.Qf4 Kf8

若走39...Qd8，试图用黑后防御黑格则为时已晚：40.hxg6 hxg6　41.Bf6 Qf8　42.Qh4 Qg7　43.Bxg7。

40.Bxe6 Nb4　41.Qf6 Nd3

41...Qxe6　42.Qd8+ Qe8　43.Bg7+ Kxg7　44.Qxe8，白胜。

42.Bd4 Qd6　43.Be3 Ne1+

改走如下两种变化均为白胜：

43...Ke8　44.Bxf7+ Kd7　45.Qh8 Qe5　46.Qxh7 Qxe4+　47.Kg1 Kd6　48.Bxg6 Rxh7　49.Bxe4 Rxh5　50.Bxd3；

43...Qxe6　44.Qd8+ Qe8（44...Kg7　45.h6#）45.Bh6+ Kg8　46.Qxe8#。

44.Kf1　1—0

第十九局

Zherebukh, Y（2605）– Caruana, F（2817）[C95]

ch-USA 2017 Saint Louis USA（7.2），05.04.2017

泽雷布——卡鲁阿纳

1.e4 e5　2.Nf3 Nc6
3.Bb5 a6　4.Ba4 Nf6
5.0–0 Be7　6.Re1 b5
7.Bb3 d6　8.c3 0–0
9.h3 Nb8　10.d4 Nbd7
11.Nbd2 Bb7　12.Bc2 Re8
13.Nf1 Bf8　14.Ng3 g6
15.a4 c5　16.d5 c4
17.Bg5 h6　18.Be3 Nc5
19.Qd2 h5　20.Bg5 Bg7

（图268）

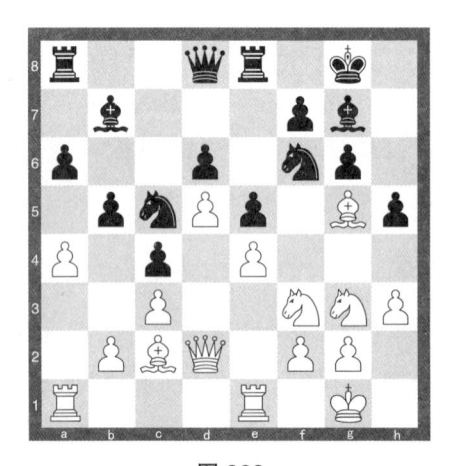

图 268

第四章 局面型弈法在实战中的运用

21.Rf1

白方已经封闭中心，现在准备打开 f 线，在王翼进攻。

21...Qc7　22.Bh6 Bh8　23.Ng5 Nh7　24.Nxh7 Kxh7　25.Be3 Qe7　26.f4 exf4　27.Bxf4 Kg8　28.Rf3 Bg7　29.Raf1 Nd7　30.Bh6

兑换黑格象，进一步削弱黑方王翼的黑格，有利于白方的攻王行动。

30...Bxh6　31.Qxh6 Qf8　32.Qd2 Ne5　33.Rf6 Rad8　34.Qg5 Qg7（图 269）

黑方子力受到严重封堵，黑后更是沦落成为"堡垒后"。

35.Bd1

白方子力占据要津，生机勃勃，现在准备弃子进攻。

35...Bc8　36.Qh4 Kf8　37.Qf4 Qg8　38.Kh1 Re7　39.Bxh5 bxa4

39...gxh5　40.Nxh5 Ree8　41.Rh6 Re7　42.Nf6 Ng6　43.Qf2 Qg7　44.Rh7，捉死黑后。

40.Bd1 Qg7　41.Bxa4 Qh7　42.Qg5 a5　43.Kg1 Qh8（图 270）

黑后在角落里无所事事，黑方所有棋子正眼睁睁地看着白方从容不迫地实施子力调动计划。

44.R1f4

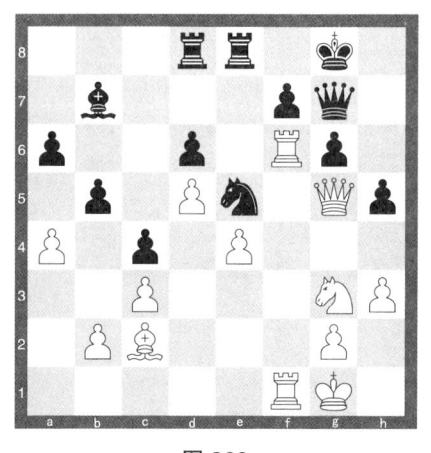

图 269 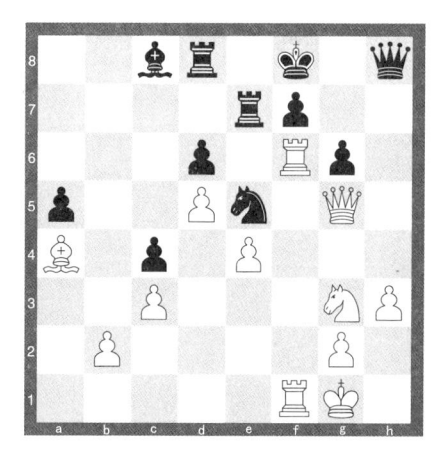　　　　　图 270

经典的车的横向调动。白车计划调至 h 线，进攻黑后和黑王。

44...Qg7　　45.Rh4 Nd3　　46.Rh6

白方的后、双车形成"品"字阵型，黑方着实感到"压力山大"。

46...Ne5

若走 46...Nxb2，黑方将很快崩溃：47.Rhxg6 Qxg6　48.Qxg6 Nxa4　49.Qh6+ Ke8　50.Qh8+ Kd7　51.Rxd6+ Kxd6　52.Qxd8+ Kc5　53.Qxe7+。

47.Rf4 Bd7　　48.Qh4

强有力的调动，立即威胁杀王或得子。

48...Kg8　　49.Qxe7 Re8

50.Qg5 Bxa4　　51.Rf6 Rd8

52.Rfxg6 Nxg6 53.Qxd8+ Qf8

54.Qg5 Qe8　　55.Nf5 Qe5

（图 271）

56.h4

图 271

小兵吹着胜利的号角也投入进攻了。

56...Bd7　　57.h5 Bxf5　　58.exf5

58.hxg6 Bd7（58...fxg6　59.Qd8+ Kf7　60.Rh7+ Qg7　61.Qc7+ Kf6　62.Qxg7+ Kg5　63.Qh6+ Kf6　64.Qf4 a4　65.g4 a3　66.g5#；58...Bxg6　59.Qd8+ Qe8　60.Qxe8+ Kg7　61.Qh8#）59.Qd8+ Be8　60.gxf7+ Kxf7　61.Re6，白胜。

58...Qe1+　　59.Kh2 Qh4+　　60.Qxh4 Nxh4　1–0

面对国际等级分比自己高 200 多分的世界顶尖高手，泽雷布不慌不忙，把局面优势发挥到极致，进而又获得子力优势，最终收获了令人信服的胜利。

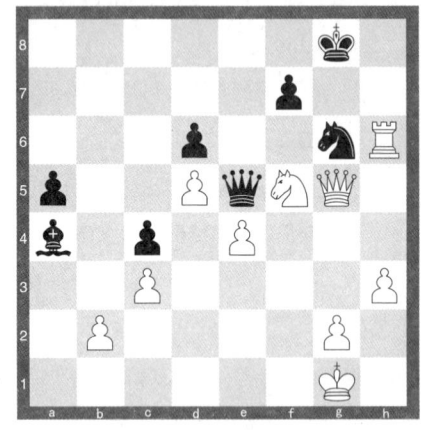

第四章 局面型弈法在实战中的运用

第二十局
Hou Yifan（2649）— Caruana, F（2817）[C67]
4th GRENKE Chess Classic Karlsruhe GER（1.2），15.04.2017
侯逸凡——卡鲁阿纳

在2017年的GRENKE超级大赛第一轮比赛中，四届棋后侯逸凡执白战胜了等级分高达2817分的美国名将卡鲁阿纳，创造了女子棋手在慢棋常规比赛中，取胜对手等级分最高的世界纪录。

1.e4 e5	2.Nf3 Nc6	3.Bb5 Nf6	4.0–0 Nxe4	5.Re1 Nd6
6.Nxe5 Be7	7.Bf1 0–0	8.d4 Nf5	9.Nf3 d5	10.c3 Bd6
11.Nbd2 Nce7	12.Qc2 c6	13.Bd3 g6	14.Nf1 f6	15.h3 Rf7
16.Bd2 Bd7	17.Re2 c5（图272）			

改走如下变化将使黑方阵型更为稳固：17...Ng7　18.Rae1 Bf5　19.Ne3 Bxd3　20.Qxd3 Rf8　21.b3 Kh8　22.c4 Qd7　23.Ng4 Nef5　24.Qc3 Rae8。

| 18.dxc5 Bxc5 | 19.Bf4 Rc8 | 20.Rae1 g5 | 21.Ng3 Nxg3 | 22.Bxg3 a5 |
| 23.Qd2 a4 | 24.b4 axb3 | 25.axb3 Ng6（图273） | | |

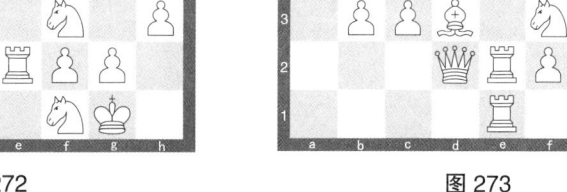

图 272　　　　　　　　　图 273

26.h4

白方通过换兵、换马，打开 g 线，给黑方王城制造更多弱点，有利于后续攻王行动。

26...gxh4

如果黑方走 26...g4 拒绝兑换，白方的局面优势仍可确保获胜：27.Nd4 Bxd4 28.cxd4 Nf8 29.Bd6 Rc6 30.Be7 Qc8 31.Bxf8 Qxf8 32.Bb5 Rc8 33.Bxd7 Rxd7 34.Qf4 Qg7 35.Re8+ Rxe8 36.Rxe8+ Kf7 37.Qb8 Qh6 38.Qc8 Re7 39.Rxe7+ Kxe7 40.Qxb7+ Ke6 41.Qc8+ Ke7 42.Qc5+ Ke6 43.g3，白方多出一个后翼通路兵，胜定。

27.Nxh4 Nxh4 28.Bxh4 Qf8
29.Qf4 Bd6   30.Qd4 Rd8
31.Re3 Bc8   32.b4 Kg7

（图 274）

33.Bb5

漂亮的子力调动。白方车、象配合，计划杀入对方底线。黑王此时或许有种"后背发凉"的感觉。

33...Bc7   34.Re8

另一种杀王变化如下：34.Be8 Qd6 35.Bxf7 Bb6 36.Qd3 Bxe3 37.Rxe3 Kxf7 38.Qxh7+ Kf8 39.Rg3 Ke8 40.Rg8+ Qf8 41.Bxf6 Rd7 42.Qh5+ Rf7 43.Rxf8+ Kxf8 44.Qh8#。

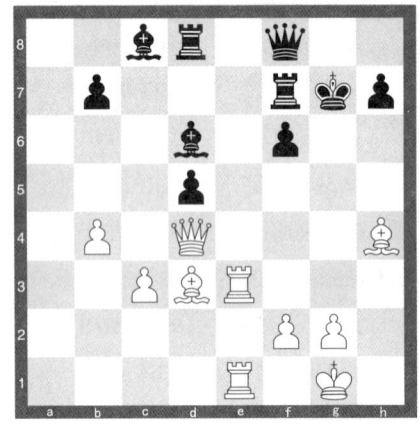

34...Qd6   35.Bg3 Qb6   36.Qd3 Bd7   37.Bxd7 Rdxd7   38.Qf5 Bxg3
39.Qg4+ Kh6   40.Qh3+ 1–0

卡鲁阿纳认输。后续变化可能是：40...Kg6 41.Qxg3+ Kh5 42.R1e4 dxe4 43.Rxe4 Rd1+ 44.Kh2，接下来准备 Rh4 杀王。

侯逸凡尽显世界棋后的风采。她的白后最后三步棋的调动，每一步看似轻盈，实则蕴含着千钧的力量。

图 274

第四章 局面型弈法在实战中的运用

第二十一局

Smerdon（2515）－Balaji（2214）[C43]

Live Chess Chess.com，29.07.2017

斯默登——巴拉吉

1.e4 e5	2.Nf3 Nf6
3.d4 exd4	4.e5 Nd5
5.Qxd4 c6	6.c4 Nb4
7.Na3 Qa5	8.Bd2 Qxa3
9.bxa3 Nc2+	10.Kd1 Nxd4
11.Nxd4 Bxa3	12.Nf5 0–0
13.Nd6 Bxd6	14.exd6 b6
15.Rb1 Bb7	16.c5 b5

17.a4（图275）

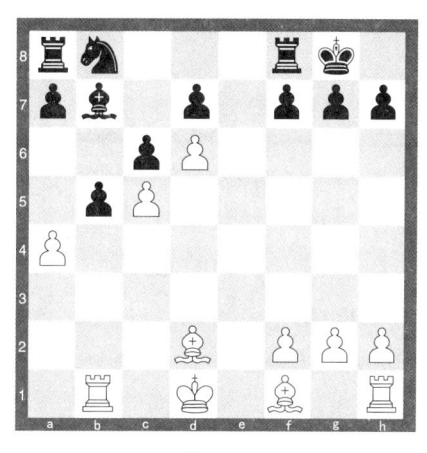

图275

黑方现在必须作出正确的战略性选择。

17...a6

黑方做出了一个看似正确、实则错误的选择，局面由此滑入了黑暗的深渊。

黑方目前最大的问题是中心和后翼的兵形处于半封闭状态，导致后翼子力未及时出动，所以当务之急是活跃子力、尽快出子，应走17...Re8，白方若走18.axb5，则有18...cxb5　19.Rxb5 Bd5　20.Bc3 Nc6　21.f3 a5，形成均势局面；白方若走18.a5不好，因为有18...Na6　19.Be3 Re5　20.Rc1 Rd5+　21.Ke1 Re8　22.Be2 f5　23.Kf1 f4　24.Bxf4 Nxc5　25.g3 Nd3　26.Bxd3 Rxd3　27.h4 c5　28.Rh3 c4，黑方双车和象充分活跃，还形成了双连通路兵，胜定。

18.a5

由于黑方上一步应对错误，白方抓住时机固定住中心和后翼的兵形，在一瞬间就把黑方后翼的车、马、象等子力禁锢于棋盘的左上角。

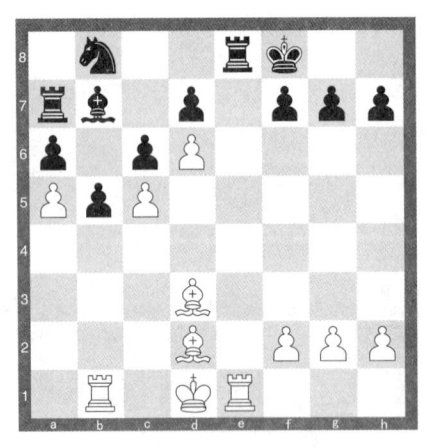

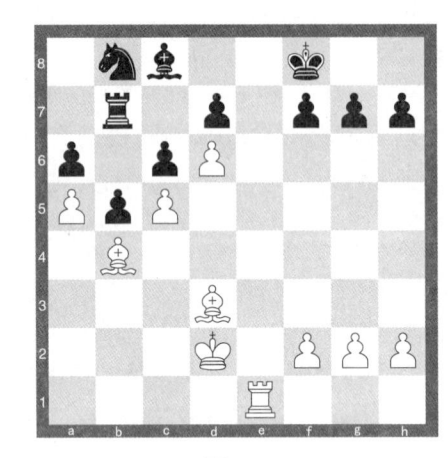

图 276　　　　　　　　　　　　　图 277

18...Re8　　19.Bd3 Ra7　　20.Re1 Kf8（图 276）

21.Rxe8+

换掉黑方最活跃的一个子力。

21...Kxe8　　22.Bb4

彻底封闭中心和后翼，最大限度地限制黑方子力的活动性。

22...Kf8　　23.Kd2 Bc8　　24.Re1 Rb7（图 277）

25.Re8+

由于黑方后翼子力基本失去活动性，无法发挥其动态价值，白方很慷慨地白送一车，再由王、象、兵在王翼进攻并取胜。但白方最好的取胜方法还是车、双象协同进攻，变化如下：

25.Re7 Ra7　26.Kc3 h5　27.Kb3 Rb7　28.Bc3 Ra7　29.Kb4 Rb7　30.Bc2 Rc7　31.h4 Bb7　32.Bg6 fxg6（32...Rc8　33.Rxf7+ Kg8　34.Rxg7+ Kf8　35.Rh7 Ba8　36.Rh8#）33.Bxg7+ Kg8　34.dxc7 Bc8　35.cxb8Q g5　36.Bh6 gxh4　37.Qxc8#。

25...Kxe8　　26.Bxh7 g6　　27.Ke3 Kf8　　28.Bxg6 fxg6　　29.Kf4 Kf7

30.Ke5 Ra7　　31.h4 g5　　32.h5 Kg7　　33.g4 Rb7　　34.Kf5 Kh7

35.Kxg5 Kg7　　36.h6+ Kh7　　37.Kh5 Ra7　　38.g5 Bb7　　39.f4 Ba8

40.f5 Rb7　　41.f6 Rb6　　42.f7 Bb7　　43.g6+ Kh8　　44.Bc3# 1–0

· 176 ·

第四章 局面型弈法在实战中的运用

本局棋是有史以来最精彩的超快棋对局之一，它生动形象地说明了活跃己方子力、限制对方子力活动性的方法及其重要性。

第二十二局
Carlsen, M（2822）- Bu Xiangzhi（2710）[C55]
FIDE World Cup 2017 Tbilisi GEO（3.1），09.09.2017
卡尔森——卜祥志

1.e4 e5　2.Bc4 Nf6　3.d3 Nc6　4.Nf3 Be7　5.0-0 0-0
6.Bb3 d6　7.c3 Be6　8.Re1 Qd7　9.Nbd2 Rab8　10.Bc2 d5
11.h3 h6　12.exd5 Nxd5　13.Nxe5 Nxe5　14.Rxe5 Bd6　15.Re1

（图278）

黑方弃掉中心 e5 兵，为黑格象打开了进攻白方王翼的线路。

15...Bxh3

弃兵之后再弃象，这与前面的弃兵一样，不是战术行动而是战略行动，都属于局面型弃子，目的在于破坏对方王城，制造王翼弱点，有利于己方子力协同进攻，用局面优势平衡对手的子力优势。

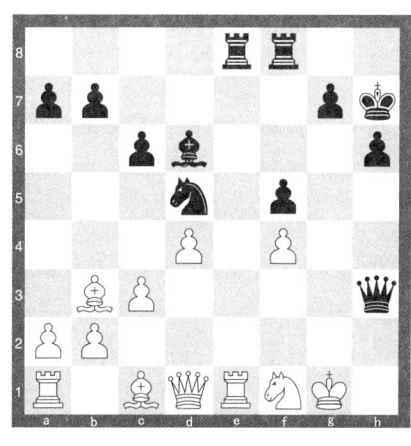

图278　　　　　　　图279

16.gxh3 Qxh3　17.Nf1 Rbe8　18.d4 f5　19.Bb3 c6　20.f4 Kh7

（图279）

21.Bxd5

较好的走法是：21.Re2 Rxe2　22.Qxe2 Rf6　23.Bxd5 cxd5　24.Nh2 Rg6+　25.Kh1 Rg4　26.Be3 Bxf4　27.Bxf4 Rxf4　28.Qg2 Qd3　29.Rf1 Rxf1+　30.Nxf1 f4　31.Kg1 Qf5　32.Nd2 Qc2　33.Nf3 Qd1+　34.Qf1 Qxf1+　35.Kxf1，白方保持多子优势。

21...cxd5　22.Re3 Rxe3　23.Bxe3 g5

现在挺兵正当其时，黑方把主动权牢牢地把握在自己手中。白方若走24.fxg5就会面对24...f4的进攻和随之而来的杀棋威胁。

24.Kf2 gxf4　25.Qf3 fxe3+

26.Nxe3 Qh2+　27.Kf1（图280）

27...Rg8

黑车从g线参与进攻让对局进入崭新阶段，现在威胁直接杀王。

28.Qxf5+ Rg6　29.Ke1 h5

有力的挺进。黑方准备走Kh6，既解除了白后对黑车的牵制，又让h兵作为生力军投入进攻。

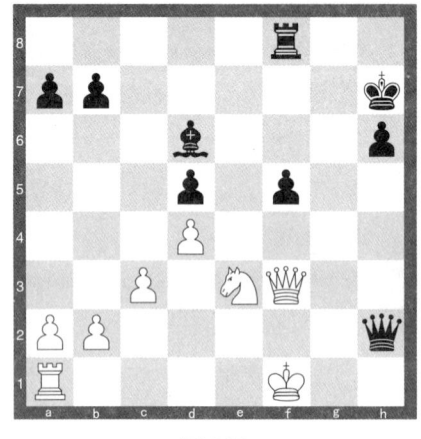

图280

目前局面，双方子力完全均等，但子力位置的优劣形成了鲜明对比：白王被压制在第一横线，白车被困在角落里，无法参与防御和反击，白马哪儿也去不了，只能充当白王的贴身卫士，而黑方的后、车、象和兵积极而协调，既能保卫黑王的安全，又准备对白王发起最后阶段的攻击。在这里，局面优势起到了决定性的作用。

30.Kd1 Kh6　31.Nc2 h4　32.Ne1 h3　33.Nf3 Qg2　34.Ne1 Qg4+

逼兑皇后，强制性走向胜利。

35.Qxg4 Rxg4　36.Nf3 Rg1+　0–1

后续变化可能是：37.Nxg1 h2 38.Nf3（38.Kc2 h1Q）38...h1Q+ 39.Ne1 Bg3 40.Ke2 Qh2+ 41.Kd3 Bf4 42.Rd1 Qxb2 43.a4 Qa2 44.Nf3 Qc4+ 45.Kc2 Qxa4+ 46.Kb2 Qxd1 47.Ne5 Bc1+ 48.Kb1 Qd2 49.Nd3 Ba3 50.c4 Qxd3+ 51.Ka2 Qc3 52.cxd5 Qb2#。

卜祥志13岁就创下了最年轻特级大师世界纪录。现在，他又成为卡尔森自2013年荣膺世界冠军称号之后，第一位在慢棋赛中战胜卡尔森的中国棋手。

第二十三局

Bai Jinshi（2553）－ Ding Liren（2774）[E21]
TCh-CHN 2017 China CHN（18.4），04.11.2017

白金石——丁立人

1.d4 Nf6   2.c4 e6

3.Nc3 Bb4   4.Nf3 0-0

5.Bg5 c5   6.e3 cxd4

7.Qxd4 Nc6   8.Qd3 h6

9.Bh4 d5   10.Rd1 g5

11.Bg3 Ne4   12.Nd2 Nc5

13.Qc2 d4   14.Nf3 e5

15.Nxe5（图281）

15...dxc3

丁立人弃后，以便利用自己子力出动较快并且比较协调的局面优势，着手对来不及易位的白王展开进攻。若走15...Re8并不能给黑方带来优势。

16.Rxd8 cxb2+ 17.Ke2

图281

白王至此踏上一条不归路。正确的走法是：17.Rd2 Rd8 18.Bd3 Nxe5 19.Bh7+ Kf8 20.Bxe5 Rxd2 21.Qxd2 Bxd2+ 22.Kxd2，形成大致均势的局面。

17...Rxd8　　18.Qxb2 Na4
19.Qc2 Nc3+　20.Kf3（图282）
20...Rd4

弃后之后再弃车，丁立人激情满满，为棋局注入了浪漫的气息。

若改走20...Rd6，黑方可以平稳地扩大优势并取胜：21.Nxc6 Rf6+　22.Bf4 bxc6　23.h3 gxf4　24.exf4 Bd7　25.Kg3 Rd8　26.Be2 Nxe2+　27.Qxe2 Bd6　28.Kh2 Bxf4+　29.g3 Bc7　30.Rd1 Be6　31.Rxd8+ Bxd8　32.Qe3 Bb6　33.c5 Bc7　34.f4 Rf5　35.Qa3 a5。

21.h3（21.exd4 Nxd4+　22.Ke3 Nxc2+，黑方得子胜。）**21...h5　22.Bh2**（22.Nxc6 g4+　23.hxg4 hxg4#）
22...g4+　23.Kg3 Rd2　24.Qb3
（24.Qxd2 Ne4+　25.Kh4 Bxd2）
24...Ne4+　25.Kh4（图283）

白王被逼至边线。黑方接下来的计划就是进一步暴露白王，然后协调子力在h线上将杀白王。

25...Be7+　26.Kxh5 Kg7

丁立人的子力调动有条不紊：先动王，再出象，最后出车至h8格。黑方的"杀王协奏曲"吹响了高潮的乐章。

27.Bf4 Bf5

黑方还可以走27...Rxf2，利用f线上的车去杀王：28.Bh6+ Kh7　29.Bg5 Rf5　30.Nxf7 Bxg5　31.Nxg5+ Rxg5+　32.Kh4 Ne5　33.hxg4 Ng6+　34.Kh3 Rh5#。

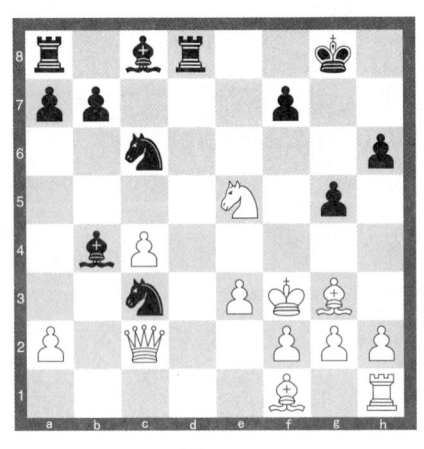

图282

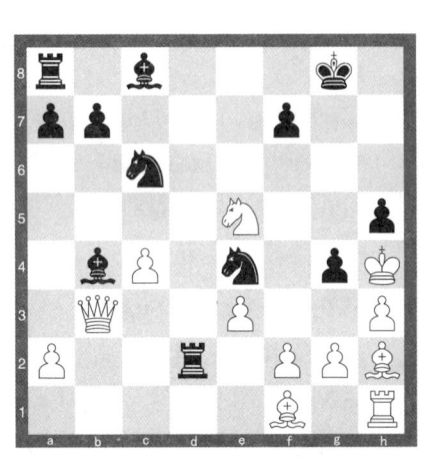

图283

第四章 局面型弈法在实战中的运用

28.Bh6+ Kh7　29.Qxb7 Rxf2　30.Bg5 Rh8　31.Nxf7 Bg6+　32.Kxg4

（图284）

32...Ne5+　0-1

黑方在连弃三兵之后再弃一马，并准备三步杀：33.Nxe5 Bf5+　34.Kh5 Kg7+　35.Bh6+ Rxh6#。

终局出现了一个非常罕见的局面：白方多子多兵，但h1车和白格象自始至终待在原始位置，后、马和黑格象虽然出动了却对黑方没有任何实质性威胁，白王是棋盘上最大的弱点；反观黑方，双车、双象和双马，每一个棋子都处在最有利的位置上，都发挥了应有作用，相互之间和谐而统一。绝对的局面优势和绝对的子力优势，在这里形成了鲜明的对比。

丁立人深刻理解局面本质，把子力的动态价值发挥到了极致，展现出高超的局面控制能力。本局棋被公认为世界最佳对局之一。

图284

第二十四局

Nakamura, Hi（2746）- Vachier Lagrave, M（2781）[A34]
10th London Classic 2018 London ENG（2.8），17.12.2018
中村光——瓦谢尔·拉格拉夫

国际象棋是杀王游戏，有时也会成为"捉后游戏"。

1.Nf3 c5　2.c4 Nf6　3.Nc3 d5　4.cxd5 Nxd5　5.e3 Nxc3　6.bxc3 g6　7.Bb5+ Bd7　8.Be2 Bg7　9.0-0 0-0　10.d4 Bc6　11.Ba3 cxd4　12.cxd4 Re8　13.Rc1 Qa5　14.Qb3 Nd7　15.Bb4

（图285）

15...Qf5

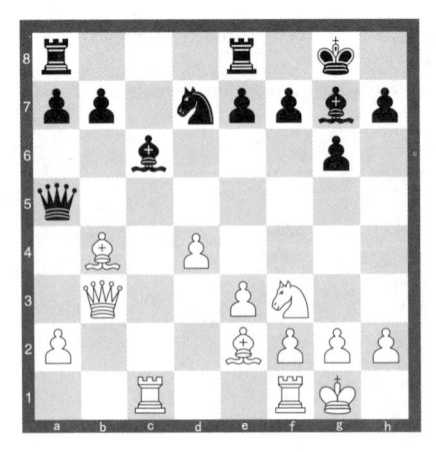

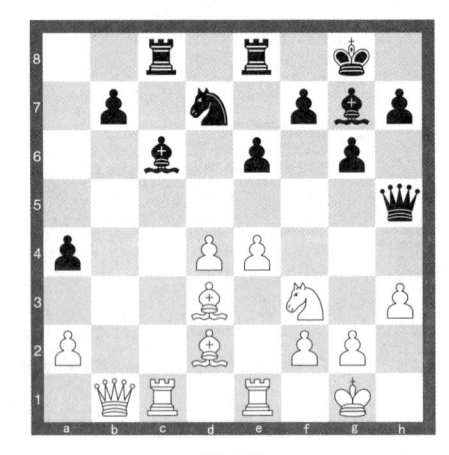

图 285   图 286

黑后进入了一个不利的位置，成为今后白方进攻的目标。

较好的走法是 15...Qa4 或者 15...Qb6。

16.Bd3 Qh5   17.e4 e6   18.h3 Rad8   19.Rfe1 a5   20.Bd2 a4

21.Qb1 Rc8（图 286）

22.Be2

白方的子力调动均为攻击黑后而服务。

另一种捉后方法是：22.Kh2 Nf6 23.Rc5 e5 24.Nxe5 Rxe5 25.dxe5 Nd7 26.Rxc6 bxc6 27.f4 Qh4 28.g3 Qe7 29.Be3 Bf8 30.Qc2，白胜。

22...Bf6   23.Rcd1 Red8   24.Ng5

白方子力已经部署到位，开始对黑后展开直接攻击。

24...Qh4   25.g3 Qh6   26.Nxf7 Qxh3

在白方马、象、兵的持续攻击之下，黑后"虎落平阳被犬欺"，已经无法掌握自己的命运了。

27.Bf1 Qh5   28.Be2 Qh3   29.Bg4 1-0

最后的战术点缀，黑后最终未能逃脱厄运。黑方认输。

接下去是 29...Qxg4 30.Nh6+ Kh8 31.Nxg4，白方得子胜。

第四章 局面型弈法在实战中的运用

第二十五局

Firouzja, Alireza（2682）– Karthikeyan, M2（2593）[E71]

18th Asian Continental Xingtai CHN（5.1），11.06.2019

菲罗贾——卡斯基延

1.d4 Nf6	2.c4 g6
3.Nc3 Bg7	4.e4 d6
5.h3 0–0	6.Be3 c5
7.Nf3 Qa5	8.Nd2 cxd4

9.Nb3（图287）

白马威胁吃后，黑方该如何应对呢？

没有任何迹象显示会有一场暴风雨。若走9...Qe5，白方将完成子力的正常出动：10.Qxd4 Qe6 11.Qd3 Nc6 12.Be2 b6 13.0–0 Bb7 14.f4 Nb4 15.Qd2，均势。

图287

9...Qxc3+

超级局面型弃子。黑方第9步棋就弃后，直到第52步棋获胜，实属罕见，堪称经典。

10.bxc3 dxe3 11.f3

白方拥有子力优势，但是子力没有及时出动，也没有进攻线路和进攻目标。而黑方的当务之急是要迅速活跃并协调子力（首先是双马双象），用局面优势压制对手的子力优势。

11...Nh5 12.Qc1 Bh6 13.g4

白方若试图完成子力出动而走13.Be2，会发现连易位的机会都没有了：13...Ng3 14.Rg1 Nc6 15.Nd4 Ne5 16.Nb5 Be6 17.Nc7 Nxe2 18.Kxe2 Bxc4+ 19.Kd1（19.Ke1 Nd3+ 20.Kd1 e2+ 21.Kc2 Bxc1）19...e2+ 20.Kc2 Bd3+ 21.Kb2

183

Nc4+ 22.Kb3 Bxc1。在黑方轻子的协同进攻面前，白方的局面劣势暴露无遗。

13...Nf4　　14.Kd1 Ne6
15.Kc2 Nc6　 16.h4 Bf4
17.Qd1 Ne5　 18.Nc1 Bd7
19.a4 Rac8　 20.Ne2 Bh6
21.g5 Bg7　　22.Bh3 Nxf3
23.Qd3 Ne5　 24.Qxe3 Nxc4
25.Qf2 Rc5　 26.Rhb1 Bc6
27.Bg2（图288）
27...f5

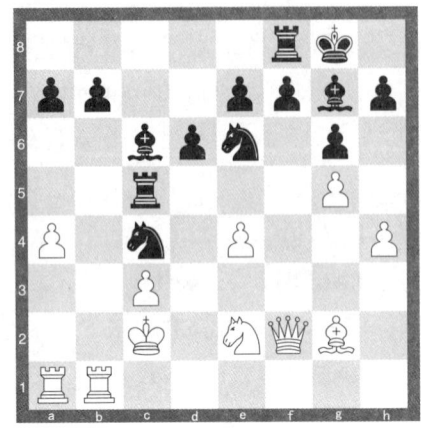

图288

黑方子力积极而协调，构筑起一道铜墙铁壁，让白方的子力优势无从发挥。现在黑方冲起f兵，为最后一个尚未出动的子力（f8格的车）开路。

28.gxf6 Bxf6　29.Rf1 Bxc3　30.Qxc5 Nxc5　31.Rxf8+ Kxf8　32.Kxc3 Ne5
33.a5 Nxe4+　34.Bxe4 Bxe4　35.Nd4 Bd5　36.Nb5 a6　　37.Nc7 Bc6
38.Rf1+ Kg7　39.Ne6+ Kh6　40.Rf8（图289）
40...Kh5

黑方的局面控制堪称天衣无缝，并通过局面优势成功获得子力优势，以6兵对白方形同虚设的2个孤兵。现在黑王也御驾亲征了。

41.Rh8 h6　　42.Rh7 Kxh4
43.Rxh6+ Kg3　44.Nd4 Kg5
45.Rh2 Bd5　 46.Re2 Kf4
47.Rf2+ Nf3　48.Re2 e5
49.Nc2 Be4　 50.Ne3 d5
51.Kb4 Nd4　 52.Re1 Kf3　0–1

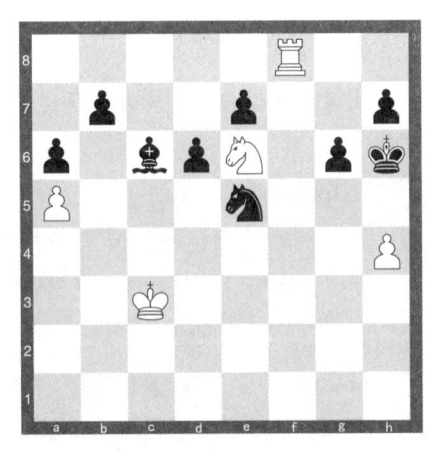

图289

不可思议的对局结束了。本局棋被评为2019年度世界最佳对局。

第四章 局面型弈法在实战中的运用

第二十六局

Supi- Carlsen[B01]

Best blitz game, 2020

苏比——卡尔森

本局棋是众多超快棋精彩对局之一。白方为卡尔森准备了特别的"礼物"，就看世界冠军敢不敢收了。

1.e4 d5　　2.exd5 Qxd5　3.Nf3 Bg4　　4.Be2 Nc6　　5.Nc3 Qd7
6.h3 Bxf3　　7.Bxf3 0-0-0　8.0-0 Nd4　　9.a4 Kb8（图290）
10.Nb5

白方主动换马并准备弃掉 a 兵，借以打开 a 线，利于从后翼攻王。

10...Nxf3+

卡尔森拒绝接受白方弃兵。若走 10...Nxb5　11.axb5 Qxb5，黑方虽多一兵，但子力出动缓慢，而白方的后、双车将在白格象的支持下向黑王阵地展开快速而有效的进攻：12.Re1 e5　13.Re3 Qd7　14.Rb3 c6　15.Qe1 Qc7　16.d3 Bc5　17.Be3 Bxe3　18.Qxe3 b6　19.Rba3 a5　20.Rb3 Kb7　21.c4 Nf6　22.c5 b5　23.Rxb5+

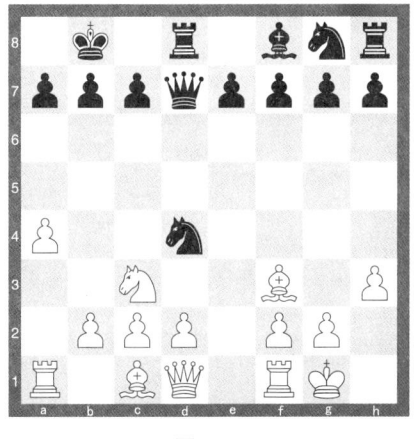

图290　　　　　　　　图291

· 185 ·

Kc8 24.Rbxa5 Rhe8 25.Ra8+ Kd7 26.R8a7，捉死黑后，白胜。

11.Qxf3 a6（图291）

12.c4

为了打开 a 线进攻黑王，白方不惜弃马。常规走法是：12.Nc3 e5 13.d3 Nf6 14.Re1 Re8 15.a5 Bb4。

12...e5

卡尔森再次拒绝接受白方弃子，他知道己方子力出动较慢，也不希望对手打开攻王线路。其实，现在黑方应该接受弃子：12...axb5 13.axb5 Qd3 14.Qxf7 Nh6 15.Qe6 Rd6 16.Qe5 Qxc4 17.d3 Qd5（17...Qxd3 18.Bxh6，白优）18.Bf4 Qxe5 19.Bxe5 Re6 20.Rfe1 Kc8，白方的弃子并未如愿获得局面补偿，而黑方却拥有子力优势。

13.d4

白方再弃一兵，快速出动黑格象和双车。

13...exd4　14.Bf4 axb5

卡尔森终于接受了弃马，可惜为时已晚。

若走其他变化也是白优，例如：14...Rc8 15.Rfd1 Nf6 16.Nxd4 Bc5 17.Nb3 Qe7 18.Re1 Qf8 19.Na5，白方后、马、象协同进攻，威胁绝杀。

15.axb5 Bd6（图292）

16.Ra2

白方弃马终得回报：白方准备在开放的 a 线上叠车，绝杀黑王。

16...Qf5　17.Rfa1 Kc8　18.Qc6 1-0

卡尔森漏算了致命的战术打击，短短 18 回合告负。

接下去是 18...bxc6 19.bxc6，准备 Ra8 杀王。

本局棋若被评为世界最佳超快棋对局也毫不为过。

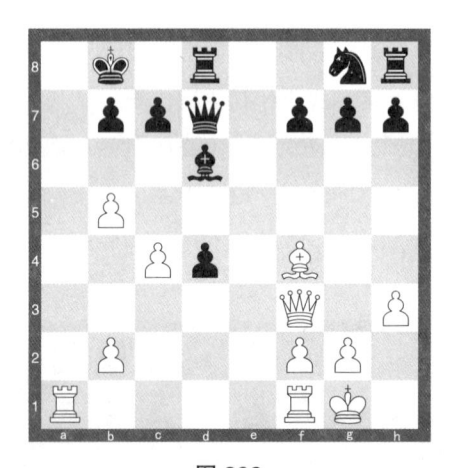

图292

第四章 局面型弈法在实战中的运用

第二十七局

Muzychuk, A（2539）- Kobo, Ori（2445）[B47]

Gibraltar Masters 2020 Caleta ENG（10.39），30.01.2020

穆兹丘克——科博

1.e4 c5	2.Nf3 Nc6	3.Nc3 e6	4.d4 cxd4	5.Nxd4 Qc7
6.f4 a6	7.Nxc6 Qxc6	8.Bd3 b5	9.Qe2 Bb7	10.Bd2 Bc5
11.a3 Ne7	12.0-0-0 0-0	13.h4 f5（图293）		

开局阶段刚刚结束，正式进入中局战斗。

14.g4

在双方异向易位的局面中，进攻的速度和有效性决定着对局的进程和结果。白方已经长易位，现在通过兵的兑换打开g线，为今后的王翼进攻创造条件。

| 14...d5 | 15.gxf5 exf5 | 16.exd5 |

再次进行兵的兑换，打开中心线，有利于白方车和象的进攻。

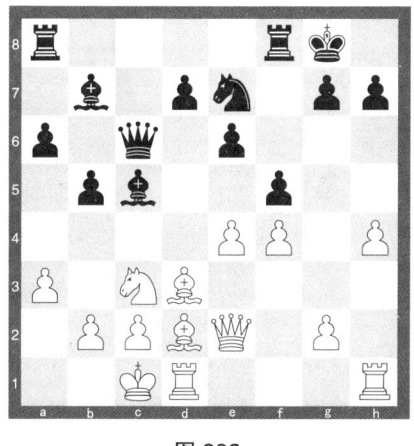

| 16...Nxd5 | 17.Nxd5 Qxd5 | 18.Rhe1 Qf7（图294） |

图293

图294

·187·

19.Bc3

至关重要的子力调动。黑格象在中心大斜线上位置绝佳，它直接瞄准黑方王城，而白方接下来的进攻计划和后、车的调动都将以黑格象为核心。

19...Rfe8　20.Be5 Re6

21.Qf1 Rf8　22.Qh3 Rh6

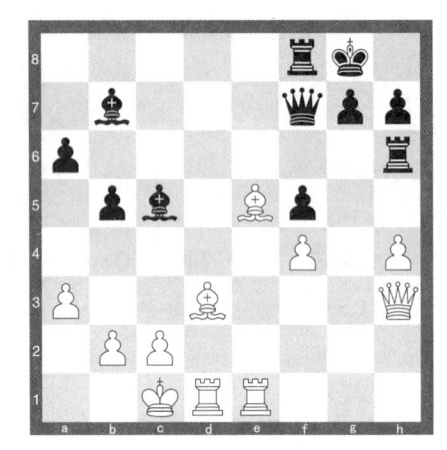

（图295）

23.Bxf5

弃象的主要目的是为d1格的白车让出中心线。无论黑方是否接受弃子，白车都将杀入次底线，与黑格象携手攻王。

23...Qxf5

黑方若走23...Bc6，试图阻止白车进入次底线，白方将接走24.Bd7且有后续进攻手段，如下两种变化均为白胜：

24...Bxd7　25.Rxd7 Be7　26.Bc3 Re8　27.Rdxe7 Rxe7　28.Qc8+ Qf8　29.Qxf8+ Kxf8　30.Bb4；

24...Bd5　25.Bxg7 Qxg7　26.Rxd5 Bd4　27.Rg5 Rg6　28.Kb1 Bxb2（28...Bf6　29.Rxg6 Qxg6　30.h5 Qh6　31.Qe6+ Kh8　32.Qxa6 Qxh5　33.Bxb5）29.Qb3+ Kh8　30.Qxb2。

24.Rd7 Rg6

若走24...Qxh3，白方将表演经典的车、象攻王：25.Rxg7+ Kh8　26.Rg6+ Rf6　27.Bxf6#。

25.Qb3+ Kh8　26.Rxb7 Bf2

27.h5 Rg3　28.Qd5 h6

29.Re2 Rg1+　30.Kd2 Bh4

（图296）

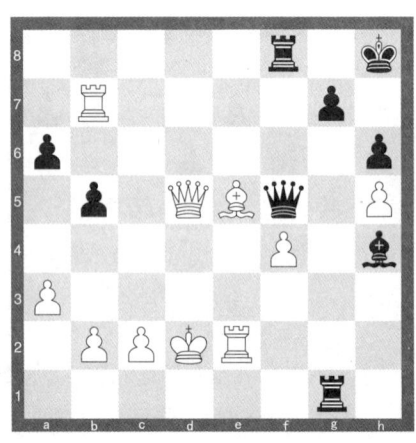

图295

图296

第四章 局面型弈法在实战中的运用

31.Qd4

有力的调动。白方后、车、象三个子集中火力进攻 g7 兵。

31...Rc8　　32.Bxg7+ Kg8　33.Qxg1 Rxc2+　34.Ke3 Qh3+

若走 34...Qc5+，则有 35.Bd4+ Kf8　36.Qg7+ Ke8　37.Qf7+ Kd8　38.Qd7#。

35.Kd4 Bf2+　36.Rxf2 Rc4+　37.Kd5　1-0

黑方最后的反击无果而终，白方则自始至终掌控全局。

本局棋是 2020 年度世界最佳对局之一。

第二十八局

Caruana, F（2842）- Alekseenko, K（2698）[E20]

FIDE Candidates 2020 Yekaterinburg RUS（2.1），18.03.2020

卡鲁阿纳——阿列克欣

1.d4 Nf6	2.c4 e6
3.Nc3 Bb4	4.f3 d5
5.a3 Be7	6.e4 dxe4
7.fxe4 c5	8.d5 exd5
9.exd5 0-0	10.Be2 Re8
11.Nf3 Bg4	12.0-0 Nbd7
13.d6 Bf8	14.h3 Bh5
15.Nb5 Re6	16.Bf4 a6
17.Nc7 Re4	18.Bh2 Rc8
19.g4 Bxg4	20.hxg4 Nxg4
21.Bd3 Nxh2	22.Bxe4 Nxf1
23.Qxf1 Bxd6	24.Nd5 g6

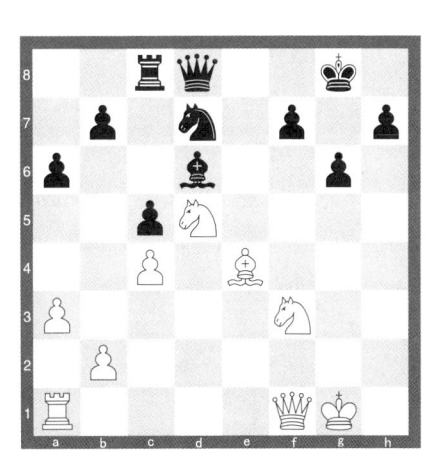

图 297

（图 297）

目前局面，白方多一子少三兵。现在我们一起来欣赏一下白方是如何调动后、车、象和双马共五个棋子展开攻王的。

25.Qh3 Kg7　26.Kh1 Ne5　27.Nh4 h5　28.Rg1 Bf8　29.Nf4

另一种赢棋方法是：29.Nxg6 Nxg6 30.Nf4 Qe7　31.Nxh5+ Kg8（31...Kh7 32.Nf6+ Kg7　33.Bxg6 fxg6　34.Qh7+ Kxf6　35.Qxg6+ Ke5　36.Rg4 Qf6　37.Re4+ Kd6　38.Qxf6+）32.Bxg6 fxg6 33.Rxg6+ Kf7　34.Qf5+ Ke8　35.Qxc8+ Qd8　36.Nf6+ Kf7　37.Qxd8 Kxg6　38.Qxf8。

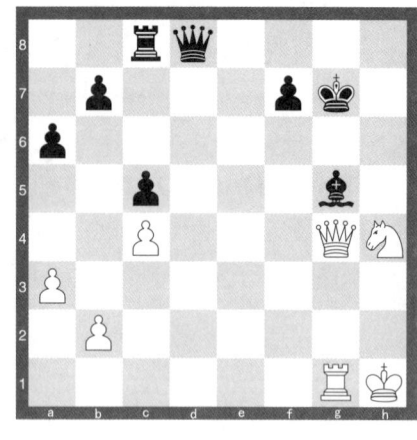

图 298

29...Ng4　30.Nxh5+ gxh5　31.Bf5 Be7　32.Bxg4 hxg4

若走 32...Bxh4，白方将走 33.Bxc8+，闪击得子胜。

33.Qxg4+ Bg5（图 298）

34.Qh5　1-0

卡鲁阿纳走出最强着法。他不走 34.Qxg5+ 换后，而是准备协同后、车、马三个子力将杀黑王。黑方认输。

黑方若接走 34...f6 将面临七步杀：35.Nf5+ Kf8　36.Qh8+ Kf7　37.Qh7+ Kf8 38.Qg7+ Ke8　39.Re1+ Be3　40.Rxe3+ Qe7　41.Qxe7#。

卡鲁阿纳以教科书式的手法，生动地展现了子力协同进攻的力量。

第二十九局
Ding Liren（2805）– Caruana F（2842）[D17]
FIDE Candidates 2020 Yekaterinburg RUS（3.1），19.03.2020
丁立人——卡鲁阿纳

1.d4 d5　2.c4 c6　3.Nf3 Nf6　4.Nc3 dxc4　5.a4 Bf5
6.Ne5 e6　7.f3 Bb4　8.Nxc4 0-0　9.Kf2 e5　10.Nxe5 Bc2

第四章 局面型弈法在实战中的运用

（图299）

11.Qd2

面对有备而来的卡鲁阿纳，丁立人处变不惊，接受了黑方的e5弃兵，并计划保持中心多兵优势和中心兵形的稳固。若走 11.Qxc2 Qxd4+ 12.e3 Qxe5，将形成均势局面。

11...c5　　12.d5 Bb3
13.e4 Re8　14.Qf4 c4
15.Nxc4

丁立人接受了卡鲁阿纳的第二个弃兵。

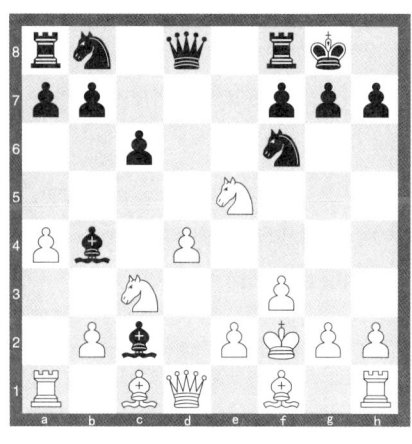

图299

15...Nbd7　16.Be3 Nf8　17.Bd4 Ng6　18.Qf5

现在轮到丁立人考验卡鲁阿纳了。白方不走简单的18.Qc1，而是把后放到了一个"不太安全"的位置，跳出黑方的赛前准备。

18...Bxc4　19.Bxc4 Qc7　20.Be2 Bc5　21.Bxc5 Qxc5+　22.Kf1 h6
23.Rd1 Qb6　24.Rd2 Qe3　25.Rc2 a6（图300）

26.Qh3

教科书式的子力调动。丁立人找到一条"后山小路"，计划让白后经过h3-g3-f2-d4这条线路杀入棋盘中心，上演王者归来的大戏。

26...b5　　27.Qg3 b4
28.Nd1 Qb3　29.Rd2 Qxa4
30.Qf2 Qd7　31.g3 Qh3+
32.Kg1 a5　　33.Qd4

丁立人的棋稳健细腻，收放自如，让人赏心悦目。

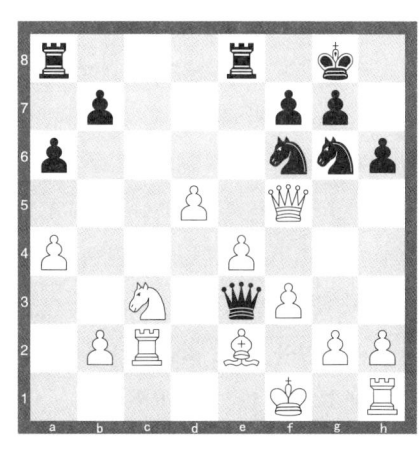

图300

·191·

33...Nh5　　34.Nf2 Qd7　　35.f4 Nhxf4

卡鲁阿纳被迫弃子。若走35...Nf6，可能的变化如下：36.e5 Nh7　37.Bg4 Qb5　38.Kg2 a4　39.d6 a3　40.Bf3 Rab8　41.Rc1 axb2　42.Rxb2 Qa5　43.Rc5 Qb6　44.Nd3 Ngf8　45.Qc4 b3　46.Bc6 Red8　47.Bd5 Ne6　48.Rc7 Nhf8　49.f5 Nd4　50.Rxf7 Kh8　51.Nf4 Nc2　52.Rxb3 Ne3+　53.Rxe3 Qxe3　54.f6 gxf6　55.Qc7 fxe5　56.Rxf8+ Rxf8　57.Ng6#。

36.gxf4 Nxf4（图301）

37.Kf1

王的经典调动，为h1车让出g线并投入攻王行动。

37...Qd6　　38.Rg1

高效的出子。角落里的白车以最快的速度发挥出最大的价值。

38...f6　　39.Bb5 Re7

40.b3 Rf8　　41.Rc2

吹响反攻的号角。白车圆满完成了防御任务，现在占领开放线，从防御角色变身为进攻先锋。

41...Ne6　　42.Qe3 Ng5

43.h4 Nf7（图302）

44.Rc6

黑方子力龟缩防御，而白方子力占据要津。接下来，丁立人将展示如何把胜势转化为胜利。

44...Qb8　　45.Qc5 Qd8

46.Rxf6 Kh8　　47.Rf5 Rc7

48.Bc6 a4　　49.bxa4 b3

50.Rg3 b2　　51.Rb3 Nd6

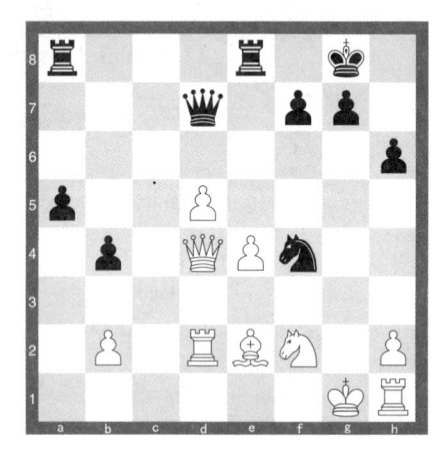

图 301

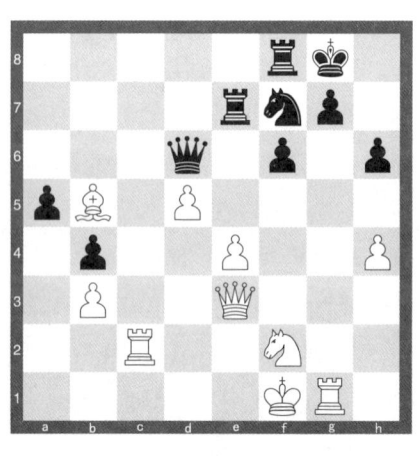

图 302

第四章 局面型弈法在实战中的运用

52.Rxf8+ Qxf8　53.Rxb2 Qf4　54.Rb8+ Kh7　55.Qc2 Re7　56.e5+ Nf5　57.Qe4 Qc1+　58.Kg2 g6　59.Rb3 1–0

白方兼具子力优势和局面优势，黑方只能认输。

直接冲中心通路兵的赢棋变化是：59.d6 Nxd6　60.Qd5 Nf7　61.e6 Qf4　62.Rf8 Qxh4　63.Rxf7+ Rxf7　64.exf7 Qe7　65.Qf3 Qf8　66.Qf6 h5　67.Nh3 h4　68.Bd5 Kh6　69.Be4 Kh7　70.Qxg6+ Kh8　71.Qh7#。

纵观全局，丁立人的棋刚柔并济，攻守兼备，尽显王者风范。在他近乎完美的局面控制面前，卡鲁阿纳纵然进行了充分的赛前准备并让白方承受了巨大的心理压力，竟然还是找不到半点机会。

第三十局

Trkaljanov, Vladimir– Ostry, Irina[B48]

2020

塔卡加诺夫——奥斯特瑞

本局棋被评为2020年残疾人国际象棋网络奥赛最佳对局奖。

1.e4 c5　2.Nf3 e6
3.d4 cxd4　4.Nxd4 a6
5.Nc3 Qc7　6.Bd3 Nf6
7.0–0 Nc6　8.Be3 Ne5
9.f4 Neg4　10.Bd2 Bc5
11.Nce2 e5　12.fxe5 Qxe5

（图303）

13.Bf4

当然不能走13.Bc3，因为有13...Qxh2#。

现在白方阻止了对方杀棋，同时弃掉了中心马。

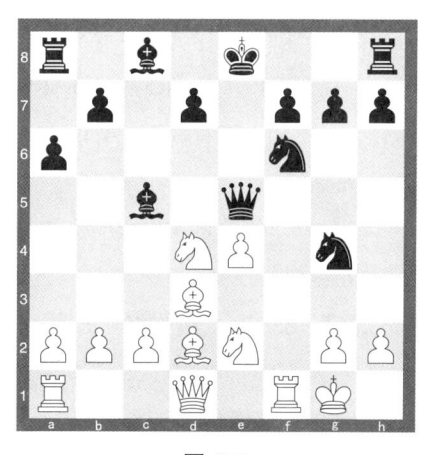

图303

13...Bxd4+　　14.Kh1 Qc5

15.Nxd4 Qxd4（图 304）

黑方放弃走 15...0-0，接受了白方的弃子。目前黑方多一子，占据子力优势。那么，黑方是否同时兼具局面优势呢？答案是否定的。黑方的王、双车和白格象均处在原始位置，子力出动不充分，相互之间不协调，特别是黑王还暴露在即将被打开的中心 e 线上。

反观白方，白王已得到妥善安置，所有进攻子力（后、双车、双象、中心兵）

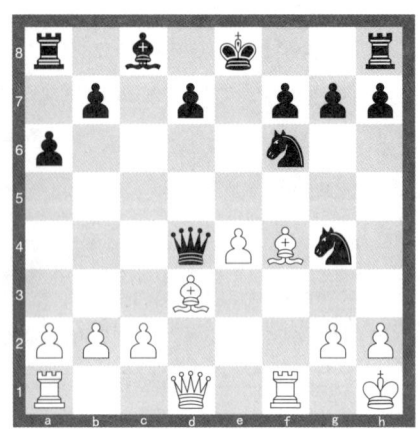

图 304

行动自如。并且，白方还拥有先手优势，即可以率先给对方形成威胁的优势。

局面评估的结论：白方有局面优势，没有子力优势；黑方有子力优势，没有局面优势。

那么，局面优势和子力优势相比，哪种优势对于局面判断或者对对局的结果起主导作用呢？

在有些局面中，当然是子力优势重要，哪怕比对手多一兵，这个兵可能导致最终的胜利。而在另外一些局面中，局面优势可能起到决定性作用，本局形成的这个局面就属于这种情况。还有第三种情况：局面优势和子力优势共存或者互相转化。例如，拥有局面优势的一方可能进一步获得子力优势。

16.e5

正是这步棋揭示了白方的优势和黑方的劣势。

16...Nf2+

若走 16...Nd5，白方将夺回弃子并展开强大攻势：17.Qxg4 0-0　18.Rad1 Qa4　19.Qh5 g6　20.Qh6 Nxf4　21.Rxf4 Qc6　22.Rh4 Re8　23.Bc4 d5　24.exd6 Be6　25.Qxh7+ Kf8　26.Qh8#。

若走 16...Nxe5，白方同样将得子得势：17.Bxe5 Qxe5（17...Qc5　18.Qe1 Qe7　19.Rxf6 gxf6　20.Bxf6 Qxe1+　21.Rxe1+ Kf8　22.Bxh8）18.Re1 d6　19.

第四章 局面型弈法在实战中的运用

Rxe5+ dxe5　20.Qe1 0-0　21.Qxe5。

**17.Rxf2 Qxf2　18.exf6 Qxf4
19.Qe1+ Kd8　20.fxg7 Rg8**

（图305）

21.Qa5+

白方保持先手优势。

21...Ke7

若走21...Qc7则有四步杀：22.Qg5+ f6　23.Qxf6+ Ke8　24.Re1+ Qe5　25.Rxe5#。

22.Re1+ Kf6　23.Qc3+ Kg5

（图306）

黑王从底线被赶至第五横线。此时，黑方依然保持多一车的子力优势，但由于双车和象都被困在底线，子力优势无法发挥。

反观白方，后、车、象积极而协调，正准备发起最后的打击。

24.Rf1

这步棋揭露了一个残酷的现实：黑方不仅是困在底线的双车和象位置很差，就连战斗在一线的黑后位置也很差。同时，所有的黑兵都没有发挥积极作用。

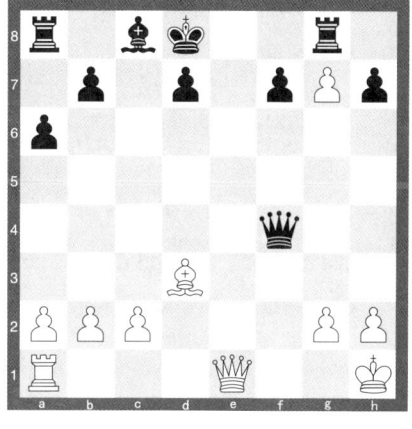

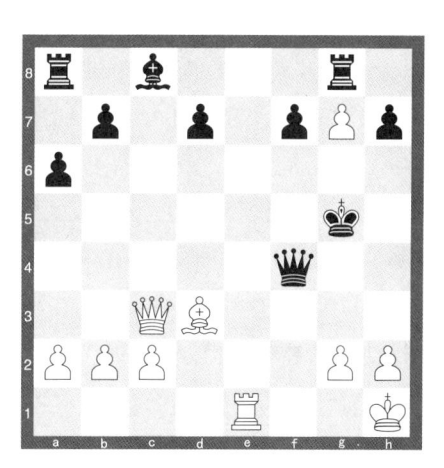

24...Qxf1+

若走24...Qd6将面临五步杀：25.Qd2+ Kh4　26.g3+ Kg4　27.h3+ Kxh3　28.Qh2+ Kg4　29.Qh4#。

**25.Bxf1 d5　26.h4+ Kxh4　27.Qf6+ Kg3　28.Kg1 Be6　29.Be2 h5
30.Qf2# 1-0**

图305

图306

第三十一局

Carlsen, M（2863）- Nepomniachtchi, I（2784）[B54]

Carlsen Inv Prelim chess24.com INT（6.1），28.04.2020

卡尔森——涅波姆尼亚奇

1.e4 c5　　2.Nf3 d6
3.d4 cxd4　4.Nxd4 Nf6
5.Bc4 Nxe4　6.Qh5 e6

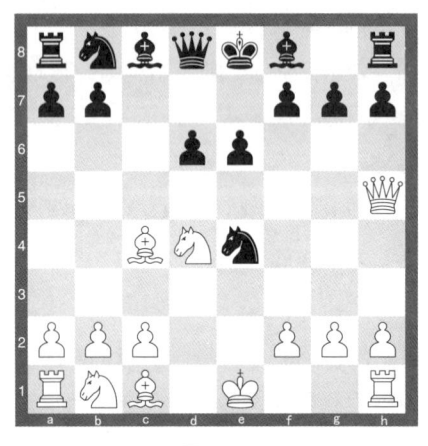

（图307）

7.Nxe6

卡尔森开局就弃兵、弃子，先声夺人，但获得的局面补偿却是不够的。较好的走法是7.Bb5+ Nd7　8.Nxe6 Nef6　9.Nxd8 Nxh5　10.Bxd7+ Bxd7　11.Nxb7 Bc6　12.Na5 Bxg2　13.Rg1 Be4　14.Nc3 Bxc2　15.Be3 Rb8　16.b3 Rc8　17.Nc4 Bd3　18.Kd2 Bxc4　19.bxc4 g6　20.Kd3 Bg7　21.Rab1 Bxc3　22.Kxc3 d5　23.c5，双方均势。

7...Bxe6　　8.Bxe6 Qe7
9.Bxf7+ Qxf7　10.Qe2 Qe7
11.O-O Nf6　12.Be3 Nc6
13.Nc3 d5　14.Qf3 O-O-O
15.Rfe1 Qd7　16.Nb5 a6

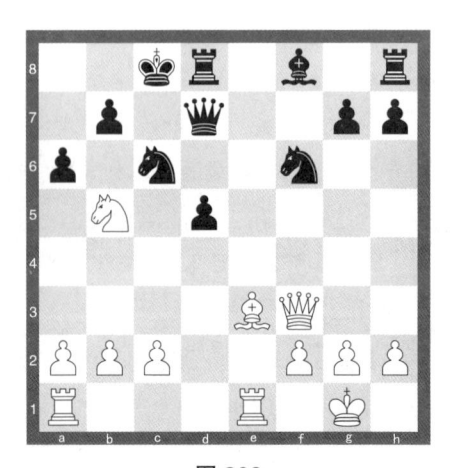

（图308）

17.a4

继在中心弃兵、王翼弃子之后，卡

尔森在后翼再弃一子。

17...Qg4

涅波姆尼亚奇寻求换后，以简化局面，保持子力优势。

实际上黑方也可以接受弃子，17...axb5 18.axb5 Nb8 19.Bb6 19...Bd6（不能走19...Re8，因为有 20.Qc3+ Qc6 21.Rxe8+ Nxe8 22.bxc6 Nxc6 23.Ra8+ Kd7 24.Qh3+ Ke7 25.Qe3+ Kf7 26.Qxe8+，白胜）20.Bxd8 Rxd8 21.Qc3+ Qc7 22.Qh3+ Rd7 23.Rad1 Bc5 24.Qf5 Qb6，黑方多子胜。

18.Qxg4+ Nxg4 19.Bb6 axb5 20.axb5 Nb8 21.Bxd8 Kxd8 22.h3 Nf6 23.Ra7 Kc7 24.Re6 Bc5 25.b6+ Bxb6 26.Re7+ Kd6 27.Raxb7 Nbd7 28.Rxg7（图309）

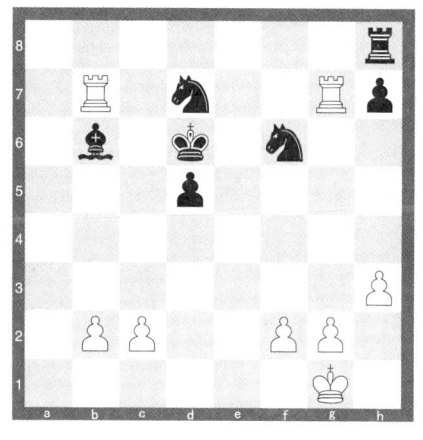

图309

白方双车虽然入侵至第七横线，但黑方子力形成了严密的防御体系。白方不但未能形成实质性的威胁，反而即将遭到子力损失。

28...Kc6 0–1

综观全局，卡尔森进行了雄心勃勃的"全方位"弃子攻击，但这种弃子是不成立的，因为不能获得足够的局面补偿。当黑方稳住阵脚并开始反击之后，白方的失败就无法避免了。

第三十二局

Ding Liren（2791）– Carlsen, M（2863）[B01]

Carlsen Inv Prelim chess24.com INT（7.1），30.04.2020

丁立人——卡尔森

1992 年，丁立人出生于浙江温州，4 岁开始学棋。2009 年，16 岁的丁立人成为中国国际象棋历史上最年轻的男子全国冠军。2018 年，他成为历史上首位进入世界冠军候选人赛的中国棋手。2021 年 11 月，在世界前 100 名棋手排行榜上，"中国一哥"丁立人排名首次升至世界第二（2799 分），仅次于世界棋王卡尔森（2855 分），成为与棋王实力最接近的中国棋手。丁立人的棋艺近年来已达炉火纯青之境界，时常战胜卡尔森。

1.e4 Nc6　2.Nf3 d5

3.exd5 Qxd5　4.Nc3 Qa5

5.d4 Bg4　6.Bb5 0-0-0

（图 310）

7.Bxc6

卡尔森选择了长易位，丁立人当机立断，以象换马，造成黑方兵形和王前阵地的削弱。

7...bxc6　8.h3 Qh5

9.Be3 Nf6　10.Qe2 Bxf3　11.gxf3 e6

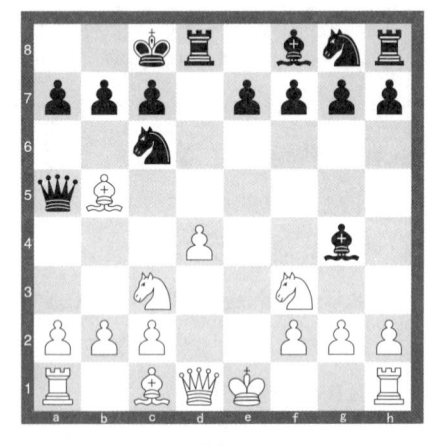

图 310

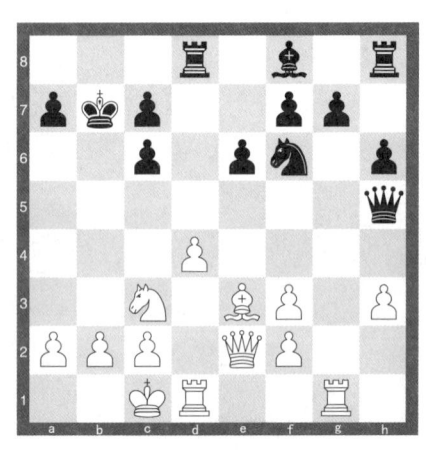

图 311

第四章 局面型弈法在实战中的运用

12.0–0–0 Kb7 13.Rhg1 h6（图311）

14.Rd3

吹响进攻的号角。白方后、车即将发起对黑王的第一波打击。

14...Rg8 15.Ne4 Be7

16.Rb3+ Kc8 17.Qa6+ Kd7

（图312）

18.Rd1

直接走 18.Rc3，准备 Qxc6 的计划不可行，因为有 18...Qb5。

现在黑王被赶至中心线上，在类似局面中，更有力的走法是18.d5，在中心弃兵，打开攻王线路。现在我们来分析一下黑方的四种应法：

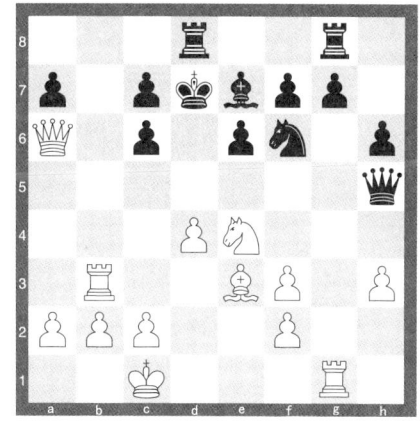

（1）18...Nxd5 19.Rd1 Qxf3 20.Nc5+ Bxc5 21.Bxc5 Qf6 22.c4 Rb8 23.cxd5 exd5 24.Rc3；

（2）18...exd5 19.Rc3 Bd6 20.Nxd6 cxd6 21.Qxc6+ Ke7 22.Bxa7 Qxh3 23.Re1+ Kf8 24.Bb6；

（3）18...cxd5 19.Qa4+ c6 20.Rb7+ Ke8 21.Nxf6+ Bxf6 22.Qxc6+ Rd7 23.Qxd7+ Kf8 24.Bc5+ Be7 25.Bxe7#；

（4）18...Ke8 19.Nxf6+ Bxf6 20.Qxc6+ Kf8 21.Bc5+ Be7 22.Qxc7 g5 23.Qxd8+ Kg7 24.Qxe7。

无论黑方如何应对，结果都是一样的：白胜。

18...Qxf3 19.Nd2

丁立人的子力调动出神入化，白马的参战让对局结果不可逆转。

19...Qxh3 20.Nc4 Ke8 21.Ne5 Bd6 22.Nxc6 Ra8 23.Qb7 Kd7 24.Ne5+ Ke7 25.Bf4 Qf5 26.Nc6+ Kd7 27.Bxd6 Kxd6 28.Ne5

白马在丁立人手中成了名副其实的"神马"。

28...Qf4+ 29.Kb1 Rgf8 1–0

图312

中心杀王已不可避免：30.Qb4+ Kd5　31.f3 Rab8　32.Qc5#。

第三十三局
Anand, V（2753）- Nepomniachtchi, I（2784）[D85]
Online Nations Cup Prelim chess.com INT（5.1），07.05.2020
阿南德——涅波姆尼亚奇

1.d4 Nf6　2.c4 g6
3.Nc3 d5　4.cxd5 Nxd5
5.Bd2 Bg7　6.e4 Nxc3
7.Bxc3 c5（图313）

涅波姆尼亚奇用自己喜爱的格林菲尔德防御迎战前世界冠军。

8.d5

兑换黑格象，造成黑方王翼黑格的空虚。

8...Bxc3+　9.bxc3 Qd6
10.Qd2

阿南德从开局开始就紧盯黑方王翼弱点，并准备加以充分利用。常规走法是 10.Nf3 0-0　11.Be2 Nd7　12.0-0。

10...0-0　11.f4 e6
12.Nf3 exd5　13.Bc4 Be6
14.0-0 d4（图314）

涅波姆尼亚奇的关注点在中心，但对己方王翼面临的危险却估计不足。

较好的走法是 14...Rd8，必要时黑后可撤至 f8 格守住黑格，尽管在

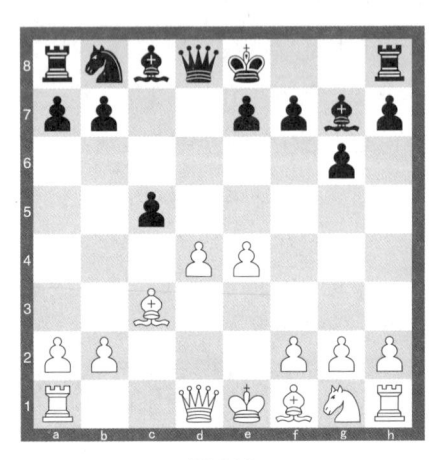

图313

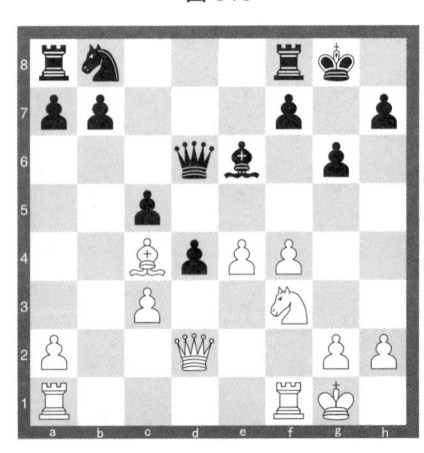

图314

15.exd5 Bf5 16.Nh4 Nd7 17.Nxf5 gxf5 18.Qd3 Nb6 19.Rad1 之后，白方取得优势。

15.f5

阿南德强力出击。若走 15.Bxe6 Qxe6 16.cxd4 Qxe4 17.Rae1 Qd5 18.Re5 Qd6 19.Rxc5，将形成均势局面。

15...Bxc4

若走 15...gxf5 16.Qg5+ Kh8 17.Qf6+ Kg8 18.Ng5 Nd7 19.Qh6 Nf6 20.Qxf6 Bxc4 21.Qxd6，白胜。

16.e5 Qd7 17.f6 1-0

涅波姆尼亚奇此时发现王翼黑格彻底失守，局面已经无可救药了。阿南德准备走 Qh6 再 Qg7，后、兵配合，绝杀无解。例如：17...Qg4（17...Bxf1 18.Qh6 Bb5 19.Qg7#）18.Qh6 Qxg2+ 19.Kxg2 Bxf1+ 20.Rxf1 dxc3 21.Qg7#。

第三十四局

Dubov, Daniil（2699）- Karjakin, Sergey（2752）[D37]

Lindores Abbey Final 8 chess24.com INT（1.31），27.05.2020

杜波夫——卡尔亚金

俄罗斯新秀杜波夫现在已经成长为世界一流高手。他下棋不拘一格，常出新意，曾经数次战胜棋王卡尔森。本局是他与前世界亚军的交锋。

1.d4 Nf6 2.c4 e6

3.Nf3 d5 4.Nc3 Be7

5.Bg5 Nbd7 6.e3 h6

7.Bf4 0-0（图315）

8.g4

局面型弃兵。杜波夫不走常见的

图 315

Bd3 再短易位的变化，他的进攻方向也不是后翼，而是在王翼展开直接攻击。

那么，黑方能不能吃 g4 兵呢？

8...c5

卡尔亚金拒吃弃兵。若走 8...Nxg4，在 9.Rg1 之后，白方将利用半开放的 g 线展开进攻，得子得势，即兼具局面优势和子力优势，以下三种变化可以证明：

a.9...Ndf6 10.h3；

b.9...Ngf6 10.cxd5 exd5 11.Bxh6 Ne8 12.Nxd5；

c.9...h5 10.cxd5 exd5 11.h3 Ngf6 12.Bh6 Ne8 13.Nxd5 Ndf6 14.Nxe7+ Qxe7 15.Rc1 Be6 16.a3 c6 17.Ne5 Bd5 18.Bd3 Qe6 19.h4 Ng4 20.Bf4 Nef6 21.f3 Nxe5 22.Bxe5 Ne8 23.Qe2 f6 24.Bf4 Rf7 25.Qg2。

9.g5 hxg5 10.Nxg5 cxd4 11.exd4 dxc4 12.Rg1 Nd5 13.Qc2 Bxg5 14.Bxg5 f6 15.Bh6 Rf7 16.Bxc4 N7b6 17.Be2 f5 18.0-0-0 Qh4

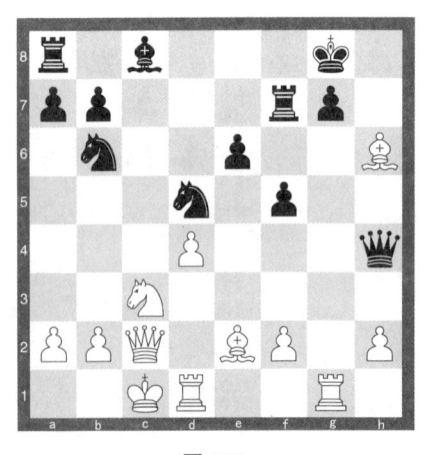

（图 316）

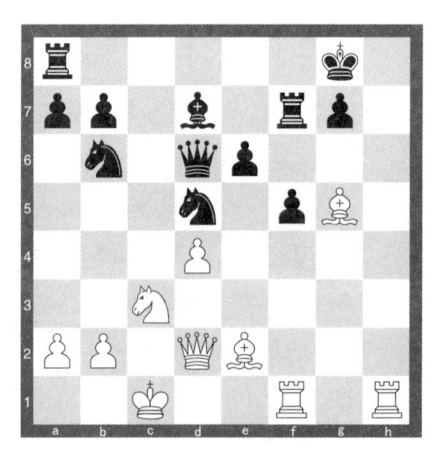

19.Bg5

尽管黑方第八步棋没有接受弃兵，但白方的攻王线路还是不可避免地被打开了。现在杜波夫计划把王翼最后两个兵全部弃掉，把半开放的 h 线变成开放线。

19...Qxf2 20.Qd2 Bd7 21.Rdf1 Qxh2 22.Rh1 Qd6（图 317）

图 316   图 317

第四章 局面型弈法在实战中的运用

白方的计划实现了。接下来的事情就很简单了：在 h 线集结重子（双车或者后车），杀王。

23.Rh3 Nxc3　24.Rfh1 Nxe2+ 25.Qxe2 Qc6+　26.Kb1 Qxh1+
27.Rxh1 Bc6　28.Rh4 Be4+　29.Ka1 Rc8　30.Qh2 1–0

杜波夫教科书式地向我们展示了：制造、控制并利用开放线在进攻中是多么重要。

第三十五局

Dubov, Daniil（2699）– Nakamura, Hi（2736）[E21]
Carlsen Tour Final 2020 chess24.com INT（1.11），09.08.2020
杜波夫——中村光

俄罗斯新秀杜波夫才华横溢，深得世界冠军卡尔森的赏识。为了更好地备战 2021 年底与涅波姆尼亚奇的世界冠军对抗赛，卡尔森特意邀请杜波夫加入了自己的幕后智囊团队。最终，杜波夫帮助卡尔森成功卫冕。

本局棋，杜波夫以闪电般的速度战胜世界快棋高手中村光，给人留下深刻印象。

1.d4 Nf6　2.c4 e6
3.Nc3 Bb4　4.Nf3 0–0
5.Bg5 c5　6.Rc1 h6　7.Bh4 cxd4　8.Nxd4 d5　9.cxd5 g5
10.Bg3 Nxd5　11.e3 Qa5　12.Bd3 Rd8　13.0–0 Nxc3（图 318）
14.Qh5

图 318

黑方王翼兵形有缺陷，黑格、白格都受到削弱。据此，杜波夫义无反顾，重拳出击。

14...Bf8

中村光回象，试图弥补黑格弱点。黑方若走 14...Nd5 逃马，可能的变化是：15.Qxh6 f5　16.Rxc8 Rxc8　17.Nxe6 Kf7　18.Nxg5+ Ke8　19.Qg6+ Kd8　20.Qg8+ Bf8　21.Qxf8+ Kd7　22.Qxf5+ Kd8　23.Qf8+ Kd7　24.Qd6+ Ke8　25.Bg6#，白方的后、车、马、象等所有的攻击子力呈现出子力协调的最佳效果。

15.Rxc3 e5（图319）

16.Bc4

杜波夫瞄准 f7 弱兵展开进攻。

16...Qc7

中村光回后，试图守住白格弱点。

17.Bxe5 Qxe5　1—0

白方的进攻已经无法抵挡。中村光若改走 17...Qe7，杜波夫将从黑格杀王：18.Qg6+ Bg7　19.Qxg7#。

黑方王翼千疮百孔，防不胜防。现在，杜波夫即将从白格杀王：18.Qxf7+ Kh8　19.Qg8#。中村光认输。

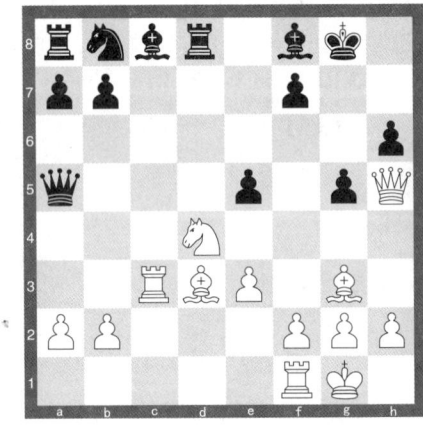

图319

第三十六局

Dvirnyy, D (2485) – Shirov, A (2647) [D12]
Online Olym Div2 C 2020 chess.com INT（4.1），15.08.2020
德弗尼——希洛夫

1.d4 d5　2.c4 c6　3.Nf3 Nf6　4.e3 Bf5　5.Nc3 e6
6.Nh4 Be4　7.f3 Bg6　8.Qb3 Qc7　9.Bd2 Be7　10.Nxg6 hxg6
11.0–0–0 Nbd7　12.cxd5 cxd5

第四章 局面型弈法在实战中的运用

13.Kb1 a6　14.Rc1 Qb8
15.h4 b5　16.a4 0-0
17.a5 Rc8　18.Bd3 Qg3
19.Rcg1（图320）
19...Rc4

典型的局面型弃半子。

如果白方不接受弃子，黑方准备Rac8，黑车在开放的c线上和第四横线上都将产生积极作用。

如果白方接受弃子，则在20.Bxc4 dxc4　21.Qc2 b4　22.Ne2 Qc7　23.e4 Rc8　24.Qa4 Qb7　25.Bf4 c3　26.Rc1 e5　27.Bxe5 Nxe5　28.dxe5 Nd7　29.h5 gxh5　30.Rxh5 g6　31.e6 fxe6　32.Rh6 Kg7　33.Rh3 Nc5　34.Qc2 Bf6　35.b3 e5　36.Rch1 Qb5　37.Nc1 Qxa5　38.Rh7+ Kg8 之后，形成动态平衡的局面。

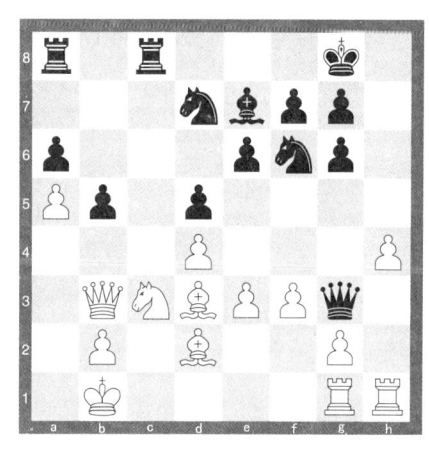

图320

20.f4

错着。这步棋不仅削弱了e4、g4两个白格，还给了黑方直接进攻的机会。

在双方异向易位对攻的局面中，进攻速度就是生命。白方应走20.h5 gxh5　21.Rh3 Qc7　22.g4 hxg4　23.fxg4 g5　24.Rgh1，加快在王翼的攻势。

20...Rac8

也可以走 20...Rxd4　21.Ne2（21.exd4 Qxd3+　22.Qc2 Qxd4）21...Rxd3 22.Qxd3 Qg4。

21.Qd1 b4　22.Ne2 Qg4
23.Nc1（图321）
23...Ne4

希洛夫在本局中第一次弃后。

24.Be2

图321

较好的走法是：24.Bxe4 Qxd1 25.Rxd1 dxe4。

白方若贪吃黑后，则很快会被将杀：24.Qxg4 Nxd2+ 25.Ka1 b3 26.Bb1 Ra4+ 27.Na2 bxa2 28.Bxa2 Nc5 29.dxc5 Rxc5 30.Qd1 Rxa2+ 31.Kxa2 Rxa5+ 32.Qa4 Rxa4#。

24...Qf5　　25.Bd3 Ndf6

26.g4 Nxg4　　27.Rxg4（图322）

27...Qxg4

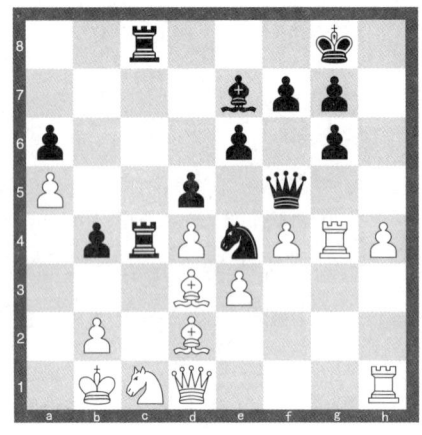

图 322

希洛夫在本局中第二次弃后。两次弃后都属于战术型弃子（引离战术），但这种弃子的机会不是凭空产生的，必须建立在局面基础之上：黑方的后、双车、马、象和b4兵的位置都非常好，并且可以协同进攻。

28.Qxg4 Nxd2+　　　　29.Ka1 Rxc1+ 0–1

白方认输。接下去是强制杀王：30.Bb1 Rxh1 31.Ka2 b3+ 32.Ka1 Rxb1#；30.Rxc1 Rxc1+ 31.Bb1 Rxb1+ 32.Ka2 b3#。

希洛夫凭借这个精彩对局荣获2020年国际棋联网络奥赛最佳对局奖。

第三十七局

Nakamura, Hi（2736）– Carlsen, M（2863）[C65]

Carlsen Tour Final 2020 chess24.com INT（2.35），16.08.2020

中村光——卡尔森

中村光，国际象棋快棋世界顶级高手，经常与世界棋王卡尔森在快棋、超快棋比赛中展开激烈争夺，互有胜负。下面这局5+3快棋对决中，我们可以看到他是如何精彩战胜世界棋王的。

1.e4 e5　　2.Nf3 Nc6　　3.Bb5 Nf6　　4.d3 Bc5　　5.Bxc6 dxc6

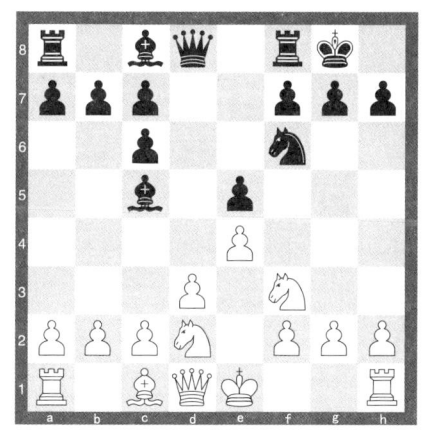

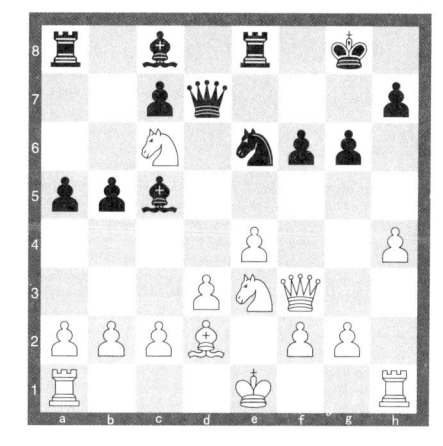

第四章 局面型弈法在实战中的运用

图 323

图 324

6.Nbd2 0-0（图 323）

西班牙开局反柏林防御形成的常见局面。

7.Qe2

当然不能走 7.Nxe5，因为有 7...Qd4　8.Nef3（8.0-0 Qxe5）8...Qxf2#。

在这里，白方把开局和中局计划结合起来，用 7.Qe2 代替常见的 7.0-0，既简单地守住 f2 兵，又保留了长易位的可能。白方的战略进攻方向在王翼。

7...Re8　　8.Nc4 Nd7　　9.Bd2 b5　　10.Ne3 Nf8　　11.h4 Ne6

12.Nxe5 a5　　13.Qh5 g6　　14.Qf3 f6　　15.Nxc6 Qd7（图 324）

16.Qxf6 Qxc6

白方弃马，以便充分利用对方的黑格弱点展开攻王行动。

目前局面，白方多三兵，黑方多一象，子力上大致均势，但由于黑方子力出动不充分并且不协调，纵然有双象也难以弥补其自身的局面缺陷。

17.Bc3

后、象携手攻王。也可以立即让马参与攻王：17.Ng4 Bf8　18.Ne5 Qd6　19.Qf7+ Kh8　20.h5（打开边线，白车也投入进攻。）20...Nd8（20...Qxe5　21.Bc3）21.Nxg6+ hxg6　22.hxg6+ Qh2（22...Bh6　23.Rxh6#）　23.Bc3+ Bg7　24.Qxe8#。

17...Rf8　　18.Qh8+ Kf7

19.Qxh7+ Ke8　20.Qxg6+ Kd7

（图 325）

21.d4

白方在长易位之前，先打开 d 线，利于从中心线进攻黑王。

21...b4　　22.dxc5 1–0

至此，卡尔森放弃抵抗。后续可能的变化是：22...bxc3　23.0-0-0+ Ke7　24.Nd5+ Kd8　25.Nb4+ Qd6　26.Nc6+ Kd7　27.Ne5+ Kd8　28.cxd6，白胜。

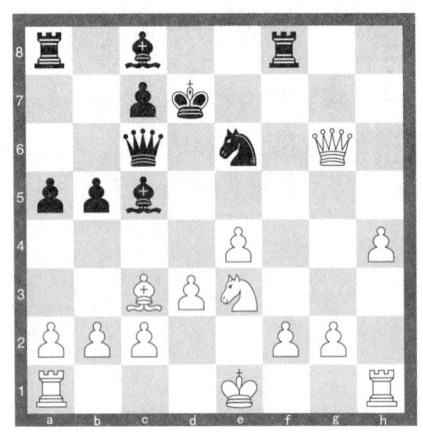

图 325

第三十八局

Carlsen, M（2863）– Nakamura, Hi（2736）[E47]

Carlsen Tour Final 2020 chess24.com INT（2.61），19.08.2020

卡尔森——中村光

1.d4 Nf6　　2.c4 e6

3.Nc3 Bb4　　4.e3 0-0

5.Bd3 c5　　6.Nge2 d5

7.a3 Bxc3+　8.bxc3 dxc4

9.Bxc4 Qc7　10.Ba2 b6

11.0-0 Ba6　12.Bb2 Nc6

13.Rc1 Rac8　14.c4 cxd4

15.exd4 Qe7　16.d5 exd5

（图 326）

17.Re1

卡尔森弃兵，目的只有一个：快速

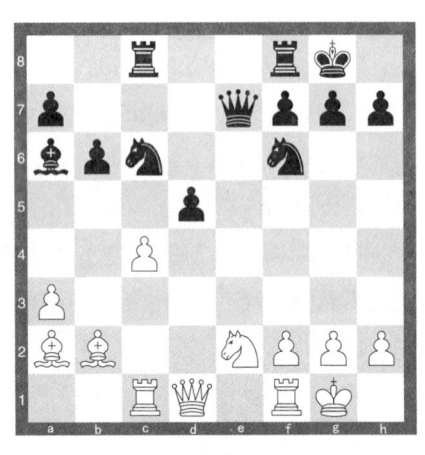

图 326

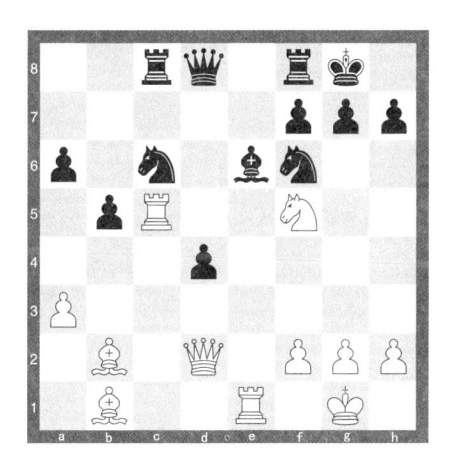

第四章 局面型弈法在实战中的运用

图 327

图 328

出子，快速攻王。

17...Bxc4　18.Ng3 Qd8　19.Bb1 b5　20.Nf5 d4　21.Qd2 Be6　22.Rc5 a6（图 327）

23.Nxg7

卡尔森连弃两兵之后再弃一马，踏破黑方王城，果然是艺高人胆大。

23...Kxg7　24.Qg5+ Kh8　25.Qh4 Rg8（图 328）

26.Rxc6

卡尔森之前弃兵是为了快速出子，弃马是为了削弱黑方的王城，都具有战略性（局面性），现在又弃车，消除黑马对 d4 兵的保护，虽然是个战术动作，但也是为了黑格象打通黑格大斜线，利于后、双象协同攻王。在这里，战术是为战略服务的。

26...Rxc6　27.Bxd4 Kg7
28.Qxh7+ Kf8　29.Qh6+ Ke8
30.Bxf6 Qa5

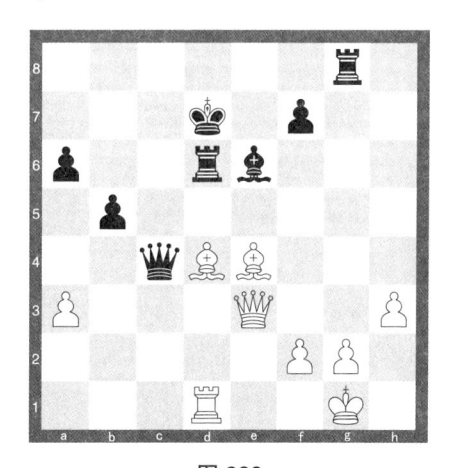

图 329

31.Qe3 Qb6　32.Rd1 Rd6　33.Bd4 Qc6　34.Be4 Qc4　35.h3 Kd7
（图329）

36.Rd2

白方的后、双象活跃而协调，而黑方虽然拥有子力优势，但滞留中心的黑王即将遭到白方的致命进攻。在发起最后的打击之前，卡尔森先调整车的位置，如果直接走36.Be5会给对方36...Rxd1+的反击机会。

36...Re8　37.Kh2

万事俱备，可以直接进攻了：37.Be5 Rxd2 38.Qa7+ Kc8 39.Qb7+ Kd8 40.Bf6+ Re7 41.Qxe7+ Kc8 42.Qb7#。

37...Bd5　38.Bf5+ Be6　39.Bd3 Qa4　40.Be5 Rd5　41.Qa7+ 1–0

准备42.Qc7#。黑方认输。

第三十九局

L'Ami, Erwin（2620） – Caruana, Fabiano（2835）[D37]
ch-Schachbundesliga 2020 Karlsruhe GER（4.1），18.09.2020

拉米——卡鲁阿纳

1.d4 Nf6　2.c4 e6
3.Nf3 d5　4.Nc3 h6
5.Bf4 Bb4　6.cxd5 Nxd5
7.Bd2 0–0　8.g3 Nxc3
9.bxc3 Ba5（图330）

10.g4

面对等级分比自己高出200多分的世界亚军，拉米不走常见的Bg2再短易位的变化，而是准备在王翼展开直接进攻，首先用g兵敲开黑方王城的大门。

10...c5　11.Rg1 Nc6

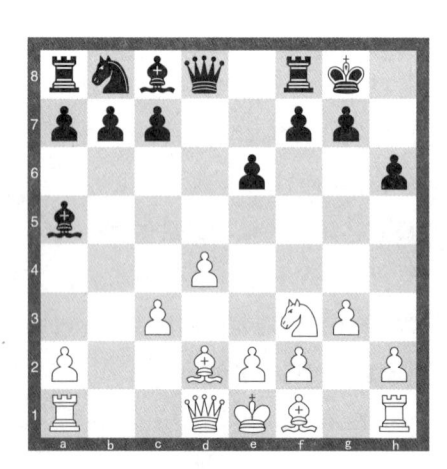

图330

第四章 局面型弈法在实战中的运用

12.dxc5 e5　13.Qc2 Re8　14.g5 g6　15.gxh6 e4　16.Ng5 Bf5 17.0-0-0 Qf6（图331）

18.Bh3

拉米邀兑白格象，同时准备弃掉黑格象，目标是打开g线，以利于后、车、马、象和h6格的白兵协同作战，进攻黑王。

18...e3　19.Bxf5 exd2+ 20.Rxd2 Re5

若走20...gxf5，则g线开放，白方闪击得后：21.Ne4+ Qg6　22.Rxg6+；

若走20...Qxf5，则有21.Qxf5 gxf5，g线的开放对黑方依然是致命的：22.h7+ Kf8（22...Kh8　23.Nxf7+ Kxh7　24.Rd6 Re6　25.Rxe6 Nd8　26.Rh6#）23.Rd7 Kg7（23...Ne7　24.h8Q+ Ng8　25.Rxf7#）24.h8Q+ Kxh8（24...Rxh8　25.Nh7+ Kxh7　26.Rd3 Bd8　27.Rh3+ Bh4　28.Rxh4#）25.Nxf7+ Kh7　26.Rd6 Re6　27.Rxe6 Bxc3　28.Rh6#。

21.Nxf7 Qxf7　22.Bxg6 Qxf2（图332）

23.Bf7+

黑方王前阵地被彻底摧毁，白方进攻的线路被全部打开。拉米现在果断弃象，由后、双车完成对黑王的将杀。

23...Kh8

若走23...Kxf7，则有24.Qh7+ Kf6　25.Rd6+ Re6　26.Qg6+ Ke5　27.Qxe6+ Kf4　28.Rg4#。

24.Qg6

不给对手喘息的机会。白方现在威胁Qg7杀王。

图331

图332

·211·

24...Rg5

卡鲁阿纳被迫弃车，以解燃眉之急。若走 24...Rxe2 则 25.Qg7#。

25.Rxg5 Bxc3　26.Kc2 Ne7

27.Qe4 Bf6　28.Re5 Rf8

29.e3 Qf1　30.Bc4 Qa1

31.Rxe7 Qc3+　32.Kd1 Qa1+

33.Kc2 Qc3+　34.Kd1 Qa1+

35.Ke2 Bxe7（图333）

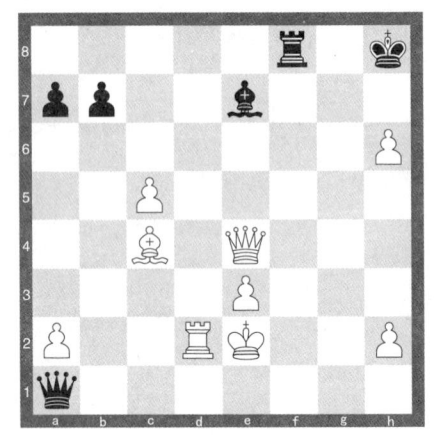

36.Qd4+

当然不能走 36.Qxe7，否则有 36...Qf1#。

现在白方有多三兵的优势，逼兑皇后正当其时。

36...Qxd4　37.exd4 Rf4

38.Bd5 Bf6　39.Ke3 Rh4

40.Rd3 Rh3+　41.Kd2 Rxh2+

42.Kc3 Kh7　43.Bxb7 Rxa2

44.Kb3 Ra1　45.c6 Bd8

46.d5 Ba5　47.d6 Rc1

48.Rd5 Bd8（图334）

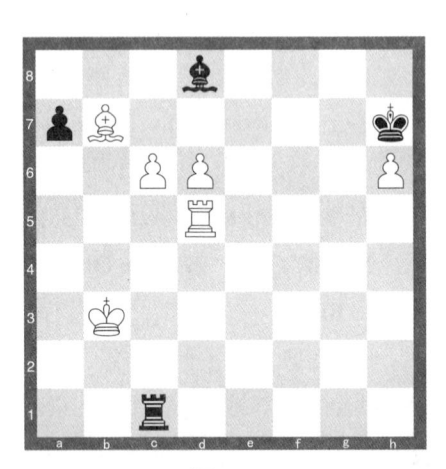

若走 48...Bb6，则有 49.Rh5 Bc5 50.Rxc5 Rxc5　51.d7 Rd5　52.c7 Rxd7　53.Be4+ Kxh6　54.c8Q Rf7　55.Qg4，白胜。

49.Rd4　1–0

拉米准备接走 Rc4 兑换黑车，并冲兵 c7。白兵升变无法阻挡，卡鲁阿纳认输。

本局棋被评为 2020 年度世界最佳对局之一。

第四十局

Duda，J（2757）– Carlsen，M（2863）[B15]
8th Norway Chess 2020 Stavanger NOR（5.1），10.10.2020
杜达——卡尔森

挪威超级大赛诞生于2013年，通常每年夏天举行一届，每轮比赛必须分出胜负，如果慢棋打平则进行突然死亡加赛。2020年，因受全球新冠肺炎疫情影响，第八届挪威超级大赛从6月推迟至10月举行，成为新冠肺炎疫情以来的首个线下超级赛事。也正是在这次比赛中，波兰头号棋手杜达战胜世界冠军卡尔森，终结了现任棋王125盘慢棋不败的纪录。

| 1.e4 c6 | 2.d4 d5 | 3.Nc3 dxe4 | 4.Nxe4 Nf6 | 5.Nxf6+ exf6 |
| 6.c3 Bd6 | 7.Bd3 0–0 | 8.Qc2 Re8+ | 9.Ne2 h5 | 10.Be3 Nd7 |

11.0–0–0

杜达选择了长易位，准备与卡尔森比拼对攻速度。

11...b5 12.d5（图335）

12...c5

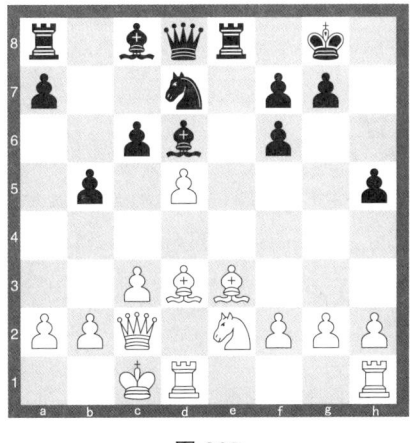

图335 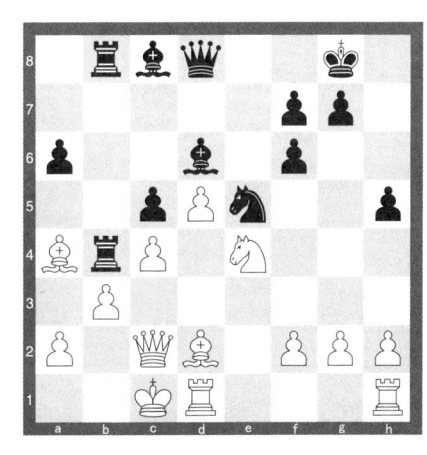   **图336**

卡尔森弃掉 b5 兵，意在打开 b 线，快速出子、攻王。

13.Bxb5 Rb8　14.c4 a6　15.Ba4 Re7

卡尔森开始向后翼调集子力。

16.Ng3 Ne5　17.Ne4 Reb7　18.b3 Rb4　19.Bd2（图 336）

19...Rxa4

一切都在卡尔森的计划之中：弃半子打开 b 线，率先对白王展开进攻，在两翼对攻中占得先机。如果稍有退缩，即将陷入败势：19...R4b7　20.f4 Ng4　21.h3 Nh6　22.g4 hxg4　23.hxg4 f5　24.Nxd6 Qxd6　25.g5 Ng4　26.Qc3 Rb6　27.Qh3，白胜。

20.bxa4 Bf5　21.Rde1 h4　22.h3 Ng6　23.Re3 Nf4　24.g4 Bg6　25.Kd1

杜达走得很精确。白王限制黑马的活动，进而阻止黑方的反击。若走 25.Rb3，则有 25...Ne2+　26.Kd1 Rxb3　27.axb3 Qe7　28.f3 Nd4，黑优。

25...f5　26.Nxd6 Qxd6

27.gxf5 Bh5+　28.f3 Qf6

29.Bc3 Qg5　30.Qe4

更好的走法是：30.Rhe1 Kh7　31.Bd2 Qg3　32.Rb3 Rxb3　33.Qxb3 Bxf3+　34.Kc1 Nh5　35.Re3 Qg1+　36.Kb2 Qf2　37.Qd3 Nf4　38.Qc2 Bg2　39.Re7 Bf1　40.Rxf7 Kg8　41.Re7 Bxh3　42.d6，白胜。

30...Qg2　31.Rhe1 Qxa2

（图 337）

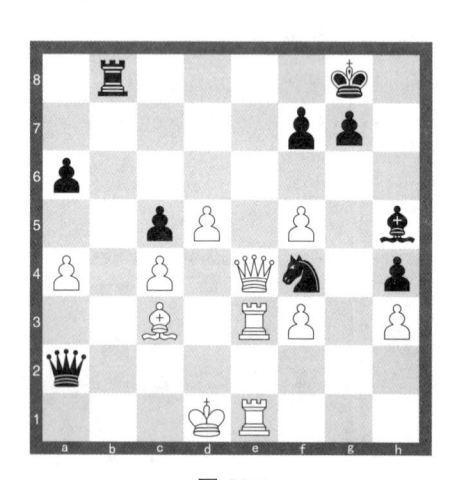

卡尔森竭尽全力进攻，黑后从中心杀入王翼再杀入后翼，现在威胁 Rb1+。

32.Qc2

杜达只用一招就化解了黑方的所有威胁。在控制住局面、确保白王安全之后，他的子力优势开始发威。

图 337

第四章 局面型弈法在实战中的运用

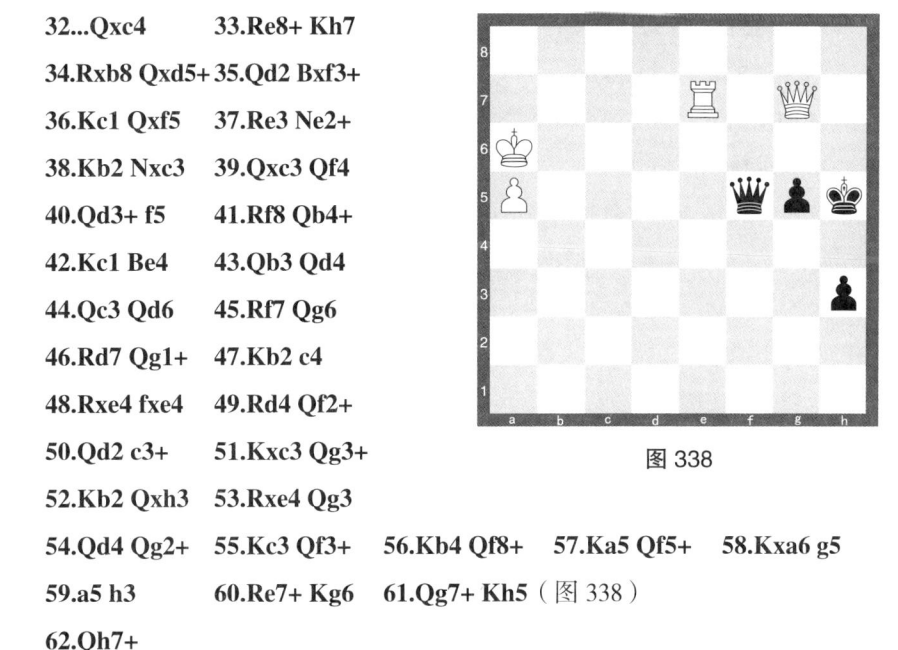

32...Qxc4	33.Re8+ Kh7
34.Rxb8 Qxd5+	35.Qd2 Bxf3+
36.Kc1 Qxf5	37.Re3 Ne2+
38.Kb2 Nxc3	39.Qxc3 Qf4
40.Qd3+ f5	41.Rf8 Qb4+
42.Kc1 Be4	43.Qb3 Qd4
44.Qc3 Qd6	45.Rf7 Qg6
46.Rd7 Qg1+	47.Kb2 c4
48.Rxe4 fxe4	49.Rd4 Qf2+
50.Qd2 c3+	51.Kxc3 Qg3+
52.Kb2 Qxh3	53.Rxe4 Qg3
54.Qd4 Qg2+	55.Kc3 Qf3+	56.Kb4 Qf8+	57.Ka5 Qf5+	58.Kxa6 g5
59.a5 h3	60.Re7+ Kg6	61.Qg7+ Kh5	（图338）

图338

62.Qh7+

最后的兑换。若 62...Qxh7 63.Rxh7+ Kg6 64.Rxh3，白胜。

62...Kg4　63.Re4+　1–0

眼看黑后要丢，卡尔森认输。这是他两年零两个月以来在慢棋比赛中首尝败绩。

第四十一局

So，W（2770）– Nakamura，H（2736）[C65]
2020
苏伟利——中村光

自"棋坛怪杰"菲舍尔之后，美国再无棋手夺得国际象棋世界冠军，但随着卡鲁阿纳、阿罗尼安、苏伟利、多明格兹等超级棋手的加入，美国的国际象棋水平和发展环境越来越好。本局即是两位美国顶尖高手的精彩表演。

| 1.e4 e5 | 2.Nf3 Nc6 | 3.Bb5 Nf6 | 4.d3 Bc5 | 5.c3 d5 |
| 6.exd5 Qxd5 | 7.Bc4 Qd6 | 8.Qe2 0–0 | 9.Bg5 Bf5 | 10.Bxf6 Qxf6 |

11.Nbd2 Bb6　12.Ne4 Qe7

13.Ng3 Bg6　14.h4 h6

15.h5 Bh7　16.Nh4（图 339）

16...Rad8

黑方应走 16...Kh8，避开白方白格象的牵制，阻止白方下一步 Ng6 的进攻。

17.Ng6 Qg5　18.Ne4

白方弃掉 g2 兵，把 g 线变成半开放线，利于后续攻王行动。

18...Qxg2

黑方若不接受弃兵，一种可能的变化是：18...Qf5　19.g4 Qd7　20.Qf3 Bxg6　21.hxg6 Qe7　22.g5 Na5　23.Nf6+ gxf6　24.gxf6 Qd7　25.Rxh6 Rfe8　26.gxf7+ Kf8　27.Rh8#。

19.0–0–0 Bxg6　20.hxg6

如果急于走 20.Rdg1，则有 20...Bxe4　21.Rxg2 Bxg2　22.Rg1 Bd5，形成均势局面。

20...Qxg6（图 340）

21.Rdg1

白方连弃两兵，换来 g 线、h 线两条半开放线，从而为后、双车、马、象的协同进攻开辟了广阔天地。

21...Qf5

若走 21...Qh7，则有 22.Nf6+ Kh8　23.Nxh7。

22.Rxh6

也可走 22.Rg5 Qf4+（22...hxg5　23.Qh5，绝杀无解。）　23.Kb1 Rd6　24.Qh5 Bxf2　25.Rg2 Bh4　26.Rg4 Qe3　27.Nxd6 cxd6　28.Qxh4，白胜。

图 339

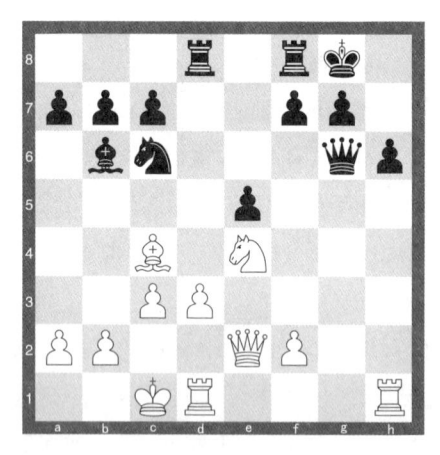

图 340

22...Qf4+　　23.Qd2 Qxe4

另外两种变化也是白胜：

（1）23...Qxh6　24.Qxh6 Be3+　25.fxe3 g6　26.Rxg6#；

（2）23...Qxd2+　24.Kxd2 Rfe8　25.Rhg6 Kf8　26.Rxg7 Rd7　27.Nf6 Red8　28.Rh7 Na5　29.Nxd7+ Rxd7　30.Be6 fxe6　31.Rxd7。

24.Rhg6 Qh4　25.Rxg7+ Kh8

（图341）

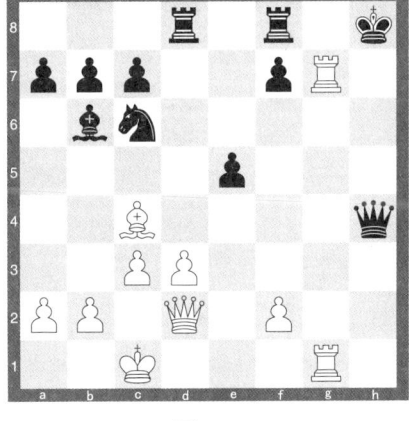

26.R7g4

图341

g线和h线由半开放线进一步演化为两条开放线，白方后、双车和白格象完美配合，即将对黑王发起最后一击。现在白方可以五步杀王：26.Qg5 Qxg5+　27.R7xg5 Be3+　28.fxe3 Rd6　29.Rh1+ Rh6　30.Rxh6#。

26...Qh7　27.Qg5 f6　28.Qh4　1-0

黑方认输。本局再次生动地说明了：制造、控制、利用开放线在进攻中是多么重要。

第四十二局

Nakamura, Hi（2736）- Shankland, S（2691）[A00]

ch-USA 2020 lichess.org INT（8.1），28.10.2020

中村光——尚克兰德

1.g3 d5　　2.Bg2 e5　　3.d3 Nf6　　4.Nf3 Bd6　　5.Nc3 c6

6.e4 0-0　　7.0-0 h6　　8.Nh4 Be6　　9.Nf5 Bc7　　10.Qf3 Re8

11.g4 dxe4　　12.dxe4 Nh7　　13.Rd1 Nd7　　14.h4 Qf6　　15.Qg3 g5

16.hxg5 hxg5（图342）

17.Rd3

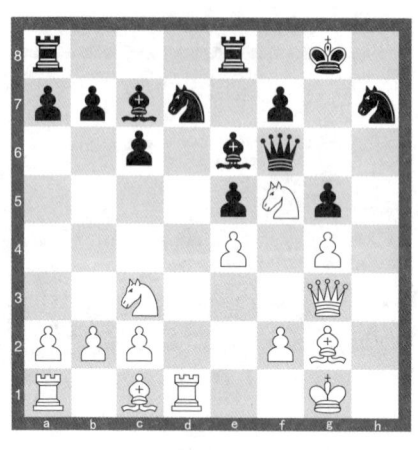

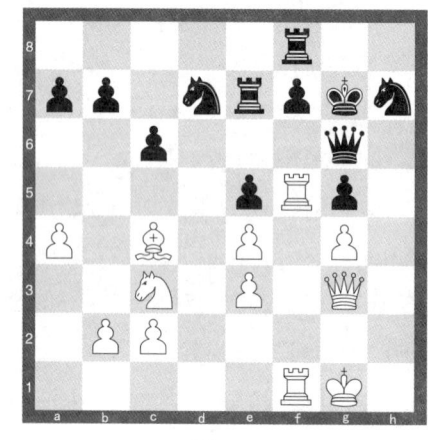

图 342

图 343

车的横向调动，从 d 线调至 f 线参与进攻。

17...Rad8　　18.Rf3 Qg6　　19.Be3 Ndf6　　20.Bf1 Bb6　　21.Bd3 Bxe3
22.fxe3 Bxf5　　23.Rxf5 Nd7　　24.Bc4 Re7　　25.Raf1

在 f 线叠车，与白格象一起给黑方施加压力。

25...Rf8　　26.a4 Kg7（图 343）

27.Ne2

继续优化子力位置，白方计划 Ne2-g3-h5，白马直接参与攻王行动。

27...Nhf6　　28.Qg2 Ne8　　29.Ng3 f6　　30.Rd1 Rh8　　31.Nh5+ Rxh5

黑方无法容忍这个马。如果不吃马，白方将赢得更轻松，列举两种变化：

31...Kf8　32.Qf3 Reh7　33.Rxd7 Rxd7　34.Nxf6 Ke7（34...Nxf6　35.Rxf6+ Ke8　36.Rxg6）35.Rxe5+ Kd8　36.Nxd7 Kxd7　37.Bf7 Qd6　38.Bxe8+ Rxe8　39.Rxg5；

31...Kh7　32.Qh3 Kh7　33.Nxf6+ Kg7　34.Nh5+ Rxh5　35.gxh5 Qh6　36.Rf7+ Rxf7　37.Rxd7 Nd6　38.Bxf7 Nxf7　39.Qf5 Qxh5　40.Qxe5+ Kg8　41.Qf5 Kg8　42.e5 Ke8　43.Qe6+ Kf8　44.Qe7+ Kg8　45.Qe8+ Kg7　46.e6。

32.gxh5 Qxh5（图 344）

33.Be2

白格象此前从王翼调往后翼，现在又抓住机会从后翼调往王翼，计划 Be2-

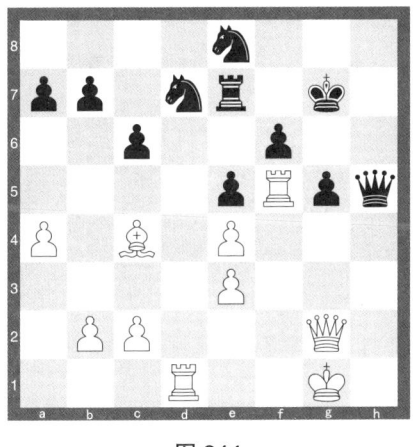

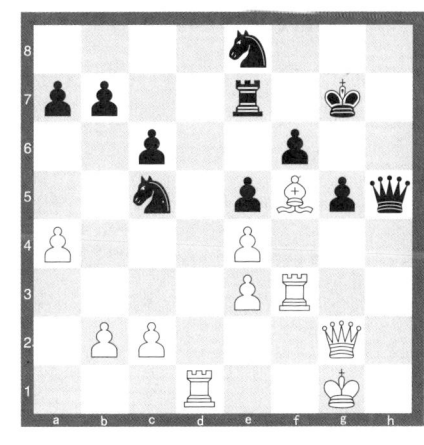

图 344

图 345

g4–f5，在 f5 格最有利于配合后、车进攻。

33...Qh4　34.Bg4 Nc5　35.Rf3 Qh7　36.Bf5 Qh5（图 345）

37.Rd2

更好的走法是 37.Kf2（给 d1 车让路，王的经典调动）37...Nxa4　38.Rh1 Qf7　39.Rh7+ Kg8　40.Rxf7。

37...Qh4　38.Rh3 Qe1+　39.Kh2 Kf7　40.b4 Ne6（图 346）

41.Bxe6+

干脆利落的兑换，有利于白方后、双车攻王。

41...Kxe6

41...Rxe6　42.Rd7+ Re7　43.Rh7+Ng7　44.Rxe7+ Kxe7　45.Rxg7+ Kf8　46.Rxb7，白胜。

42.Rd8 Ng7

42...Qxb4　43.Rh8 Ng7　44.Qh3+ Kf7　45.Rdf8+Kg6　46.Qh6#。

43.Qf3 Re8　44.Rd1 Qxb4

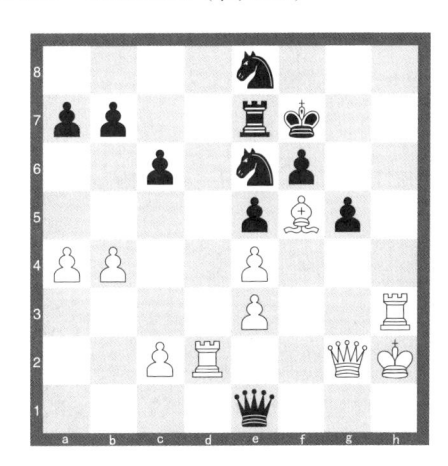

图 346

45.Rh6 Qf8　46.Qh3+ Kf7　47.Rd7+ Re7　48.Rh8 1–0

世界一流高手为我们进行了子力调动的示范，展现了子力的动态价值和协同进攻的力量。

第四十三局

Alisa Galliamova（2438）– Alina Kashlinskaya（2494）[E61]
Russian Championship Superfinal（Women） Moscow RUS（7），12.12.2020

加里娅莫娃——卡什琳斯卡娅

1.Nf3 Nf6	2.c4 g6	3.d4 Bg7	4.e3 0–0	5.Be2 d6
6.0–0 Nbd7	7.Nc3 e5	8.b4 e4	9.Nd2 Re8	10.Bb2 Nf8
11.a4 h5	12.Qb3 N8h7	13.Rfc1 Bf5	14.a5 a6	15.b5 c6
16.bxc6 bxc6	17.Qd1 Ng5	18.Bf1 Bg4	19.Qe1 Qd7	20.Ba3 Rad8
21.c5 d5	22.Rcb1 Qf5	23.Rb6 Rc8	24.Rxa6 Bh6	25.Qb1 Ne6
26.Ra2 Qg5	27.Rb6 Bf5	28.Qe1 Ng4	29.Nd1 Qh4	30.h3

（图347）

30...Ng5

算度深远的局面型弃子，目的是打通h线，准备集结子力从h线攻破白方王城并杀王。若走30...Nf6逃马，则有31.g3 Qg5 32.f4 exf3 33.Nxf3，黑后被捉死。

31.hxg4

如果不接受弃子而走31.g3，仍然难逃被将杀的命运：31. Nxh3+ 32. Bxh3（32.Kg2 Nf4+ 33.exf4 Qh2#）

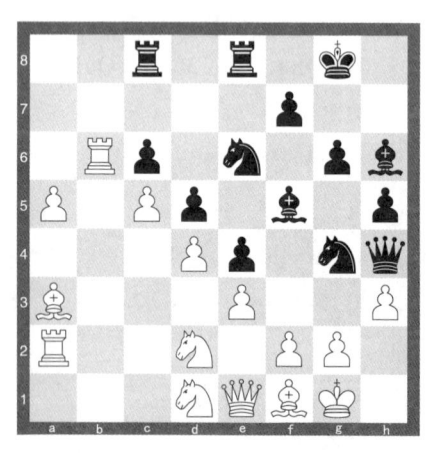

图347

32...Qxh3　33.Nf1 Kg7　34.a6 Bg5　35.a7 h4　36.Rbb2 Rh8　37.f4 hxg3　38.Nxg3（38.Qxg3 Qh1#）**38...Bh4　39.Rh2 Nxh2　40.Rxh2 Qxg3+　41.Qxg3 Bxg3　42.Rg2**

Rh3 43.Bc1 Bg4 44.Nc3 Bf3 45.Nd1 Rch8 46.a8Q Rh1#。

31...hxg4　　32.g3 Qh5

33.f4 gxf3　　34.Nf2（图348）

32...Kg7

非常典型的子力调动。黑王为黑车进入h线参与攻王铺平道路。

35.Ba6 Rc7　　36.Nf1 Rh8

37.Bb7 Bh3　　38.a6

若走38.Nxh3则有四步杀：38...Nxh3+ 39.Kh1（39.Kh2 Nf2+ 40.Kg1 Qh1+ 41.Kxf2 Qg2#）39...Nf2+ 40.Kg1 Qh1+ 41.Kxf2 Qg2#。

38...Bg2　　39.a7（图349）

一幅漂亮的图画。白方a兵升变在即，而黑方在王翼的攻击兵团也刚好全部部署到位，在h线上的制胜一击已经势不可挡。

39...Qh1+

非常壮观的战术打击。

40.Nxh1 Nh3+ 41.Kh2 Bxe3 0–1

黑方攻势犹如泄闸的洪水，杀棋已无法避免，白方认输。

四种杀棋变化如下：

a. 42.a8Q Bg1#；

b. 42.Qxe3 Nf4+ 43.Kg1 Rxh1+ 44.Kf2 Rxf1#；

c. 42.g4 Nf2+ 43.Kg1（43.Kg3 Nxh1#）43...Rxh1#；

d. 42.Nxe3 Nf4+ 43.Kg1 Rxh1+ 44.Kf2 Nh3#。

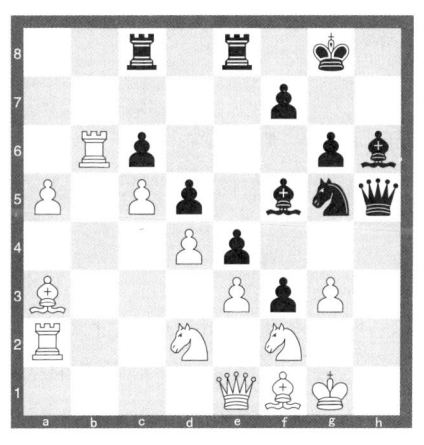

图348

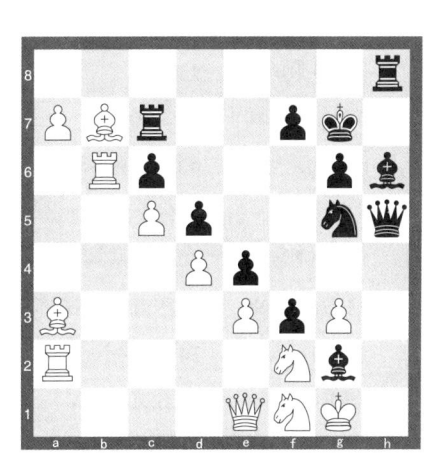

图349

本局棋荣登 2020 年度世界最佳对局排行榜。

第四十四局

Carlsen, M（2862）- Dubov, Daniil（2702）[A15]
Airthings Masters KO 2020 chess24.com INT（1.13），29.12.2020
卡尔森——杜波夫

2020 年的 Airthings 大师赛堪称杜波夫职业生涯的高光时刻。这位俄罗斯新秀和现任棋王卡尔森之间尽管有着高达 160 分的等级分差距，但杜波夫有如神助，在这次比赛中竟然三度战胜卡尔森并将其淘汰出局，最终与另外三位顶尖大师（瓦谢尔·拉格拉夫、阿罗尼安、拉迪亚波夫）晋级四强。下面这个精彩对局即是杜波夫对卡尔森三个胜局中的一个。

1.Nf3 Nf6   2.c4 e6
3.Nc3 c5   4.e3 a6
5.d4 d5   6.cxd5 exd5
7.g3 Nc6   8.Bg2 c4
9.0-0 Bb4   10.Ne5 0-0
11.Bd2 Re8   12.Nxc6 bxc6
13.b3 Bxc3   14.Bxc3 Ne4
15.Rc1 a5   16.bxc4 Ba6
17.f3 Nxc3   18.Rxc3 Bxc4
19.Rf2 Qg5   20.Qc1（图 350）

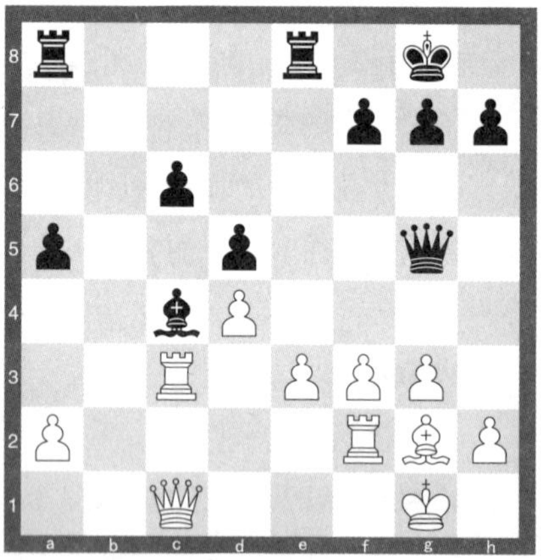

图 350

行棋至此，双方后、双车和象的子力位置优劣已经形成了鲜明对比。

20...h5

h 兵的活跃加大了黑方对白方王城的局面压力。

21.Bf1 Bxf1

兑换白格象，削弱白方王翼的白格，有利于黑方后、车、兵的进攻。

第四章 局面型弈法在实战中的运用

22.Kxf1 Rab8

杜波夫不走 22...Rac8，他计划用 c6 兵（半开放线上的落后兵）换取白方的 e3 兵，让黑车进入 e3 格，加大对白方王城的压力。

23.Rxc6 h4　24.Kg2 Rxe3

（图 351）

白方此时应采取怎样的行棋策略？进攻还是防御？

25.Rc8+

卡尔森对己方王城面临的威胁估计不足。

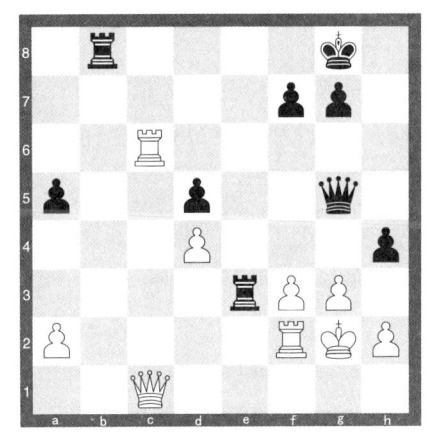

图 351

较好的走法是 25.Rc3 Rbe8　26.Rxe3 Qxe3　27.Qxe3 Rxe3　28.Rd2，消除黑方威胁，保持均势。

25...Rxc8　26.Qxc8+ Kh7　27.Qd7 f6　28.Qb5（图 352）

28...Qf5

杜波夫行棋精准而有力。黑后虽然仅仅移动了一个格子，却从后翼、中心

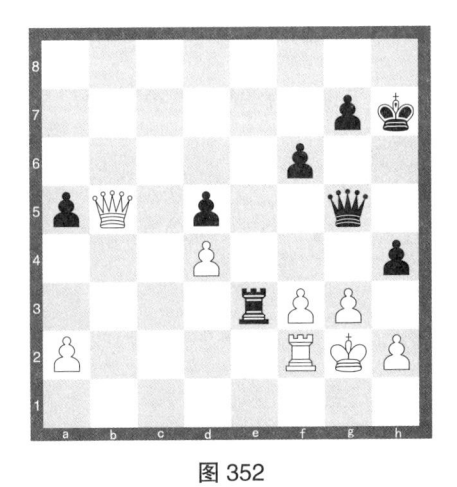

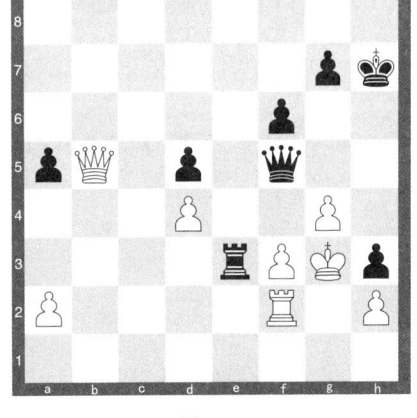

图 352

图 353

和王翼对白王形成了全方位的威胁。

29.g4

若走 29.Qxa5 则面临十步杀：29...h3+ 30.Kg1 Qb1+ 31.Rf1 Qc2 32.Rf2 Re2 33.Rxe2 Qxe2 34.Qd2 Qxd2 35.Kf1 Qxh2 36.g4 Qg2+ 37.Ke1 h2 38.f4 h1Q#。

29...h3+ 30.Kg3（图 353）

若走 30.Kxh3 则有 30...Rxf3+ 31.Rxf3 Qxf3+ 32.Kh4 g5+ 33.Kh5 Qh3#。

30...Qe4

黑后又移动了一个格子，却依然有千钧之力。黑方既保持对 f3 兵的压力，又为 f 兵的冲锋让出了通道。

31.Qxa5

卡尔森为胜利而战，问题是纵然有了 a 线通路兵，远水却解不了近渴。白方应走 31.Qf1，先解除迫在眉睫的威胁，在 31...Kg8 32.Qxh3 Qxd4 33.Qh5 Qc4 34.Rb2 之后，保持均势，再图反击。

31...f5 32.gxf5

32.Kxh3 Qxg4#；32.g5 Qg4#。

32...Qxf5 33.Qb5 Re6

黑方的后、车、兵形成了完美的配合，准备发起最后阶段的打击。

34.Re2 Rg6+ 35.Kf2 Qf4 36.Qb1

36.Kf1 Qxd4 37.Rb2 Rg1+ 38.Ke2 Rg2+ 39.Ke1 Qe3+ 40.Kd1 Qg1+ 41.Qf1 Qxf1#。

36...Kh6 37.Qd3 Qxh2+ 38.Ke3 Re6+ 0–1

看到了 39.Kd2 Rxe2+ 40.Qxe2 Qxe2+ 41.Kxe2 h2 42.Ke3 h1Q 的变化，卡尔森无奈认输。

第四十五局

Esipenko, Andrey（2677）- Carlsen, M（2862）[B84]

83rd Tata Steel Masters Wijk aan Zee NED（8.1），24.01.2021

埃斯彭科——卡尔森

1.e4 c5　　2.Nf3 d6
3.d4 cxd4　4.Nxd4 Nf6
5.Nc3 a6　　6.Be2 e6
7.Be3 Be7（图354）

8.g4

面对世界棋王，俄罗斯18岁天才少年埃斯彭科不走寻常的8.0-0，而是在王翼展开直接攻击，大有初生牛犊不怕虎之势。

8...b5　　9.g5 Nfd7

10.a3

为了获得王翼进攻线路，埃斯彭科果断弃掉g5兵。若走10.Qd2 Bb7　11.a3 0-0　12.0-0-0，对局将进入常规轨道。

10...Bxg5　11.Qd2 Bxe3
12.Qxe3 Qh4（图355）

13.Rg1

黑方子力出动不充分且不协调，而白方子力已基本部署到位，即将发起快速攻王行动。

13...g6

卡尔森不得不谨慎应对，如果继

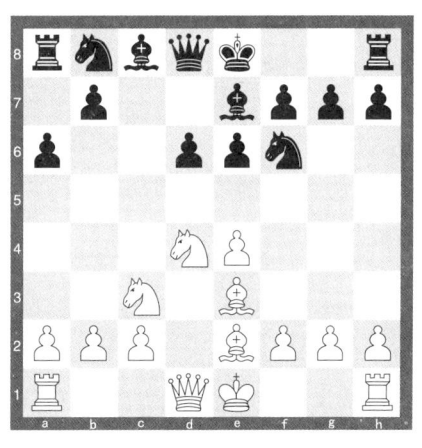

图 354

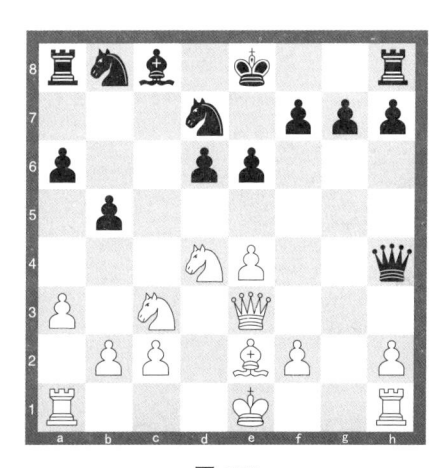

图 355

续接受白方的弃兵、弃子，后果将难以承受：13...Qxh2　14.Rxg7 Qh1+　15.Kd2 Qxa1　16.Nxe6 Qxb2（16...fxe6　17.Qg5 Nc6　18.Bh5+ Kf8　19.Rf7+ Ke8　20.Rf4#）17.Qg5 fxe6　18.Qe7#。

14.0-0-0 Qe7

黑后进而复退，白方则抓紧时间完成了全部子力的出动。

15.f4 Bb7　16.Kb1 Nc6

17.Ncxb5 axb5 18.Nxc6 Bxc6

19.Qc3 0-0　20.Qxc6 d5

21.exd5 Rfc8（图356）

22.d6

若随手走22.Qxb5将铸成大错：22...Rcb8　23.Qc6 Qxa3　24.b3 Qa1#。

22...Qd8

如果换后只会让白方赢得更轻松：22...Rxc6　23.dxe7 Rc7　24.Bxb5 Re8　25.Rxd7 Rxe7　26.Rxe7 Rxe7　27.Rd1。

23.Qxb5 Rcb8　24.Qc4 Rxa3

25.Qc7 Qe8（图357）

黑后被困底线，黑马则"退化"为一个纯粹防御的角色。白方子力位置好且多一通路兵，给黑方施加了很大的局面压力。接下来该如何推动局面向前发展呢？

26.Rg5

漂亮的子力调动。埃斯彭科计划走Rg5-a5换车，白格象紧接着也要披挂上阵。

26...Ra4　27.Ra5 Rab4

若走27...Rxa5，28.Qxa5 Rb6　29.Bb5 Qb8　30.c4 Rxd6　31.Rxd6 Qxd6　32.

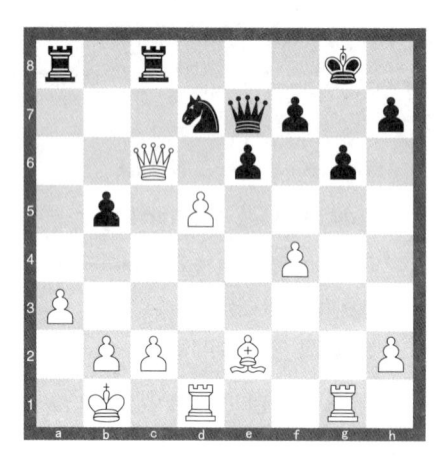

图356

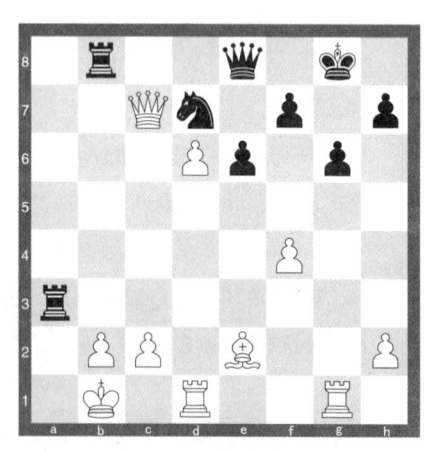

图357

第四章 局面型弈法在实战中的运用

Qd8+Kg7 33.Qxd7，白方得子胜。

28.b3 R4b7 29.Qc3 Qd8

30.Bf3 Rb4（图358）

31.Qc7

埃斯彭科在本局中第二次主动换后，堪称"制胜的兑换"。

31...Qf6

卡尔森被逼无奈，放弃黑马，做最后一搏。

若走31...Qxc7，则有32.dxc7 Rc8 33.Rxd7。而若走31...Qe8，同样要丢子：32.Bc6 Rd8 33.Ra7 h6 34.Bxd7。

32.Ra8

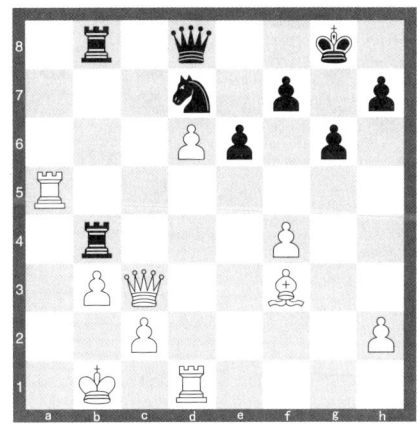

图358

最后关头仍不可大意：32.Qxd7 Rxb3+ 33.cxb3（33.Kc1 Qxf4+ 34.Rd2 Rb1#） 33...Rxb3+ 34.Kc2 Qb2#。

32...Rxa8 33.Bxa8 Qf5 34.Kb2 Rb5 35.Qxd7 Rc5 36.Rc1 Qxf4 37.Qe8+ Kg7 38.d7 1-0

这盘精彩的胜局让埃斯彭科一战成名，俄罗斯罗斯托夫州国际象棋协会奖励给他一套一居室的住房。这就是"一盘棋赢一套房"的故事。

第四十六局

Caruana, F（2842）- Vachier Lagrave, M（2767）[B97]
FIDE Candidates 2020 Yekaterinburg RUS（8.1），19.04.2021

卡鲁阿纳——瓦谢尔·拉格拉夫

1.e4 c5 2.Nf3 d6 3.d4 cxd4 4.Nxd4 Nf6 5.Nc3 a6 6.Bg5 e6 7.f4 Qb6（图359）

法国名将瓦谢尔·拉格拉夫是当代最擅长下西西里防御的超级棋手之一。

图 359

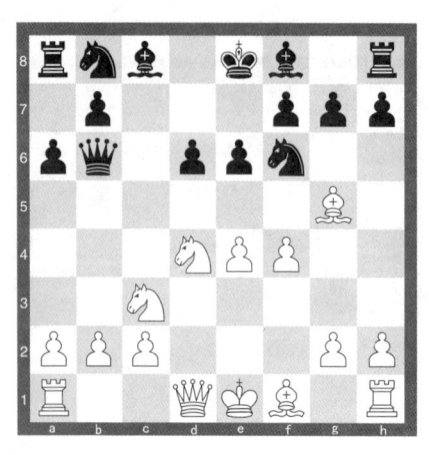

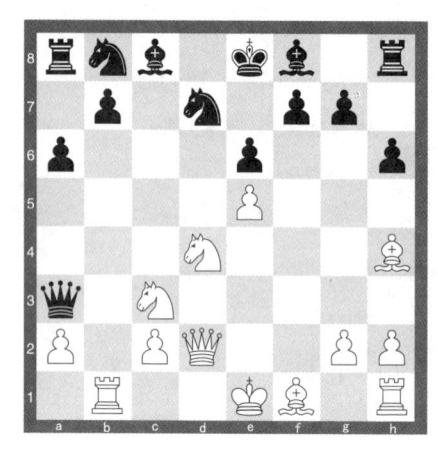

图 360

作为2021年世界冠军候选人赛的热门出线人选，他祭出了自己钟爱的毒兵变例向世界亚军卡鲁阿纳发起冲击。

8.Qd2 Qxb2

卡鲁阿纳弃掉了第一个兵。

9.Rb1 Qa3　10.e5 h6　11.Bh4 dxe5　12.fxe5 Nfd7（图360）

13.Ne4 Qxa2

卡鲁阿纳弃掉了第二个兵。

14.Rd1 Qd5　15.Qe3 Qxe5

卡鲁阿纳弃掉了第三个兵。

16.c3 Bc5　17.Bg3 Qd5（图361）

18.Bc4

连弃三兵之后再弃一子。

18...Qxc4　19.Bd6

对于本届候选人赛，卡鲁阿纳志在必得，此前连续弃兵、弃子应在赛前准备之内。那么，他就是为了一个战术组合吗？瓦谢尔·拉格拉夫当然不会走

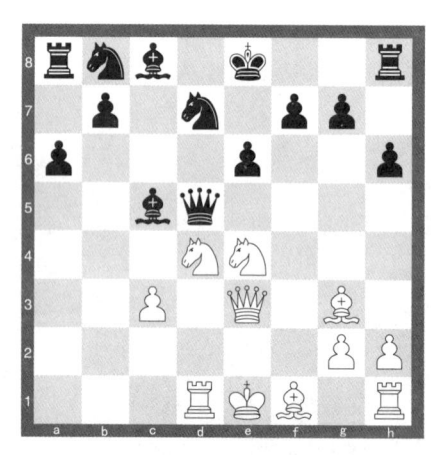

图 361

·228·

第四章 局面型弈法在实战中的运用

19...Bxd6　20.Nxd6+ Kf8　21.Nxc4 这个变化的。

目前局面，黑方拥有子力优势，但子力出动较慢，而白方后、车、双马和象均已出动。白方能用局面优势抵消黑方的子力优势吗？

19...Nf6

黑方选择了较差的应着，有利于白方发挥局面优势并快速恢复子力平衡。较好的走法是 19...Bxd4　20.Rxd4 Qb3　21.0-0 Nc6　22.Qg3 Nxd4　23.Qxg7 Rf8　24.Bxf8 Nf5　25.Rxf5 exf5　26.Nd6+ Kd8　27.Nxf7+ Kc7　28.Qg3+ Kb6　29.Qf2+ Ka5　30.Qxf5+ b5　31.Bb4+ Ka4　32.Qf1 Qc2　33.Qa1+ Kb3　34.Qa3+ Kc4　35.Nd6+ Kd5　36.c4+ Kc6　37.Qf3+ Kc7　38.Qxa8 Qb1+　39.Kf2 Qb2+　40.Kf1 Qxb4　41.Qxc8+ Kxd6　42.Qxa6+ Ke7　43.cxb5 Qf4+，演变下去，白方多两兵，黑方多一马，最终均势。

20.Nxc5 Nd5　21.Qe5 Rg8　22.Ndxe6 fxe6　23.Nxe6 Qxc3+ 24.Qxc3 Nxc3

25.Nc7+ Kf7　26.Rd3 Ne4　27.0-0+ Kg6　28.Nxa8 Nc6　29.Nb6 Rd8

30.Nxc8 Rxc8　31.Ba3 Rc7

32.Rf4 Nf6　33.Bb2 Ne7

34.Bxf6 gxf6　35.h4 h5（图362）

双方子力大致相当，但白方双车更为活跃、协调。接下来，瓦谢尔·拉格拉夫没有轻易放弃，而卡鲁阿纳也将展示其细腻的残局功夫，最终消灭黑兵，锁定胜局。

图362

36.Rg3+ Kf7　37.Rg5 Rc1+

38.Kh2 Ng6　39.Rf2 Nxh4

40.Rxh5 Ng6　41.Rh7+ Ke6

42.Rxb7 Ne5　43.Rb6+ Rc6

44.Rxc6+ Nxc6　45.Kg3 Kf7　46.Rc2 Nb4　47.Rd2 Nc6　48.Kf4 Kg6

49.Rd6 Ne5　50.Rxa6 Nf7　51.Ke4 Nh6　52.Ra5 Nf7　53.Ra3 Nd6+

54.Kf4 Nf5　55.Rd3 Nh6　56.Rg3+ Kf7　57.Ke4 Ng8　58.Kf5 Ne7+

59.Kf4 Nd5+ 60.Kg4 Kg6 61.Kf3+ Kf7 62.Ke4 Ne7 63.Kf4 Nd5+
64.Kf5 Ne7+ 65.Ke4 Ng8 66.Rh3 Kg6 67.Ra3 Kf7 68.Kf4 Nh6
69.Rg3 Ng8 70.Kg4 Ne7 71.Kh5 Nd5 72.Rf3 Ke6 73.g4 Ke5
74.Kg6 1–0

第四十七局

Firouzja, Alireza（2759）– Karjakin, Sergey（2757）[D04]
NIC Classic Prelim 2021 chess24.com INT（3.6），24.04.2021
菲罗贾——卡尔亚金

1.d4 Nf6 2.Nf3 d5 3.e3 c5 4.dxc5 e6 5.b4 a5
6.c3 axb4 7.cxb4 b6 8.Bb5+ Bd7 9.Bxd7+ Nbxd7 10.0–0 bxc5
（图363）

11.b5

菲罗贾在后翼制造出一对双连通路兵。此后，黑白双方将围绕这对通路兵展开攻防大战。

11...Bd6 12.a4 0–0 13.Bb2 Qb8 14.Nbd2 Rc8 15.Qc2 h6

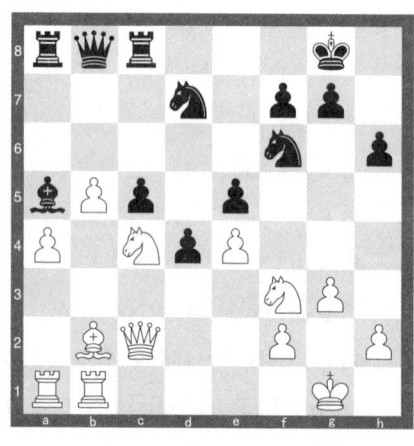

图363　　　　　　　图364

第四章 局面型弈法在实战中的运用

16.Rfb1 e5   17.g3 Bc7   18.e4

重要的兑换,既能削弱黑方中心兵形,又有利于白方活跃子力。

18...d4

如果换兵,可能的变化是:18...dxe4   19.Nxe4 Nxe4   20.Qxe4 Re8   21.Nd2 Nf6   22.Qc2 Re6   23.Qc4 Qe8   24.Nb3 Nd7   25.Nxc5 Nxc5   26.Qxc5 Bb6   27.Qb4 e4   28.a5,白胜。

19.Nc4 Ba5(图364)

卡尔亚金集结子力于后翼,严防死守,阻止白方通路兵的挺进。

20.Bc1

经典的子力调动。菲罗贾计划接走 Bd2,换掉黑方黑格象,为白方通路连兵的挺进扫除障碍。

为什么不直接用 c4 马换掉黑方黑格象呢?因为马在 c4 格位置绝佳,不仅挡住黑方 c 线通路兵的挺进,更可支持己方通路兵进行 a5、b6 的进攻。以马换象只会有利于对方活跃子力,可能的变化是:20.Nxa5 Rxa5   21.Rd1 Nb6   22.Ra3 Qc7   23.Rda1 Nfd7   24.Nd2 c4   25.Rc1 c3,黑胜。

20...Qb7   21.Bd2 Bc7

如果换象,情况更糟:21...Bxd2   22.Nfxd2 Rcb8   23.a5 Qc7   24.b6 Qb7   25.Qa4 Qa6   26.Qb5 Kf8   27.f3 g6   28.Qxa6 Rxa6   29.Rb5 Ke7   30.Nb3 Rc8   31.Rb1 Kd8   32.b7 Rb8   33.Nxc5 Nxc5   34.Rxc5,白胜。

22.b6 Bb8

若走 22...Nxb6 或者 22...Bxb6 都会遇到 23.a5,黑方丢子。

23.Re1 Ra6   24.a5 Re8   25.Nh4 Re6   26.Nf5 h5   27.Qd3 g6   28.Nh4 Ra8   29.Nf3 Qa6   30.Ng5 Re7   31.Qb3 Ne8   32.Rab1 Ndf6   33.Qb5

再次兑换。换后有利于白方通路兵的挺进。

33...Qxb5   34.Rxb5 Nd7   35.Rc1 Nd6   36.Nxd6 Bxd6   37.Nf3 f5   38.Bg5 Ree8   39.Nd2 Kf7   40.Nc4 Ke6   41.f3 Ra6   42.b7 Rf8   43.Kg2 Bb8   44.Rcb1 Bc7   45.Bc1 Bb8   46.Ba3 Ba7   47.Re1 g5

48.exf5+ Kxf5 49.Nxe5 Re8

（图 365）

若走 49...Nxe5，则有 50.Bxc5 Bxc5 51.Rxc5 Rb8 52.Rexe5+。

50.Nxd7

弃车换马，削弱黑方对 b8 升变格的控制。

50...Rxe1 51.Bxc5 1–0

最后的兑换，彻底剥夺黑方对 b8 的控制。看到了 51...Bxc5 52.Rxc5+ Kg6 53.b8Q 的变化，卡尔亚金认输。

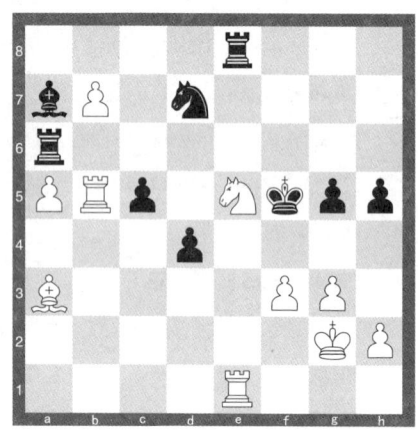

图 365

纵观全局，菲罗贾计划清晰，行棋果断有力，完整地向我们展示了如何获得局面优势，并把优势扩展为胜势直至胜利的全过程。本局再一次生动地说明了：兵是国际象棋的灵魂。

第四十八局

Carlsen, M（2847）— Radjabov, T（2765）[E36]

NIC Classic KO 2021 chess24.com INT（1.22），28.04.2021

卡尔森——拉迪亚波夫

1.d4 Nf6	2.c4 e6	3.Nc3 Bb4	4.Qc2 d5	5.a3 Bxc3+
6.Qxc3 c5	7.dxc5 d4	8.Qc2 e5	9.e3 Nc6	10.b4 0–0
11.Nf3 Re8	12.e4 a5	13.b5 Ne7	14.a4 Qc7	15.Ba3 Nd7

（图 366）

16.c6

卡尔森在后翼形成多兵优势和空间优势。现在他弃掉一兵，从而制造出后翼通路兵，扩大局面优势。

16...bxc6 17.c5 Nf6

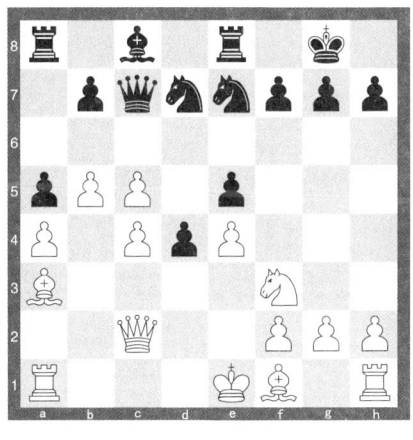

第四章 局面型弈法在实战中的运用

图 366

图 367

若走 17...cxb5，可能的变化是：18.axb5 Nf8 19.c6 Neg6 20.Nd2 Ne6 21.Rb1 Rb8 22.g3 Ne7 23.Bd3 f6 24.0–0 Ng5 25.Nc4 Rd8 26.Bxe7 Qxe7 27.b6 Qe8 28.c7，白胜。

18.b6 Qb7   19.Bc4 Ng6   20.0–0 Qd7   21.Ne1 Ba6   22.Bxa6

卡尔森开始实施兑换战略。子力兑换越多，越有利于白方发挥后翼通路兵的优势。

22...Rxa6   23.f3 Nf4   24.Rd1 Raa8   25.Bc1 N6h5   26.g3 Ng6   27.Nd3 Nf6   28.Bg5 h5   29.Bxf6 gxf6   30.f4 exf4   31.Nxf4 Qg4   32.Rxd4 h4（图 367）

33.Qd1

卡尔森继续贯彻兑换战略，在主动换掉一象一马之后，再次主动换后，在兑换中扩大局面优势，同时消除黑后对王翼的威胁。

33...Qg5   34.Qh5 Qe5   35.Rd7 hxg3   36.hxg3 Qxe4   37.Nxg6 Qe3+   38.Kh2 Qe2+   39.Qxe2 Rxe2+ 40.Kh3 fxg6

能够兑换的子力已经全部兑换了，最后的胜利也随之到来。

41.Rxf6 1–0

黑方认输。可能的后续变化是：41...Rc8 42.b7 Rb8 43.Rxc6 Ree8 44.Rxg6+ Kh8 45.c6，双连通路兵势不可挡。

第四十九局

Mamedyarov, S（2770）– Nakamura, Hi（2736）[E21]

NIC Classic KO 2021 chess24.com INT（2.32），29.04.2021

马梅迪亚洛夫——中村光

1.d4 Nf6　　2.c4 e6　　3.Nc3 Bb4　　4.Nf3 0–0　　5.Bg5 c5
6.Rc1 cxd4　7.Nxd4 h6　8.Bh4 d5　　9.cxd5 g5　　10.Bg3 Qxd5
11.e3 Qxa2（图 368）

12.Bd3

常规走法是 12.Qc2。马梅迪亚洛夫先弃 a2 兵再弃 b2 兵，意在快速出子，以子力损失换取局面补偿。

12...Qxb2　　13.0–0 Bxc3　　14.Rc2 Qb4　　15.Nb5 e5

若走 15...Bb2，则有 16.Bd6 Qh4（16...Qa5　17.Bxf8 Kxf8　18.Rxc8+ Kg7　19.Nc7 Be5　20.Nxa8）17.Bxf8，白方得子胜。

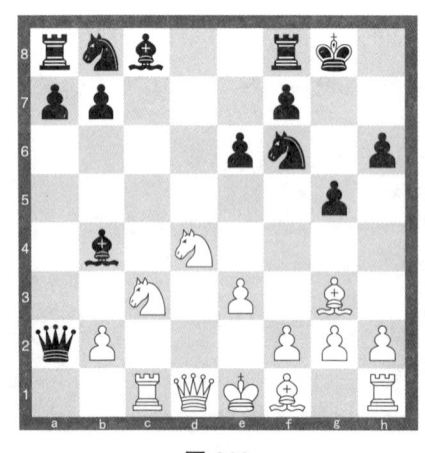

图 368 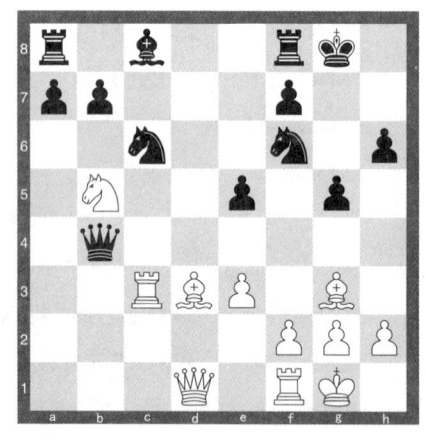　　　　　　　　　图 369

16.Rxc3 Nc6（图369）

17.f4

白方应考虑走17.Rxc6弃半子，利用黑方王翼的削弱展开进攻，弥补子力上的劣势，寻求局面上的平衡：17...bxc6 18.Bxe5 cxb5 19.Bxf6 Bg4 20.f3 Be6 21.f4 Qb3 22.Qh5 Qxd3 23.Qxh6 Qh7 24.Qxg5+ Qg6 25.Qh4 Qh7 26.Qg5+，和棋。

17...Bg4　　18.Qc2 Qe7　　19.fxe5 Nh5　　20.Be1 a6　　21.Nd4 Nxe5 22.Rc7 Qd6　　23.Bh7+ Kh8　　24.Bf5 Ng7　　25.Bg3 Bh5（图370）

26.Qc3

马梅迪亚洛夫让自己的每一个子力都处在最好的位置上：白马占据中心，白车入侵次底线，白格象控制王翼的白格，黑格象正准备携手白后进攻黑后和黑王。

26...Rae8　　27.Ne6

子力部署到位，总攻开始了。

27...Rxe6

其他三种变化也不能挽回败局：

a.27...Nxe6 28.Bxe5+ Kg8 29.Bxd6;

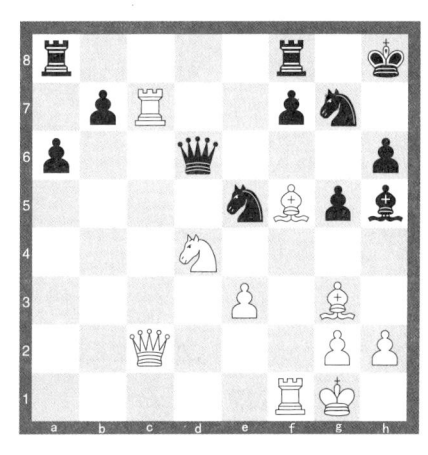

b.27...fxe6 28.Bxe5 Qd8 29.Bxg7+ Kg8 30.Bh7+ Kxh7 31.Bxf8+ Kg6 32.Qg7#;

c.27...f6 28.Nxg7 Re7 29.Rxe7 Qxe7 30.Nxh5。

28.Bxe6 f6　　29.Bxe5 fxe5　　30.Rxf8+ Qxf8　　31.Qxe5 Kh7　　32.Bf5+ Bg6 33.g4 a5　1–0

黑方认输。白方兼具局面优势和子力优势，后续可能的变化是：34.Qe6 Bxf5 35.gxf5 Kh8 36.Qxh6+ Kg8 37.f6 Qf7 38.Rc8+ Ne8 39.Rxe8+ Qxe8 40.Qg7#。

第五十局

Carlsen, M（2847）- Vachier Lagrave, M（2760）[B23]
FTX Crypto Cup Prelim chess24.com INT（4.4），23.05.2021

卡尔森——瓦谢尔·拉格拉夫

1.e4 c5　　2.Nc3 d6　　3.f3 Nc6　　4.Bb5 g6　　5.Nge2 Bg7
6.d4 cxd4　7.Nxd4 Bd7　8.Be3 Nf6　9.Qd2 0–0　10.0–0–0 Rc8
11.Be2 a6　12.Kb1 b5　13.g4 Nxd4　14.Bxd4 e5　15.Be3 b4
16.Nd5 Nxd5　17.exd5（图371）

17...e4

黑方弃兵，目的是打开e线和a1-h8大斜线，有利于黑方活跃子力。

18.fxe4 Re8　19.Bd4

白方应走19.Bd3守住中心兵，在19...Qf6　20.Qc1 Bxg4之后形成均势局面。但不能走19.Bf3，因为有19...Qf6　20.Bd4 Qxf3，黑方得子胜。

19...Rxe4　20.Bxg7 Kxg7　21.h3 a5　22.Rhf1 Qe7　23.Bd3 Re5
24.Qf2 Rxd5

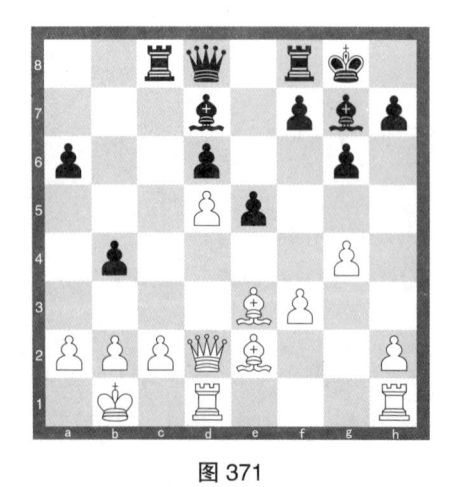

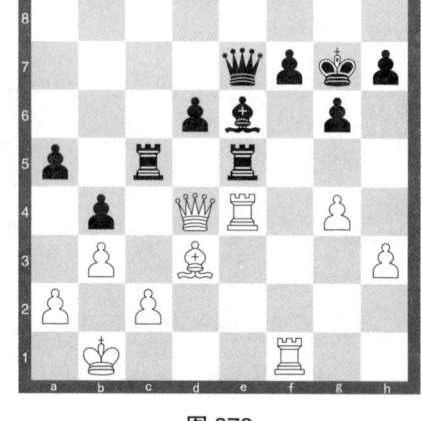

图371　　　　　　　　　　　图372

第四章 局面型弈法在实战中的运用

黑方不仅赢得一兵，并且在王翼还形成了多兵优势。

25.Rde1 Re5　26.Qd4 Rcc5　27.Re4 Be6　28.b3（图372）

28...Kg8

解除白后对e5车的牵制。瓦谢尔·拉格拉夫开始实施兑换战略，准备换掉白方双车和象，利用多兵优势取胜。

29.Rfe1 Rxe4　30.Rxe4 Qc7

31.h4 Re5　32.g5 Rxe4

33.Qxe4 Qc5　34.Qa8+ Kg7

35.Qf3 Qg1+　36.Kb2 Qd4+

37.Kb1 h5　38.Qf1 Bd5

39.Qe1 Kf8　40.Qg3 Ke7

41.Qe1+ Be6　42.Qh1 Bd5

43.Qe1+ Qe5　44.Qf2（图373）

44...Be6

继续兑换战略，准备换掉白格象。

45.Qf1 Bf5　46.Bxf5 gxf5

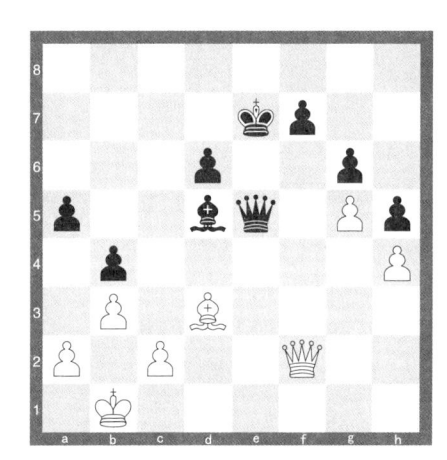

图373

通过兑换形成通路兵，比46...Qxf5要好。此后，黑方行棋精确，成功护送f兵冲向底线。

47.Qd1 f4　48.Qxh5 Qe1+　49.Kb2 Qc3+　50.Kb1 f3　51.g6 Qe1+

52.Kb2 f2　53.Qg5+ f6　0-1

卡尔森认输。

第五十一局

Pichot, A（2630）— Aronian, L（2781）[B40]

FTX Crypto Cup Prelim chess24.com INT（15.1），25.05.2021

皮乔特——阿罗尼安

1.e4 c5　2.Nf3 e6　3.d4 cxd4　4.Nxd4 Nf6　5.Nc3 Nc6

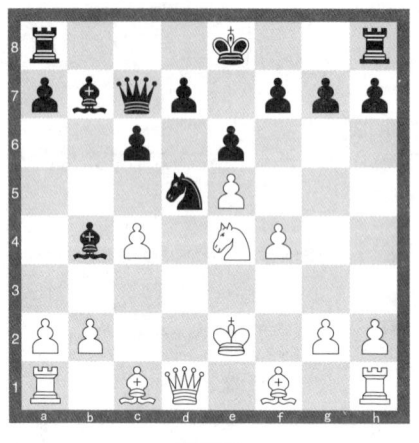

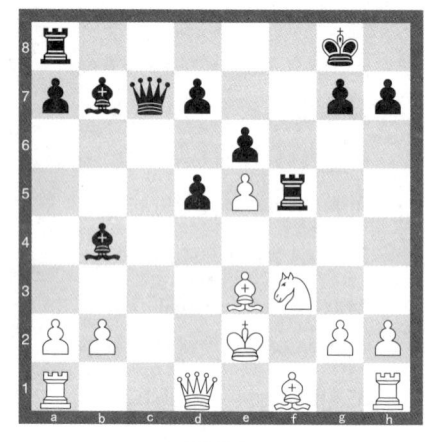

图 374

图 375

6.Nxc6 bxc6　7.e5 Nd5　8.Ne4 Qc7　9.f4 Bb7　10.c4 Bb4+　11.Ke2（图 374）

11...0-0

不能走 11...Nb6，因为 12.c5 Nd5　13.a3 Ba5　14.b4，黑方丢子。

现在，阿罗尼安弃掉中心马，以求快速出子。而白方子力出动缓慢并且不协调，白王是棋盘上最大的弱点。

12.cxd5 cxd5　13.Ng5 f6　14.Nf3 fxe5　15.fxe5 Rf5　16.Be3

（图 375）

16...d4

阿罗尼安再弃一兵，打开 a8-h1 白格大斜线，并准备在 f 线叠车。

17.Bxd4

如下三种变化均为黑胜：

a.17.Nxd4 Ba6+　18.Qd3 Bxd3+　19.Kxd3；

b.17.Rc1 Ba6+　18.Kf2 dxe3+　19.Kg3 Rxf3+　20.gxf3 e2　21.Bxe2 Qxe5+　22.Kf2 Bc5+　23.Ke1 Bd4　24.Rc2 Rf8　25.Qd2 Rxf3　26.Kd1 Rf2　27.Re1 Rxh2　28.Qb4 Be3　29.Rf1 Bc5　30.Bxa6 Qd5+　31.Rd2 Qh5+　32.Be2 Bxb4　33.Bxh5 Rxd2+　34.Kc1 g6；

c.17.Qxd4 Bxf3+ 18.gxf3 Qc2+ 19.Bd2 Bxd2 20.Qxd2 Rxe5+ 21.Kf2 Qxd2+ 22.Be2 Rxe2+ 23.Kg3 g5 24.Rad1（24.Raf1 Qf4+ 25.Kh3 Qh4#）24...Qf4+ 25.Kh3 Qxf3#。

17...Raf8

黑方后、双车、双象位置绝佳，即将发起对白王的总攻。

18.Qb3 Rxf3 19.gxf3 Bxf3+ 20.Kd3 Qb7 21.Kc2

若走 21.Rg1，则有 21...Be4+ 22.Kc4（22.Ke2 Qa6+ 23.Ke3 Rf3+ 24.Kxe4 Qc6+ 25.Qd5 Qxd5#）22...a5 23.Rxg7+ Kxg7 24.Qg3+ Kh8 25.Qg7+ Kxg7 26.Bc5 Qd5+ 27.Kb5 Qc6+ 28.Kc4 Qxc5+ 29.Kb3 Qc2#。

21...Bxh1 22.a3 Qe4+ 23.Bd3 Rc8+ 24.Kb1 Qxd4 25.axb4 Qxe5 0–1

阿罗尼安得子得势，白方认输。

后续可能的变化是：26.Qd1 Be4 27.Rxa7 Qd4 28.Ra3 Rf8 29.Kc1 Rf2 30.Rc3 h6 31.Bc2 Qe5 32.Qg4 Qd6 33.Qd1 Qf4+ 34.Kb1 Bxc2+ 35.Rxc2 Rf1。黑方子力积极而协调，而白方始终来不及改善子力位置，也没能形成有效的反击。

第五十二局

Nakamura, Hi（2736）– Firouzja, Alireza（2759）[A58]
FTX Crypto Cup Prelim chess24.com INT（13.8），25.05.2021
中村光——菲罗贾

2021年12月初，国际棋联公布了最新等级分排行榜。18岁的菲罗贾（原伊朗神童，后转入法国籍）以2803分排名第二，仅次于世界棋王卡尔森，由此成为国际象棋历史上第14位正式突破2800分大关的棋手，同时也成为国际象棋历史上突破2800分的最年轻棋手。

本局是菲罗贾与享有"超快棋之王"美誉的美国名将中村光之间的对决。

1.d4 Nf6 2.c4 c5 3.d5 b5 4.cxb5 a6 5.bxa6
（图376）

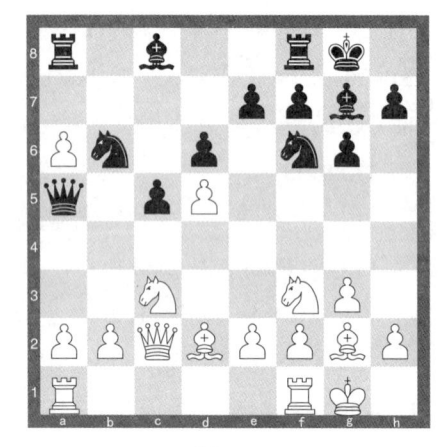

图 376   图 377

伏尔加弃兵是菲罗贾喜爱的开局之一。黑方在后翼弃兵，意在打开 a、b 两条线，有利于从后翼进攻白方。

5...g6   6.Nc3 Bg7   7.g3 0-0   8.Nf3 Qa5

菲罗贾在王翼摆出古印度防御的造型，黑格象在 a1-h8 大斜线上配合黑后在 a5-e1 黑格斜线上展开协同进攻。

9.Bd2 d6   10.Bg2 Nbd7   11.0-0 Nb6   12.Qc2（图 377）

12...Qxa6

黑后避开白方的闪击，同时保留 Nbxd5 和 Nc4 两种进攻手段。若走 12...Bxa6，则有 13.b3，黑马不能到达 c4 格，也不能走 13...Nbxd5 14.Nxd5 Qd8 15.Nxf6+ Bxf6 16.Rae1，白方得子胜。

13.e4

此时走 13.b3 则有 13...Nbxd5，黑方夺回弃兵。

13...Nc4   14.b3 Nxd2

菲罗贾的目标达到了：用马换掉对方黑格象，削弱白方对黑格的控制，有利于黑方统治黑格大斜线，并配合后翼在半开放线上展开协同进攻。

15.Nxd2 Ng4   16.a4 Qa5   17.Rac1 Ba6   18.Nb5 Bxb5   19.axb5 Qxb5
20.h3 Ne5   21.Rfd1（图 378）

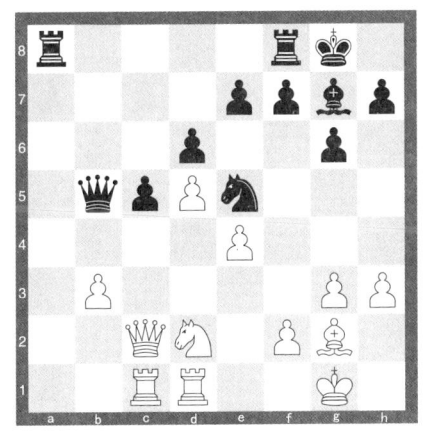

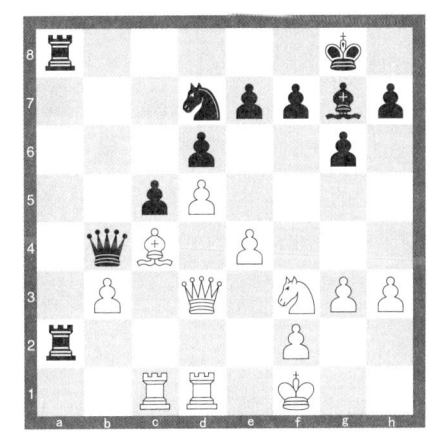

第四章 局面型弈法在实战中的运用

图 378

图 379

21...Ra3

菲罗贾开始在后翼调整子力，从开放的 a 线和半开放的 b 线上展开进攻，继续对白方施加局面压力。

22.Bf1 Qb4   23.Qc3 Qb7   24.Qe3 Ra2   25.Be2 Rb8   26.Kf1 Nd7
27.Nf3 Qb4   28.Bc4 Rba8 29.Qd3（图 379）

目前局面，双方虽然在子力上完全均等，但在局面上的优劣却一目了然：黑方六个兵连成一片，白方 b3 格出现一个需要保护的孤兵；黑格象在大斜线上畅通无阻，而白方白格象却屈居 c4 格，退化为一个"大兵"；黑方双车活力无限，白方双车却只能进行小心翼翼的防御。

29...Rb2

菲罗贾准备在次底线集结双车。

30.Rc2 Raa2   31.Rxb2 Rxb2   32.Re1 Ra2   33.Bb5 Ne5   34.Nxe5 Bxe5
35.Re2 Ra1+

中村光竭力进行防御，菲罗贾则开始转向底线进攻。

36.Kg2 Qa3   37.Qc2 Rc1   38.Qa2 Qb4   39.Bc4 Qc3   40.Re3 Qd4
41.Bf1 Kg7   42.Qe2 Qa1   43.Qa6（图 380）

43...Qb2

· 241 ·

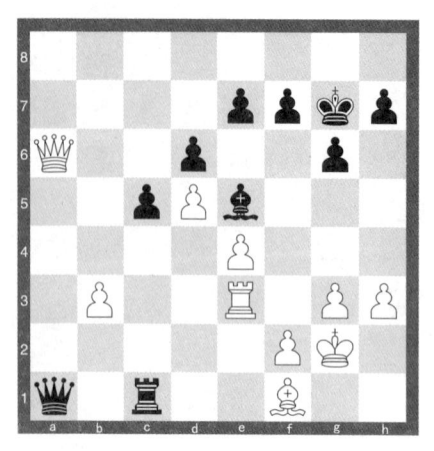

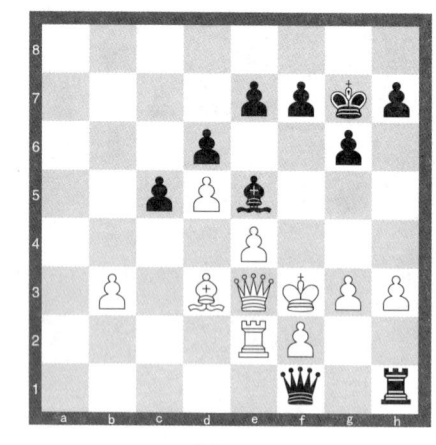

图 380　　　　　　　　　　　图 381

黑方子力活跃且协调，重回次底线，令白方防不胜防。

44.Qe2 Rc2　　45.Qf3 Qa1　　46.Bd3 Rc1

菲罗贾施展鬼魅手法，黑方后、车重回底线，这一次，白方无法防御了。

47.Re2 Rh1　　48.Qe3

48.Bc4 Qf1#。

48...Qf1+　　49.Kf3（图 381）

49...Qxh3

最后的攻击。

另一种杀王方法是：49...Rxh3　50.Qg5 Qh1+　51.Ke3 Bd4+　52.Kd2 Qa1　53.Re1 Bc3+　54.Ke2 Qxe1+　55.Kf3 Bd4　56.e5 Qxf2+　57.Ke4 Rxg3　58.Qf4 Qg2+　59.Qf3 Qxf3#。

50.Qg5 Rd1　　51.Re3　0-1

杀王已不可避免，中村光认输。

如下续着表明了，黑方后、车、象配合得多么完美：51...Qh1+　52.Kg4（52.Ke2 Bc3　53.e5 Re1#）52...h5+　53.Qxh5 Qxh5#。

第五十三局

Giri, A（2780）– Firouzja, Alireza（2759）[B30]

Goldmoney Asian Prelim chess24.com INT（2.4），26.06.2021

吉里——菲罗贾

1.e4 c5　　2.Nf3 Nc6　　3.Bb5 e6　　4.0–0 Nge7　　5.Re1 a6

6.Bf1 b6　　7.Nc3 Bb7　　8.d4 cxd4　　9.Nxd4 Ng6（图382）

10.Nf5

荷兰头号棋手吉里早早弃马，意在打开 e 线，将黑王暴露在开放线上，利用局面优势展开快速进攻。

10...d6

菲罗贾当然拒绝接受弃子，否则对己方不利，例如：10...exf5 11.exf5+Nge7 12.Nd5 d6　13.f6 Bc8（13...gxf6 14.Nxf6#） 14.fxe7 Bxe7　15.Bg5 Be6　16.Nxe7 Nxe7　17.f4 Ra7　18.Qd4 0–0　19.Bd3 Bc8　20.Qe4 f5　21.Bc4+ d5　22.Qe5 dxc4　23.Bxe7 Rxe7　24.Qxe7 Qxe7　25.Rxe7 Rd8　26.Rae1，白胜。

11.Nd5

吉里再弃一马。他连续弃子的局面依据是：黑方子力出动缓慢，位置很差，相互之间也不协调。白方计划充分地利用对方的局面劣势，扩大己方的局面优势，并进而反夺子力优势。

现在白方双马都在黑方 e6 兵的口中，黑方该如何应对呢？

11...Nce5

菲罗贾做出了明智的选择，再次拒绝接受弃子。确实，白方的任何一个马都不好吃。

图 382

若走 11...exd5，则有：12.exd5+ Nce7 13.c4 Bc8 14.Nd4 Bd7 15.f4 Rc8 16.a4 f5 17.b4 Kf7 18.Be3 Kg8 19.a5 bxa5 20.Rxa5 Qb6 21.Qa1 Qxb4（21...h6 22.Rxa6 Qd8 23.Rxd6 Ra8 24.Qb1 Kh7 25.Ne6 Qc8 26.b5）22.Rb1 Nxd5 23.Rxb4 Nxb4 24.Qc3 d5 25.c5 Rb8 26.c6 Bc8 27.c7 Rb6 28.Qb3 h6 29.Rxd5 Nxd5 30.Qxd5+ Kh7 31.Nxf5 Rf6 32.Bd3 Bxf5 33.Bxf5 Bd6 34.Bd4，白胜；

若走 11...exf5，则有：12.exf5+ Nge5 13.Be3 Be7 14.Bxb6 Qb8 15.f4 Nd7 16.Bc7 Qa7+ 17.Kh1 f6 18.Qh5+ Kf8 19.Nxe7 Nxe7 20.Bxd6 Re8 21.Bc4 Ne5 22.fxe5 Bxg2+ 23.Kxg2 Qa8+ 24.Kg3 Qd5 25.Bxd5 fxe5 26.Qf7#。

12.f4 exd5　13.exd5 Qd7　14.Qd3 Bc8　15.g4

黑王滞留中心，白方可据此进攻：15.Qc3 Qxf5　16.Qc6+ Qd7　17.Qxa8。

15...h5　16.fxe5 dxe5　17.Bh3 Bc5+　18.Kh1 Kf8　19.c4

另一种进攻方法是：19.g5 a5　20.Rf1 Qd8　21.Qf3 Ra7　22.c4 Kg8　23.Bd2 Nf4　24.Bxf4 exf4　25.Qxf4 g6　26.Nh6+ Rxh6　27.Bxc8 Rh7　28.Bh3 Be7　29.Rad1 Bd6　30.Qf6 Qxf6　31.Rxf6 Be5　32.Rxb6 Kg7　33.c5 Bf4　34.d6，白胜。

19...hxg4　20.Bxg4 Qc7

21.Qe4 Bxf5　22.Bxf5 Rh4

23.Qg2 Nf4　24.Bxf4 Rxf4

25.d6 Qd8　26.Rad1 Bd4

27.d7 Rb8　28.Rf1 Qf6

（图383）

29.Rxf4

决定性的兑换。若走 29.Qd5，则有 29...g5　30.Rxf4 gxf4，和棋。

29...exf4　30.Qd5　1–0

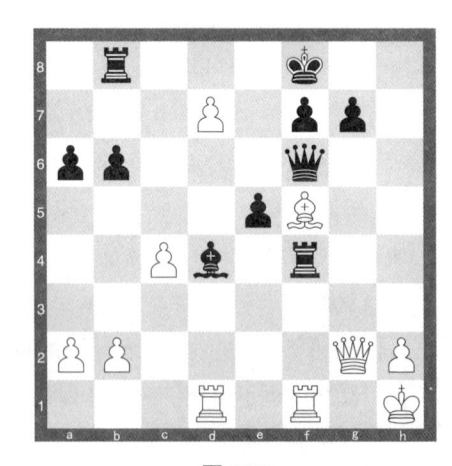

黑方认输。后续可能的变化是：30...Bxb2　31.d8Q+ Qxd8　32.Qxd8+ Rxd8　33.Rxd8+ Ke7　34.Rd5。

图383

第四章 局面型弈法在实战中的运用

第五十四局

Giri, A（2780）- So, W（2770）[C67]

Goldmoney Asian Prelim chess24.com INT（4.3），26.06.2021

吉里——苏伟利

1.e4 e5	2.Nf3 Nc6	3.Bb5 Nf6	4.0-0 Nxe4	5.Re1 Nd6
6.Nxe5 Be7	7.Bf1 Nxe5	8.Rxe5 0-0	9.d4 Bf6	10.Re1 Re8
11.c3 Rxe1	12.Qxe1 Ne8	13.Nd2 d5	14.Nb3 c6	15.Bf4 g6
16.Qe3 Ng7	17.Re1 Bf5	18.Nc5 Qb6	19.b4 a5	20.a3 axb4
21.axb4 h5	22.h3 Re8（图384）			

23.Qxe8+

弃后甚妙，强制性地将黑方的弱点暴露了出来。

23...Nxe8　　24.Rxe8+ Kg7（图385）

25.Bb8

黑后位置不佳，是黑方在后翼最大的弱点。白方黑格象封锁住黑后的退路，准备 Na4 捉死黑后。

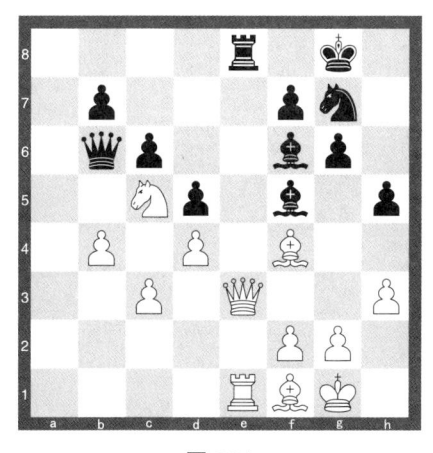

图 384 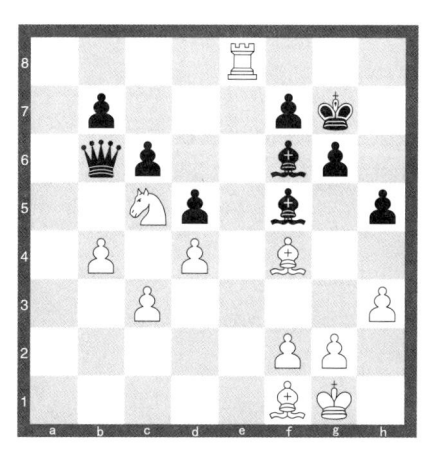　　　　　　　　　　图 385

25...Bxd4　　26.cxd4

此时若走 26.Na4 会遇到 26...Bxf2+　27.Kh1 Qe3　28.Rxe3 Bxe3　29.Be5+，白方多子胜。

26...g5　　27.Be5+ Kg6

28.Rg8+ Kh6（图 386）

29.Rb8　1–0

黑方认输。

黑王是黑方在王翼最大的弱点，更好的赢棋方法是把车、马、象、兵协同起来，将杀黑王，例如：29.h4 g4　30.Bd3 Bxd3　31.Nd7 Qa7　32.Bf4+ Kh7　33.Nf6#，黑王和黑后处在相隔最远的两条竖线上。

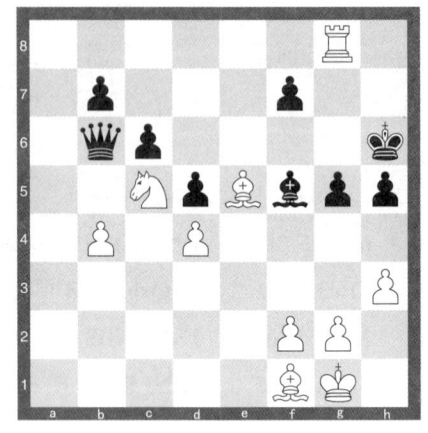

图 386

第五十五局

Aronian, L（2781）– Carlsen, M（2847）[B30]
Goldmoney Asian Prelim chess24.com INT（6.1），27.06.2021
阿罗尼安——卡尔森

阿罗尼安，世界杯冠军，长期排名世界前十。他是世界上为数不多的经常战胜棋王卡尔森的超级棋手之一，在很多重要比赛中都是卡尔森的有力竞争者。

1.e4 c5　　2.Nf3 Nc6　　3.Bb5 g6　　4.Nc3 Bg7　　5.d3 d6

6.e5 dxe5　　7.Bxc6+ bxc6　　8.0–0 c4　　9.Re1 Qd6　　10.Bg5 cxd3

11.cxd3 Bg4　　12.Ne4 Qd5　　13.Rc1 Nf6　　14.h3 Nxe4　　15.dxe4 Qxd1

16.Rexd1 Bd7（图 387）

17.Ne1

教科书式的子力调动。c6 兵是半开放线上的孤兵，孤兵前面的 c5 格是白马最佳的前进据点。阿罗尼安的计划是 Ne1-d3-c5，另一种方法是 Nd2-b3-c5。

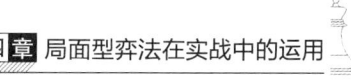

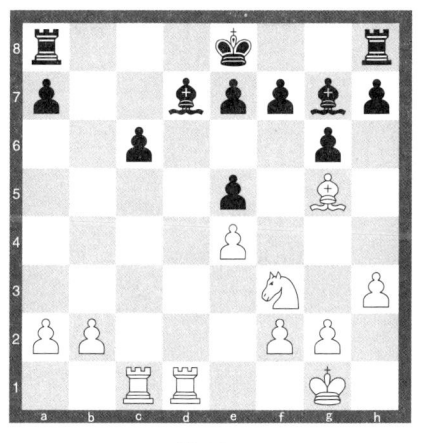

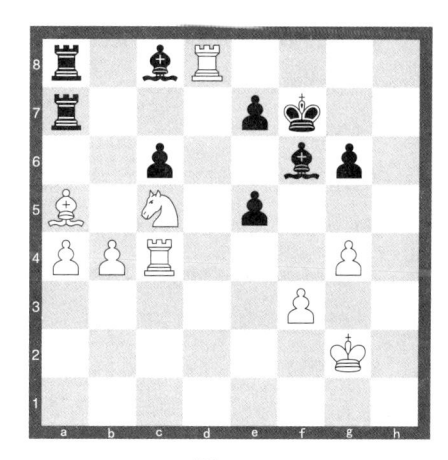

第四章 局面型弈法在实战中的运用

图 387

图 388

17...f6	18.Be3 a5	19.Nd3 Be6	20.b3 Kf7	21.Nc5 Rhc8
22.Rc2 Rc7	23.Rdc1			

阿罗尼安在 c 线叠车，紧盯黑方 c6 弱点。

23...Bc8	24.Na4 Bb7	25.Bb6 Rcc8	26.Nc5 Bh6	27.Rd1 Ba6
28.Bxa5 Bb5	29.b4 Rcb8	30.a4 Ba6	31.g3 Bc8	32.Kg2 f5
33.Rc4 Ra7	34.Rd8 fxe4	35.Rxe4 Bg7	36.g4 h5	37.Rc4 hxg4
38.hxg4 Bf6	39.f3 Rba8			

（图 388）

双方子力虽然在数量上完全相等，但黑方兵形和子力位置都较差，而白方子力活跃，并且拥有后翼多兵优势。

40.Ne4

也可走 40.Bb6，得子胜。

40...Bb7	41.Rd7 c5
42.Nxc5 Bc6	43.Rxa7 Rxa7
44.Bb6 Ra8	45.b5 Bd5
46.Rc2 Bg5	47.a5 Be3

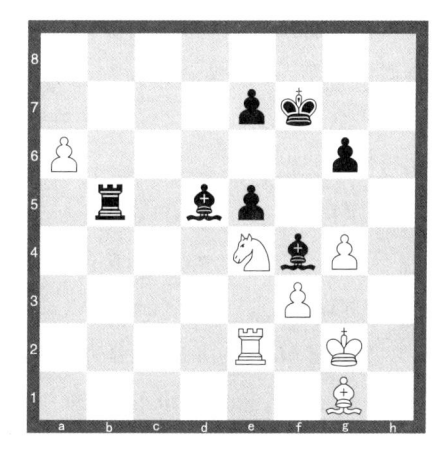

图 389

·247·

48.Nd7 Bf4　49.Re2 Ke6　50.Nc5+ Kf7　51.Ne4 Rc8　52.a6 Rb8　53.Bg1 Rxb5（图389）54.Nc3

换掉守卫 a 兵升变格的白格象。

54...Ra5　55.Nxd5 Rxd5　56.Ra2 Rd8　57.a7 Ra8　58.Rb2 e4　59.fxe4 Ke6　60.Kf3 Bd6　61.Rb7 Ke5　62.Bh2+

更有力的走法是：62.Rb8 Bxb8　63.axb8Q+ Rxb8　64.Bh2+ Kd4　65.Bxb8，白胜。

62...Kd4　63.Bxd6 exd6　64.Kf4 Rf8+　65.Kg5 Ra8　66.Re7

1–0

第五十六局

Le，Quang Liem（2709）— So，W（2772）[D04]

Chessable Masters KO chess24.com INT（3.23），08.08.2021

黎光廉——苏伟利

2021 年 7 月 31 日至 8 月 8 日，总奖金高达 10 万美元的 Chessable 大师赛在 chess24 网络平台圆满举行。在近 10 天的激烈角逐中，美国名将苏伟利表现神勇，以不败的战绩超越了阿罗尼安、马梅迪亚洛夫、菲罗贾、中村光、阿杰梅耶夫等众多高手，并在决赛中战胜越南头号棋手黎光廉，一举夺冠。

1.d4 Nf6　2.Nf3 d5
3.e3 c5　4.dxc5 e6
5.b4 a5　6.c3 axb4
7.cxb4 b6　8.Bb5+ Bd7
9.Bxd7+ Nbxd7　10.a4 bxc5
11.b5（图390）

黎光廉在后翼制造出一对双连通路

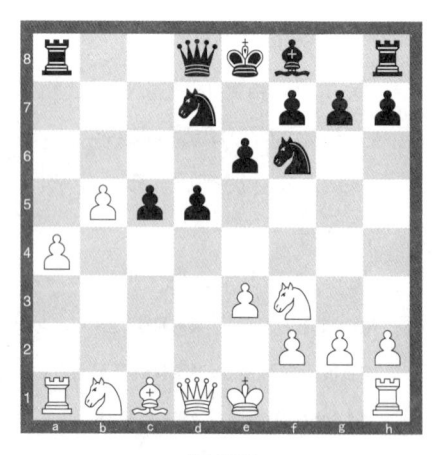

图 390

第四章 局面型弈法在实战中的运用

兵。在菲罗贾与卡尔亚金的对局中（参见本书第四章第四十七局），也形成了类似的局面。当时执黑的卡尔亚金在短易位之后，在后翼集结重兵，对白方通路连兵严防死守，但最终仍未能挡住小兵冲锋的步伐。

11...g5

局面型弃兵。苏伟利采用了与卡尔亚金截然不同的思路，他的计划是打开 g 线，从王翼进攻，进而牵制或阻止白方在后翼的进攻。

12.Bb2

如果接受弃兵，可能的变化如下：12.Nxg5 Rg8 13.f4 h6 14.Nf3 Rxg2 15.Kf1 Rg7 16.Rg1 Rxg1+ 17.Kxg1 Bg7 18.Bb2 Ke7 19.Ra2 Qh8 20.Bxf6+ Bxf6 21.a5 Qh7 22.Qb3 Qg6+ 23.Rg2 Qh5 24.Nfd2 Rxa5 25.b6 d4 26.e4 Qh4 27.e5 Qe1+ 28.Nf1 Bxe5 29.fxe5 c4 30.Qxc4 Qxb1 31.Qxd4 Qxb6 32.Qxb6 Nxb6 33.Rg4 Nd7 34.Rh4 Nxe5 35.Rxh6 Ra2 36.h4 Nf3+ 37.Kh1 Rf2 38.h5 f5，黑胜。

12...Bd6 13.Qe2 g4 14.Nfd2 Qc7 15.f4 gxf3 16.Nxf3 Rg8
17.O-O Ke7 18.Nbd2（图 391）

18...Rg4

苏伟利准备在 g 线叠车，子力调动与王翼进攻同步进行。

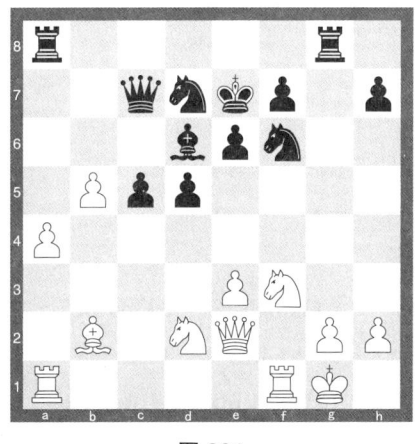

图 391 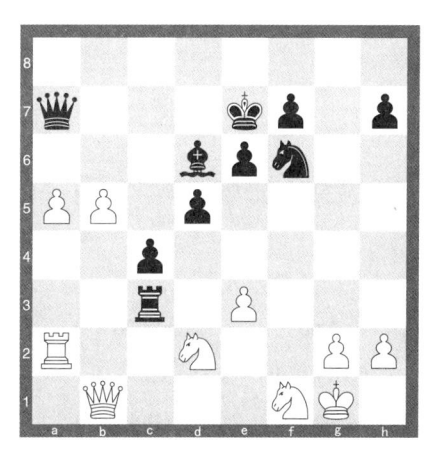   图 392

19.Qd1 Rag8   20.Rf2 Rb4   21.Nf1 Ne4   22.Rc2 Qa7   23.Qe1 Nef6
24.Bxf6+ Nxf6   25.Rca2 Rgg4

黑方双车从第八横线双双杀进第四横线，白方通路连兵的挺进被迫放缓。

26.Qd1 Rgc4   27.N3d2 Rc3   28.Rb1 c4   29.a5 Rxb1   30.Qxb1

（图 392）

30...Bc5

更好的方法是走 30...Qc5，把黑后从边线上走出来，积极参与进攻，同时避开白方通路兵的攻击，可能的变化如下：31.b6 Ng4   32.Qe1 Nxe3   33.Nxe3 Rxe3   34.Qf2 Ra3   35.Rxa3 Qxa3   36.Qh4+ Kd7   37.Nf3 c3   38.Ne1 Qxa5   39.Qxh7 Qxb6+，黑胜。

31.b6 Qb8   32.b7 Ng4   33.g3 Nxe3   34.a6 Ba7   35.Kh1 Rd3
36.Nxe3 Rxe3   37.Nf1 Rb3   38.Rb2 Qe5   39.Rxb3 cxb3   40.Nd2

当然不能走 40.Qxb3，因为有：40...Qe4+   41.Qf3 Qxf3#。

40...Qe3   41.Qc1 b2   42.Qc7+（42.Qxb2 Qg1#）   42...Kf6
43.Qf4+ Qxf4   44.gxf4 Kf5   45.Kg2 Kxf4   46.Kf1 Ke3   47.Ke1 Kd3
48.Kd1 f5 0–1

白方认输。苏伟利的王翼反击战略获得了成功，以攻为守的弈棋思想极富教育意义。

第五十七局

Mamedyarov, S（2782）– Le, Quang Liem（2709）[C26]
Saint Louis Rapid 2021 Saint Louis USA（3.4），11.08.2021

马梅迪亚洛夫——黎光廉

1.e4 e5   2.Nc3 Nf6   3.d4 exd4   4.Qxd4 Nc6   5.Qd3 Bc5
6.Bf4 0–0   7.f3 d5   8.0–0–0 d4   9.Nb1 Be6   10.a3 Qe7
11.Bg5 h6   12.Bh4 Ne5   13.Qd2 Ng6   14.Bg3 Rfd8   15.Bd3 Bb6
16.h4 c5   17.h5（图 393）

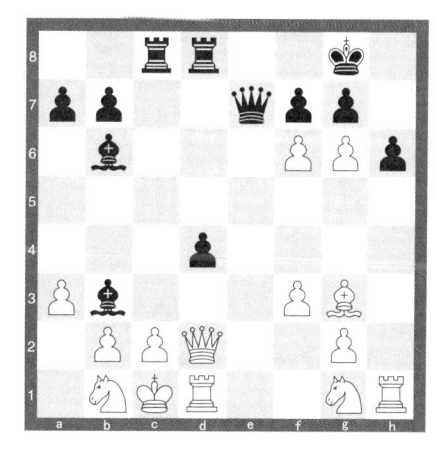

图 393

图 394

17...c4

异格兑换。黎光廉用 g6 格的马交换白方 d3 格的象,借此打开 c 线,有利于黑方子力协同进攻白王。

18.hxg6 cxd3　19.Qxd3 Rac8　20.e5 Bc4　　21.Qd2 Bb3

黑方车、象协同攻王,前面异格兑换的效果显出威力。

22.exf6(图 394)

22...Qe3

黑方子力倾巢而出,进攻目标直指白王,黑白双方的局面优劣形成了鲜明对比。

23.gxf7+ Kxf7　0-1

白王即将被将杀,马梅迪亚洛夫认输。若接着走 24.Qxe3,则有 24...Rxc2#;若接着走 24.c3,则有 24...dxc3　25.Nxc3 Rxc3+　26.bxc3 Rxd2　27.Rxd2 Qxc3+　28.Kb1 Qxd2　29.fxg7 Qa2+　30.Kc1 Qc2#。

第五十八局

Firouzja, Alireza（2754）- Rapport, R（2760）[B30]
9th Norway Chess 2021 Stavanger NOR（10.2），17.09.2021
菲罗贾——拉波特

1.e4 c5　　2.Nf3 Nc6　　3.Bb5 Nf6　　4.Nc3 Nd4　　5.e5 Nxb5
6.Nxb5 Nd5　　7.0-0 a6　　8.c4 Nb4　　9.Nc3 d6　　10.d4 cxd4

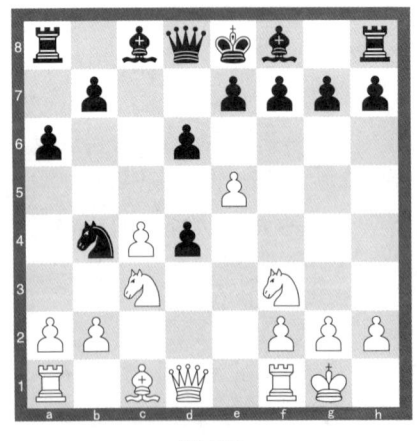

（图395）

11.Qxd4

菲罗贾以弃半子为代价快速出动子力。若走11.Nxd4，则有11...dxe5 12.Nf3 Qxd1 13.Rxd1 f6 14.Be3 Bf5 15.Bb6 Rc8 16.b3 h5，黑方优势。

11...Nc2　　12.Qe4 Nxa1　　13.Bf4 Be6

若走13...e6，则有14.exd6 Bd7（14...Bxd6 15.Rd1 0-0 16.Bxd6） 15.Rxa1 Rc8 16.Nd5 Bc6 17.Qd4 Bxd5 18.cxd5 Bxd6 19.Qxg7 Bxf4 20.Qxh8+ Ke7 21.Qxh7，白方胜势。

14.Rxa1 Rc8　　15.Nd5 dxe5　　16.Nxe5 f6　　17.Nf3 Bxd5　　18.cxd5 Rc5

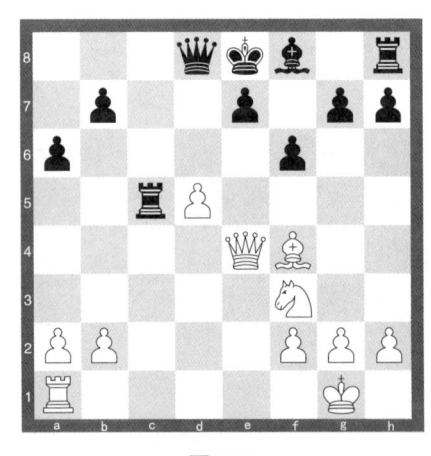

（图396）

图395　　　　　　　　　图396

第四章 局面型弈法在实战中的运用

19.d6

菲罗贾充分利用黑方出子较慢、黑王滞留中心的局面劣势，快速进攻。

19...Qd7　　20.b4 Rc6　　21.Re1 Kf7　　22.Nd4 e5　　23.Qd5+Kg6
（图397）

黑方虽然多半子，但子力位置不佳且不协调，黑王也被赶至第六横线，局面劣势愈发严重了。

24.Bxe5

弃子正当其时，有利于白方后、车、马更好地协同进攻，得子或者杀王。

24...Rxd6

若走 24...fxe5，则有 25.Nf3 Qxd6（25...Bxd6　26.Nxe5+ Bxe5　27.Qxd7）26.Nxe5+ Kh6（26...Kf6　27.Kf7+ Kg5　28.f4+ Kh4　29.g3+ Kh3　30.Qh5#）27.Nf7+ Kg6　28.Nxh8+ Kh6　29.Nf7+ Kg6　30.Nxd6，白胜。

25.Bxd6 Bxd6

白方恢复子力平衡。

26.Qe4+ Kf7　　27.Qd5+ Kg6　　28.g3 h6　　29.Rd1 Re8　　30.Nf3 Re6　　31.Nh4+ Kh7（图398）

32.Qd3+　1-0

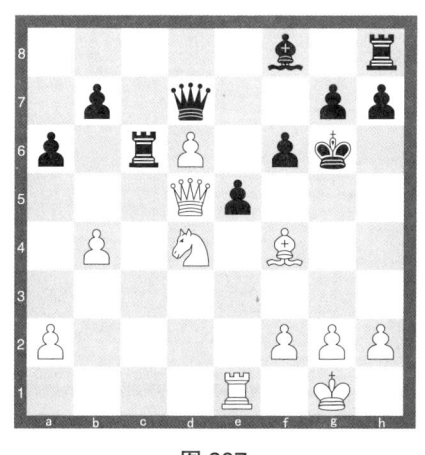

图397　　　　　　　　图398

胜利在望时，切不可大意。如果立即走 32.Nf5 企图赢得黑方 d6 象，将会遭遇 32...Re5　33.Qxd6 Qxf5，形成均势。

白方利用将军的先手调整白后的位置，避开了黑方 Re5 的威胁，下一步准备 Nf5 得象。黑方眼见失子失势，无奈认输。

菲罗贾用局面优势平衡对手的子力优势，始终保持局面压力并最终反夺子力优势。本局堪称局面优势实战运用的典范，名列 2021 年度世界最佳对局排行榜第三位。

第五十九局
Carlsen, M（2855）- Duda, J（2756）[D41]
Meltwater Tour Final 2021 chess24.com INT（1.1），25.09.2021
卡尔森——杜达

在一年前的挪威超级大赛上，波兰头号棋手杜达战胜世界冠军卡尔森，终结了现任棋王 125 盘慢棋不败的纪录。现在，两位天才棋手再度相遇，这次又会碰撞出怎样的火花呢？

1.d4 Nf6　2.c4 e6
3.Nc3 d5　4.cxd5 Nxd5
5.Nf3 c5　6.e3 cxd4
7.exd4 Nxc3　8.bxc3 Qc7
（图 399）

9.Rb1

开局尚未结束就弃掉 c3 兵？杜达没有看错，卡尔森确实准备了一份与众不同的礼物。常规的 9.Bd2 将导致一个均势的局面：9... Bd6　10.Bd3 Nd7　11.O-O b6　12.Re1 Bb7　13.c4 0-0。

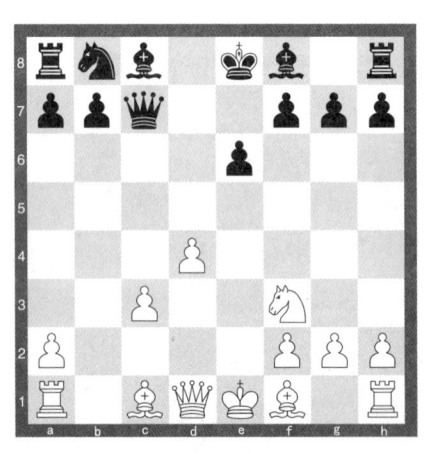

图 399

第四章 局面型弈法在实战中的运用

9...Nd7

不清楚卡尔森葫芦里卖的什么药，杜达暂缓吃弃兵。

10.Bd3 Qxc3+ 11.Kf1 Be7

12.h4

卡尔森的开局战略初露端倪。他准备在王翼展开直接进攻。

12...0-0 13.Rh3 Nf6（图400）

14.Ne5

白方威胁下一步走Bxh7+，闪将抽掉黑后。

图400

实际上，由于在第三横线上存在的闪击威胁，白方13.Rh3和14.Ne5两步棋都属于先手子力调动。卡尔森在c3格弃兵的局面补偿也露出了"庐山真面目"：高效出子，快速攻王。

14...Qa5

黑后整盘棋只走了三步棋，不仅重复走子，并且还处于棋盘边缘。黑方子力对白方无甚危害，而白方却正集结子力，准备全力攻王。

15.Rg3 Kh8 16.Bg5 h6

17.Bxh6

万事俱备，弃子破王城。

17...gxh6（图401）

18.Qf3 1-0

卡尔森走出最强着法，如同电脑引

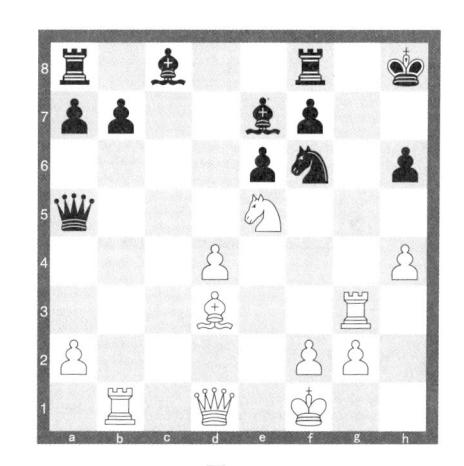

图401

擎般精确，迫使杜达放弃抵抗。一种可能的续着是：18...Qxa2 19.Qf4 Ng8 20.Qxf7 Rxf7 21.Nxf7#。

本局卡尔森尽管只走了短短18步棋，但他的开局战略、弈棋思想令人深受

· 255 ·

启发，也让人对局面优势和子力优势的关系有了更深的认识。

第六十局
Mamedyarov, S（2762）- Carlsen, M（2855）[E61]
Meltwater Tour Final 2021 chess24.com INT（2.1），26.09.2021
马梅迪亚洛夫——卡尔森

1.d4 Nf6　　2.c4 g6　　3.Nc3 Bg7　　4.g3 c5　　5.dxc5 Qa5
6.Bg2 Qxc5（图 402）

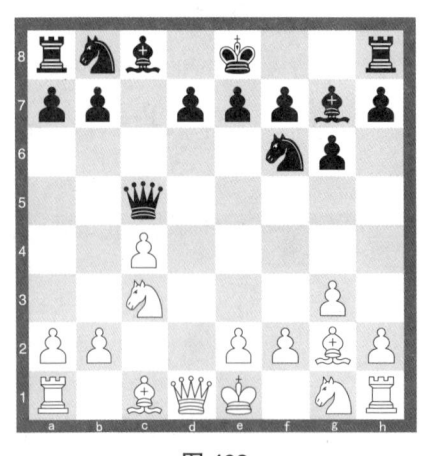

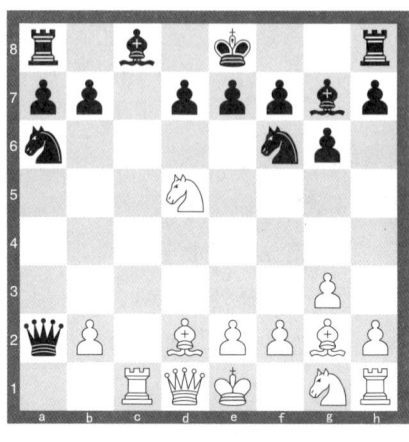

图 402　　　　　　　　　图 403

7.Bd2

马梅迪亚洛夫的等级分长期排名世界前十。在开局阶段，他经常敢于并且善于通过弃子的方式快速出子，获得局面优势，这次遇上世界冠军也不例外。

7...Qxc4　　8.Rc1 Na6　　9.Nd5 Qxa2（图 403）

马梅迪亚洛夫在 c4 格和 a2 格连弃两兵，卡尔森照单全收。

10.Ra1

黑白双方在局面上的优劣开始显现：白方子力活跃而协调，黑方子力出动缓慢，黑后和黑马都处于被攻击的位置。

10...Qc4　11.Ra4 Qc5

若走11...Qb5，则有12.Rxa6 bxa6（12...Nxd5　13.Ra5 Qxb2　14.Bxd5）13.Nc7+ Kf8　14.Nxb5，白胜。

12.Nxf6+ Bxf6　13.Rxa6 bxa6　14.Bxa8 Bxb2

白方赢得一马，黑方多出三个兵，虽然子力上大致相当，但是黑方在a线出现一对孤叠兵，将成为白方攻击的弱点。

15.Nf3 0–0　16.0–0 d6

17.Bh6 Rd8　18.Be3 Qb4

19.Bd5 e6（图404）

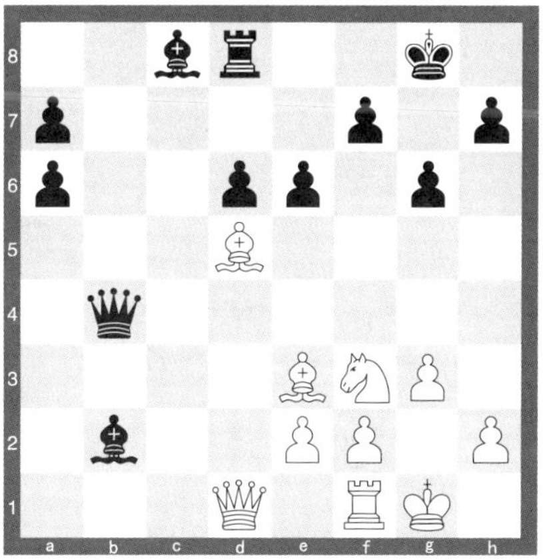

20.Qc2

图404

马梅迪亚洛夫再弃一象，让黑方在中心d线也出现一对孤叠兵，给对手制造更多的弱点。

20...Qc3

若走20...exd5，则有21.Rb1 Qc3　22.Rxb2 Qxc2　23.Rxc2，白胜。

21.Qxc3 Bxc3　22.Rc1 Bf6　23.Bc6 a5　24.Bb5 Bd7　25.Bxd7 Rxd7

26.Rc6

马梅迪亚洛夫开始攻击a线孤叠兵，黑方无法防御。

26...d5　27.Bh6 Rd8　28.Ra6 Bg7　29.Bxg7 Kxg7　30.Rxa7 Kf6

31.Rxa5 Rd7　32.e3 h5　33.Ra8 Rb7　34.Kg2 Rc7　35.h3 Rb7

36.g4 hxg4　37.hxg4 Rc7　38.g5+ Kf5　39.Ra4 e5　40.Ra6 Rd7

41.Kg3 Ke4　42.Ra8 Re7　43.Rd8 Re6　44.Rd7 f5　45.gxf6 1–0

卡尔森认输。

第六十一局

Giri, A（2777）– Carlsen, M（2855）[B30]

Meltwater Tour Final 2021 chess24.com INT（6.5），01.10.2021

吉里——卡尔森

这是一个"无后胜有后"的经典例局。

1.e4 c5   2.Nf3 Nc6
3.Bb5 e6   4.0–0 Nge7
5.d4 cxd4   6.Nxd4 Qb6
7.Be3 Nxd4 8.a4（图405）
8...Nxb5

弃后。卡尔森玩出新花样，应该出乎老对手吉里的预料。

常规变化是：8...e5 9.c3 a6 10.cxd4 axb5 11.Nc3 exd4 12.Bxd4 Qd8 13.Re1 b4 14.Nd5 Ra6 15.Nxb4 Rg6。

9.Bxb6 axb6   10.Nd2 Nd6

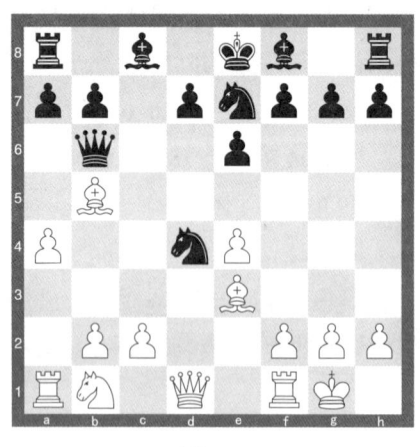

图405

卡尔森用一个后交换了对手的一个马和双象，双方在子力上大致相当，但是拥有更多轻子的一方若能实现子力的协调配合，就有机会获得局面优势，甚至反夺子力优势。

11.e5 Ndf5   12.Ne4 Nc6   13.g4 Nh4   14.f4 h5   15.h3 hxg4
16.hxg4 d5   17.exd6 Ra5   18.c4 f5   19.b4 Nxb4   20.d7+ Bxd7
21.Nd6+ Bxd6 22.Qxd6 Nc6   23.Rad1 Bc8 24.g5 Ng6   25.Rf2 Kf7
26.Qc7+ Nce7 27.Rd8 Rxd8   28.Qxd8 Rxa4 29.Qc7（图406）
29...e5

卡尔森弃一兵，目的是活跃白格象和g6马。白方仅剩的三个白兵迟早都将被黑方消灭。

30.fxe5 Be6　31.Qxb7 Rxc4

32.Qxb6 Nxe5　33.Re2 Rc6

34.Qe3 N5g6　35.Kh2 Bc4

36.Rb2 Re6　37.Qf3 Re4

38.Rb7 Be6　39.Kg1 Rg4+

40.Kh2 Rxg5　41.Rb6 Bd5

42.Qe3 Rg2+　43.Kh3 Rg4

44.Kh2 f4　45.Qd4 Rg5

46.Rd6 f3　47.Rd7 Rf5

48.Qg4 Be6　49.Rd1 Ne5

50.Qh4 f2　51.Kg2（图407）

图406

面对卡尔森用车、象、双马和双兵构筑起来的铜墙铁壁，荷兰头号棋手吉里无计可施。白方后、车左右夹击，不但毫无成效，还眼睁睁地看着黑兵一路冲向底线。

51...Bd5+

卡尔森进入决胜时刻。

52.Kf1

若走 52.Kg3 则有 52...f1Q；若走 52.Kh2 则有 52...Nf3+　53.Kh3 Nxh4。

52...Bc4+　53.Kg2 f1Q+　0–1

吉里认输。

图407

本局棋荣列2021年度世界最佳对局排行榜第二位。

第六十二局

Firouzja, Alireza（2770）- Howell, D（2658）[C50]
FIDE Grand Swiss 2021 Riga LAT（10.1），06.11.2021
菲罗贾——豪威尔

2021年11月初，国际棋联大瑞士制赛在拉脱维亚首都里加鸣金收兵。出生于伊朗，现已入籍法国的18岁天才棋手菲罗贾表现抢眼，他超越了卡鲁阿纳、瓦谢尔·拉格拉夫、阿罗尼安等众多名将，一举夺冠，并入围2022年男子世界冠军候选人赛，将争夺2023年向现任棋王卡尔森挑战的资格。

2021年12月，在战胜挑战者涅波姆尼亚奇，成功卫冕世界冠军头衔之后，五度封王的卡尔森表示，他对菲罗贾在大瑞士制赛中的表现印象深刻，并期待菲罗贾成为下一位挑战者。而如果菲罗贾未能在候选人赛中杀出重围，卡尔森表示，自己有可能放弃卫冕。

下面这个精彩对局来自2021大瑞士制赛的第十轮。

1.e4 e5　　2.Nf3 Nc6
3.Bc4 Bc5　4.0-0 Nf6
5.d3 h6　　6.c3 d6
7.Re1 0-0　8.h3 a5
9.Nbd2 Be6　10.Bb5 Ba7
11.Nf1 Ne7　12.Ng3 c6
13.Ba4 b5　14.Bc2 a4
15.d4 Ng6　16.Be3 Re8
17.Bd3 Bb6　18.a3 Qc7
19.Rc1 Ba5　20.Re2 Qb7
（图408）

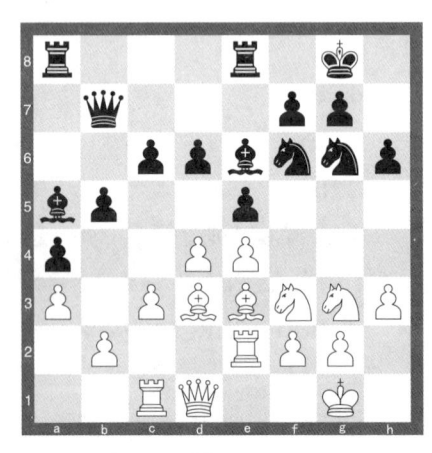

图408

21.c4 bxc4

利用兑换技术（换兵），菲罗贾给黑方制造出第一个孤兵：a4兵。

第四章 局面型弈法在实战中的运用

22.Bxc4 d5　23.Bd3 exd4
24.Nxd4 Bd7　25.Ndf5 Bc7
26.exd5 cxd5

又是通过换兵，菲罗贾给黑方制造出第二个孤兵：d5 兵。

27.Bd4 Be5（图 409）

28.Nxh6+

菲罗贾在王翼的战术进攻不仅获得了多一兵的子力优势，并且增加了黑方的局面弱点：f7 格和 h6 格又将出现 2 个孤兵。

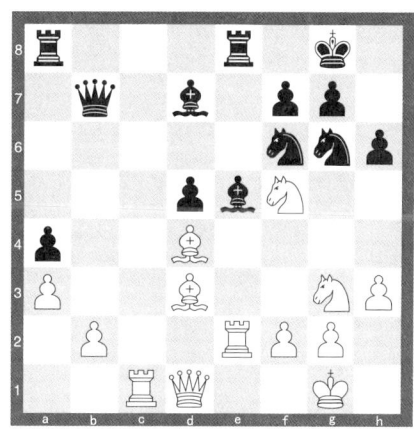

图 409

另一种走法是：28.Rxe5 Rxe5　29.Nxg7 Kxg7　30.Bxg6 Rae8　31.Bxe5 Rxe5　32.Qd4 Qb8　33.f4 Re6　34.Nh5+ Kxg6　35.f5+ Kxf5　36.Rf1+ Kg5　37.Nxf6 Qb6　38.h4+ Kg6　39.Qxb6 Rxb6　40.Nxd7 Rxb2　41.Ne5+ Kh7　42.Rxf7+ Kg8，白胜。

28...gxh6　29.Bxg6 Bxg3

若走 29...fxg6，则有 30.Bxe5 Rxe5　31.Rxe5 Qxb2　32.Rxd5 Be8　33.Rd6 Rb8　34.Rc7 Qe5　35.Qd3 Bf7　36.Rd8+ Rxd8　37.Qxd8+ Kg7　38.Ra7 Qb9　39.Qd5 Qd5　40.Rxa4，白胜。

30.Rxe8+ Rxe8　31.Qf3

更简明的走法是 31.fxg3 fxg6　32.Bxf6，白优。

31...Qc6　32.Bc2

32.Rxc6 Re1#。

32...Bb8

黑方应走 32...Be5 寻求和棋：33.Bh7+ Nxh7　34.Rxc6 Bxc6　35.Bxe5 Rxe5　36.Qg4+ Kh8　37.Qf4 Re7　38.Qxh6 Re6　39.Qf4 Kg8　40.Qg4+ Rg6　41.Qf4 Ng5　42.Qb8+ Kh7　43.Qc7 d4　44.f4 Nxh3+　45.Kh2 Nf2　46.Qxf7+ Kh6　47.Qf8+。

33.Qxf6 Qxf6　34.Bxf6 Rc8　35.Bc3 d4　36.Bd2 Kg7（图 410）
37.Bd3

交换一对车，菲罗贾将对局导入一个白方兼具子力优势（多一兵）和局面优势（兵形较好）的象兵残局。

37...Rxc1+　38.Bxc1 h5

39.h4 Bc6　40.g3 Bd7

41.Kf1

白王也投入中心战场。

41...Be5　42.Ke2 Bg4+

43.Kd2 Bd7　44.Kc2 Be6

45.Bb5 Bb3+　46.Kd3 Kg6

47.Bd7 Bd1　48.Bd2 f5

（图411）

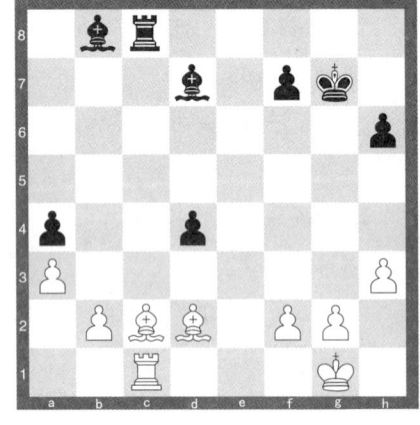

图410

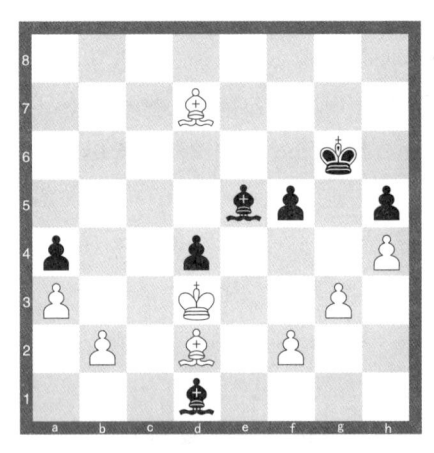

49.Bf4

白方五个兵都在黑格，黑方的四个孤兵有三个在白格。兑掉黑格象、消灭d4兵之后，白王将和白格象携手消灭黑方在白格的孤兵。

49...Bg7　50.Bd6 Bf6

51.Be8+ Kh6　52.Bc5 f4

53.Bxd4 Bd8　54.Kd2 Bb3

55.Be5 fxg3　56.fxg3 Ba5+

57.Kc1　1–0

黑方认输。

图411

黑方已经陷入楚茨文克的境地，a4格和h5格的两个孤兵难以保全。若走57...Be6，则有58.Bxa4或者58.Bf4+ Kg7　59.Bxh5。

第四章 局面型弈法在实战中的运用

第六十三局

Firouzja, Alireza（2770）- Jobava, Ba（2582）[B12]

23rd European Teams Terme Catez SLO（7.4），19.11.2021

菲罗贾——乔巴瓦

2021年11月末，欧洲国际象棋团体锦标赛在斯洛文尼亚度假胜地Terme Catez鸣金收兵。月初刚刚获得大瑞士制赛冠军的希望之星菲罗贾延续了火热状态，整场比赛打满9轮，取得7胜2和积8分的佳绩，表现分高达3015分。

在2021年12月初国际棋联公布的等级分排行榜上，菲罗贾以2804分排在第二位，仅次于2856分的棋王卡尔森。同时，18岁5个月大的菲罗贾也成为国际象棋历史上突破2800分的最年轻棋手，打破了卡尔森18岁11个月突破2800分的年龄纪录。

下面这个精彩对局来自2021欧洲团体锦标赛的第七轮。

1.e4 c6   **2.d4 d5**

3.e5 Bf5   **4.Nf3 e6**

5.Be2 Ne7   **6.0-0 h6**

7.Nbd2 Nd7   **8.Nb3 Bh7**

9.a4 a6   **10.Bd2 Qc7**

11.Rc1 Rd8   **12.Ba5 b6**

13.Bb4 a5   **14.Bd6 Qb7**

15.Qd2 Nc8   **16.Bxf8 Nxf8**

（图412）

17.Ne1

图412

菲罗贾开始进行马的迂回调动，这也是王翼进攻计划的开端。

17...Ne7   **18.Nd3 Nd7**   **19.Nf4**

白马从f3格调动到f4格，为攻王做准备。

19...0-0　　　20.Rfe1 Rc8

21.c3 Rc7　　22.g4

小兵的冲锋往往能起到叩开对方王翼城门的作用。

22...Qb8　　23.Qe3 Qd8

24.h3 Kh8　　25.Nd2 c5

26.Bb5 Nc6（图413）

27.Kh2

王的经典调动，为后、车等重子让出 g 线，利于攻王。

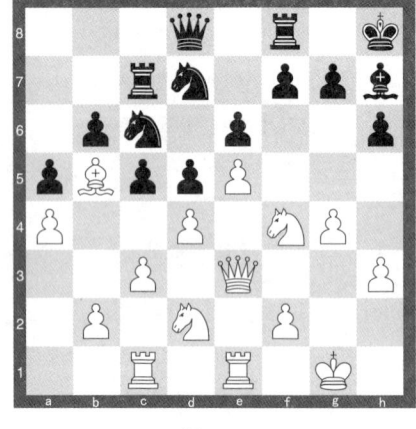

图413

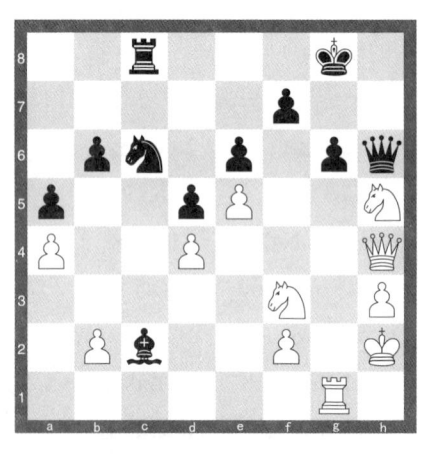

27...cxd4　　28.cxd4 Nb4

29.Rxc7 Qxc7　30.Qc3 Rc8

31.Rc1 Bc2　　32.Qg3 Qd8

33.Bxd7 Qxd7　34.g5 hxg5

35.Qxg5 Qd8　36.Qh5+ Kg8

37.Nf3

第二个白马从 b3 格调动到 f3 格，蓄势待发。

37...g6　　　38.Rg1

白方的所有重子都瞄准了黑方王城。

38...Nc6　　39.Qh6 Qf8

40.Qh4 Qg7　41.Nh5 Qh6

（图414）

图414

42.Rg4

菲罗贾进行了本局棋最强有力的一次子力调动，准备走 Qf6 再 Rh4 攻王。若走 42.Nf6+ 并不能取得效果：42...Kg7　43.Nh5+ Kf8　44.Qf6 Qxh5　45.Ng5 Nd8　46.Rg3 Bxa4　47.Rc3 Ra8　48.Rc7 Be8　49.Qe7+ Kg7　50.Qf6+ Kg8，黑方守住了局面。

第四章 局面型弈法在实战中的运用

42...Kf8　　43.Qf6 Nd8

44.Rh4 Kg8　　45.Ng5 Bd1

（图415）

白方的攻击兵团全部部署到位，有了这个局面基础，此时进行战术打击就像婴儿的微笑一样自然。

46.Qxd8+　1-0

完美弃后，一锤定音。黑方认输。

后续可能的变化是：46...Rxd8（46...Qf8　47.Nf6+ Kg7　48.Rh7#）47.Nf6+Kg7　48.Rxh6 Kxh6　49.Nxf7+ Kg7　50.Nxd8 Bxa4　51.Nxe6+ Kf7　52.Ng5+ Kg7　53.Nxd5，白胜。

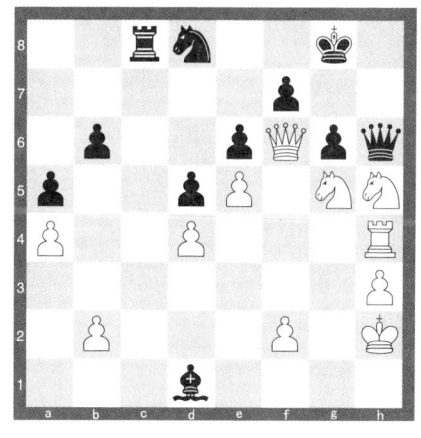

图415

第六十四局

Carlsen, M（2855）- Nepomniachtchi, I（2782）[D02]

WCh 2021 Dubai UAE（6），03.12.2021

卡尔森——涅波姆尼亚奇

2021年12月10日晚，在阿联酋迪拜展览中心进行的2021国际象棋世界冠军对抗赛第11轮的较量中，卡尔森经过不到四个小时的战斗，执黑战胜挑战者俄罗斯棋手涅波姆尼亚奇，从而以7.5:3.5的绝对优势，提前三轮取得本次比赛的胜利。这是卡尔森继2013年、2014年、2016年和2018年之后，第五次登上世界棋王宝座。

本局来自这次对抗赛的第六轮。前五轮，现任棋王与挑战者已经连和五盘。棋迷们都充满了好奇：还会继续和下去吗？会像2018年卡尔森与卡鲁阿纳的世界冠军对抗赛那样，12盘慢棋全部弈和，最后快棋加赛分胜负？第六盘棋会成为本次对抗赛的分水岭吗？现任棋王和挑战者谁将流下第一滴血？

1.d4 Nf6　　2.Nf3 d5
3.g3 e6　　4.Bg2 Be7
5.0-0 0-0　　6.b3 c5
7.dxc5 Bxc5　　8.c4 dxc4
9.Qc2 Qe7（图416）
10.Nbd2

卡尔森弃兵，意在快速出子，显示出良好的赛前准备。

10...Nc6

涅波姆尼亚奇拒绝接受弃兵，优先考虑出子。若接受弃兵，也会形成均势局面：10...cxb3　11.Nxb3 Bb4　12.Nfd4 Na6　13.a3 Bd6　14.Rd1 Rb8　15.Nb5 Be5　16.Bb2 Bxb2　17.Qxb2 e5　18.Nxa7 Bd7　19.a4 Qb4　20.Nb5 Be6　21.Rab1 Rfd8。

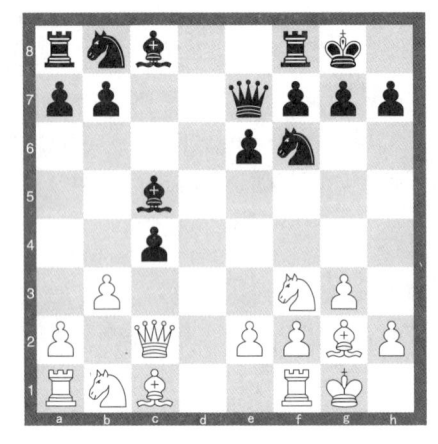

图416

11.Nxc4 b5　　12.Nce5 Nb4　　13.Qb2 Bb7　　14.a3 Nc6　　15.Nd3 Bb6
16.Bg5 Rfd8　　17.Bxf6（图417）
17...gxf6

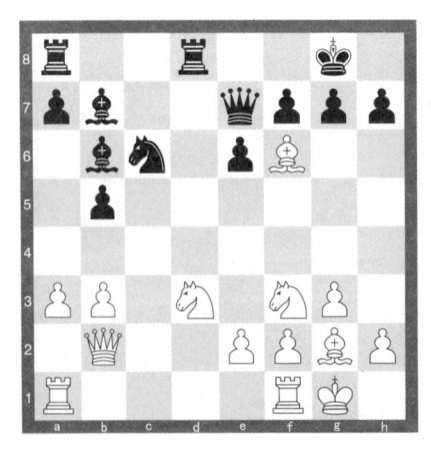

图417

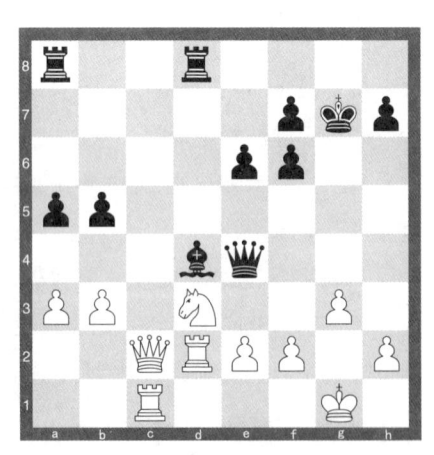

图418

第四章 局面型弈法在实战中的运用

涅波姆尼亚奇保留黑后，意在保留更多的机会。但用兵吃回白象之后，黑方王翼出现叠兵和孤兵的弱点，今后可能被白方利用。

18.Rac1 Nd4　19.Nxd4 Bxd4　20.Qa2 Bxg2　21.Kxg2 Qb7+ 22.Kg1 Qe4　23.Qc2 a5　24.Rfd1 Kg7　25.Rd2（图418）

25...Rac8

涅波姆尼亚奇用双车邀兑白后，形成动态平衡局面。他认为，后、象对双车、马是和棋。对此，荷兰头号棋手吉里点评说：涅波姆尼亚奇没有必要这么做。但他把战斗引入混乱，棋迷们会感谢他。

26.Qxc8 Rxc8　27.Rxc8 Qd5　28.b4 a4　29.e3 Be5　30.h4 h5　31.Kh2（图419）

31...Bb2

图 419

黑方更好的方法是充分发挥后的活力：31...Qb3　32.Nxe5 fxe5　33.Rc5 Qxa3，此时，白方不能走34.Rxb5，因为有 34...Qc1　35.Rd7 Qf1　36.Rxe5 Qxf2+　37.Kh3 Qf1+　38.Kh2 Qe2+　39.Kh3 a3　40.Rg5+ Kf8　41.Ra5 Qf1+　42.Kh2 Qe2+　43.Kh1 Qxe3　44.Rda7 Qf3+　45.Kh2 Qf2+　46.Kh1 Qxg3　47.Rxa3 Qxh4+　48.Kg2 Qxb4，黑方后三兵对白方双车，黑方胜定。

32.Rc5 Qd6　33.Rd1

此时，世界冠军和挑战者都已陷入时间恐慌。卡尔森错过了弃掉后翼双兵、在王翼攻王的机会：33.Rcc2 Bxa3　34.Nf4，此时，黑方若接受弃兵将陷入败势：34...Qxb4　35.Rd7 Qb1　36.Rcc7 Kg8　37.Rc8+ Bf8（37...Kg7　38.Nxh5+ Kg6　39.Nf4+ Kg7　40.Nxe6+ Kg6　41.Rg8+ Kh7　42.Rg7+ Kh6　43.Rgxf7）38.Rdd8 Qb4　39.Nd3 Qe7　40.Kg2 Kg7　41.Rxf8 Qxf8　42.Rxf8 Kxf8　43.Kf3 Ke7　44.Ke4 Kd6　45.Kd4 a3　46.Kc3 e5　47.Kb3，白胜。

33...Bxa3　34.Rxb5 Qd7

35.Rc5 e5　　36.Rc2（图420）

36...Qd5

黑方应走36...Bxb4，最自然的着法也是最有力的着法：37.Rc4 Bf8　38.Rcc1 Qf5　39.Rd2 a3　40.Nc5 Qc8　41.Nd3 Qg4　42.Rc7 Qe6　43.Rcc2 Qg4　44.Nc5 Qb4　45.Nd3 Qe4　46.Nc5 Qf3　47.Rc1 Qa8。a线通路兵给白方施加了巨大的局面压力，黑方因此掌握了主动权。

37.Rdd2 Qb3　38.Ra2 e4

39.Nc5 Qxb4　40.Nxe4

卡尔森错过了消灭黑方通路兵的机会：40.Rdc2 Kg6　41.Nxa4 Qxa4　42.Rc3 Qd7　43.Rcxa3。

40...Qb3　　41.Rac2 Bf8

42.Nc5 Qb5　43.Nd3 a3

44.Nf4 Qa5　45.Ra2 Bb4

46.Rd3 Kh6　47.Rd1 Qa4

48.Rda1 Bd6　49.Kg1 Qb3

50.Ne2 Qd3　51.Nd4 Kh7

52.Kh2（图421）

52...Qe4

以擅长攻王著称的涅波姆尼亚奇急于进攻白王。黑方更好的策略是耐心等待：52...Kg6　53.Kg1 Qc4　54.Rc2 Qd5　55.Rcc1 Qe4　56.Rd1 Qb7　57.Rd2 Qd5　58.Kh2 Kh7。由于白方双车被黑方a线通路兵所牵制而难以解脱，双方均势。

53.Rxa3 Qxh4+

涅波姆尼亚奇的选择相当于用a3兵交换了h4兵，但这一交换明显是不等价

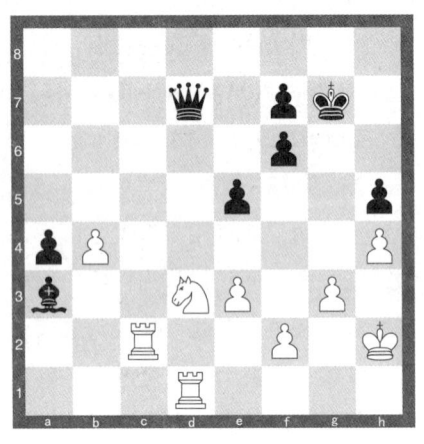

图420

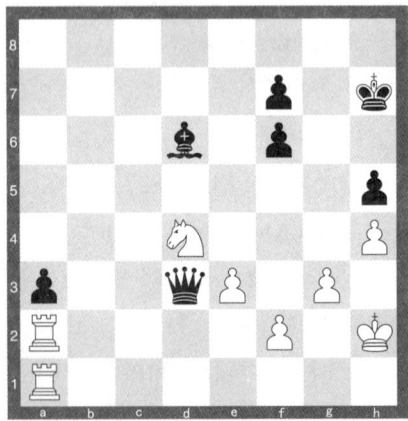

图421

第四章 局面型弈法在实战中的运用

的。虽然这两个兵都是边兵，但 a3 兵是黑方局面优势的象征，其价值远超白方 h4 兵。

另一种变化是：53...Bxa3 54.Rxa3 Qd5 55.Kg1 Kh6 56.Rb3 Kg6 57.Rb5 Qd8 58.Kh2 Qd7 59.Rf5 Qc7 60.Rf4 Qa5 61.Nf5 Qe5 62.Kg2 Qe6 63.Kh2 Qd7 64.e4 Qe6 65.Ne3 Kh6 66.Nd5 Qe5 67.Nxf6 Kg6 68.Rf5 Qd4 69.Nxh5 Qxe4 70.Rf4 Qc2 71.Nf6 Qc8 72.Ne4 Qc7 73.Ng5 f6 74.Ne6 Qc2 75.Nf8+ Kh6 76.Rxf6+ Kg7 77.Rf4，黑方王翼的叠兵和孤兵被消灭殆尽，白胜。

54.Kg1 Qe4　55.Ra4 Be5　56.Ne2 Qc2　57.R1a2 Qb3　58.Kg2 Qd5+
59.f3 Qd1　60.f4 Bc7　61.Kf2 Bb6　62.Ra1 Qb3　63.Re4 Kg7
64.Re8 f5　65.Raa8 Qb4　66.Rac8 Ba5　67.Rc1 Bb6　68.Re5 Qb3
69.Re8 Qd5　70.Rcc8 Qh1
71.Rc1 Qd5　72.Rb1 Ba7
73.Re7 Bc5　74.Re5 Qd3
75.Rb7 Qc2　76.Rb5 Ba7
77.Ra5 Bb6　78.Rab5 Ba7
79.Rxf5 Qd3　80.Rxf7+ Kxf7
81.Rb7+ Kg6　82.Rxa7 Qd5
（图 422）

卡尔森将局面转入车马三兵对后单兵的残局，并开始表演他那扎实细腻的残局功夫。

图 422

83.Ra6+ Kh7　84.Ra1 Kg6　85.Nd4 Qb7　86.Ra2 Qh1　87.Ra6+ Kf7
88.Nf3 Qb1　89.Rd6 Kg7　90.Rd5 Qa2+　91.Rd2 Qb1　92.Re2 Qb6
93.Rc2 Qb1　94.Nd4 Qh1　95.Rc7+ Kf6　96.Rc6+ Kf7　97.Nf3 Qb1
98.Ng5+ Kg7　99.Ne6+ Kf7　100.Nd4 Qh1　101.Rc7+ Kf6　102.Nf3 Qb1
103.Rd7 Qb2+　104.Rd2 Qb1　105.Ng1 Qb4　106.Rd1 Qb3　107.Rd6+ Kg7
108.Rd4 Qb2+　109.Ne2 Qb1　110.e4 Qh1　111.Rd7+ Kg8　112.Rd4 Qh2+
113.Ke3 h4　114.gxh4 Qh3+ 115.Kd2 Qxh4　116.Rd3 Kf8　117.Rf3 Qd8+

118.Ke3 Qa5　119.Kf2 Qa7+
120.Re3 Qd7　121.Ng3 Qd2+
122.Kf3 Qd1+　123.Re2 Qb3+
124.Kg2 Qb7　125.Rd2 Qb3
126.Rd5 Ke7　127.Re5+ Kf7
128.Rf5+ Ke8　129.e5 Qa2+
130.Kh3 Qe6　131.Kh4 Qh6+
132.Nh5 Qh7　133.e6 Qg6
134.Rf7 Kd8　135.f5 Qg1

（图 423）

136.Ng7 1–0

图 423

至此，涅波姆尼亚奇认输。

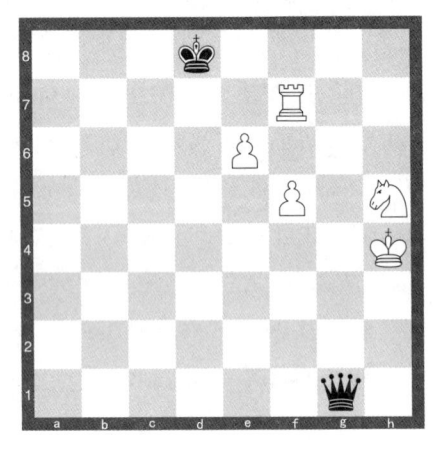

白方军团的各个子力配合得天衣无缝，攻守兼备。白王即将前往第八横线，车、马为它构筑了一个"安全屋"，而白兵也即将开始向底线冲锋。后续变化可能是：136...Qh1+ 137.Kg5 Qg2+ 138.Kh6 Qh3+ 139.Kg6 Qg2+ 140.Kh7 Qg5 141.Kg8 Qg3 142.e7+ Kc7 143.e8Q+，白胜。

漫长的战斗终于结束了。经过7小时45分钟共136回合的鏖战，卡尔森笑到最后。本局棋创造了一个新的纪录，即国际象棋世界冠军赛历史上回合数最多的一盘棋。卡尔森自此将领先优势一直保持到对抗赛结束，而挑战者却在这盘马拉松大战失利后，心理失衡，发挥失常，在接下来的第八、第九和第十一轮比赛中，都出现了致命失误。

本次对抗赛结束后，卡尔森自评道：整场比赛对自己的表现非常满意，对第六盘棋的表现尤其自豪。

本局棋被评为2021年度世界最佳对局。

第四章 局面型弈法在实战中的运用

第六十五局

Aronian, L（2772）– Abdusattorov, Nodirbek（2633）[A45]

World Rapid 2021 Warsaw POL（7.13），27.12.2021

阿罗尼安——阿卜杜萨托洛夫

2021年国际棋联世界快棋锦标赛最大的黑马无疑是阿卜杜萨托洛夫。在全部13轮比赛中，这位来自乌兹别克斯坦的17岁天才少年一路过关斩将，先后战胜了卡鲁阿纳、阿罗尼安、盖尔凡德等成名已久的高手。特别是在第10轮比赛中，他执白与世界棋王卡尔森大战80余回合，在均势的后兵残局中利用卡尔森在最后关头的失误，逼兑皇后而胜出。最后他在超快棋加赛中战胜新科世界亚军涅波姆尼亚奇。由此他创造了两个纪录：乌兹别克斯坦棋手历史上第一次获得快棋世锦赛冠军，最年轻的快棋世界冠军。

本局棋来自比赛的第七轮，阿卜杜萨托洛夫执黑迎战已转入美国棋协的原亚美尼亚头号棋手阿罗尼安。

1.d4 Nf6   2.Bf4 d5

3.e3 c5   4.Nf3 Nc6

5.Nbd2 Bg4   6.c3 cxd4

7.exd4 e6   8.Qb3（图424）

8...Bd6

图424

面对等级分比自己高130多分的世界名将，执黑后走的阿卜杜萨托洛夫初生牛犊不怕虎，开局就弃兵，以求快速出子。

常规走法是：8...Qc8 9.h3 Bh5 10.Be2 Be7 11.0-0 0-0。

9.Qxb7 Bxf4   10.Qxc6+ Kf8   11.g3 Bd6   12.Ne5 Rb8   13.f3 Bf5

14.Nb3 h5   15.Kd2

阿罗尼安放弃易位，将白王置于中心线上，在战略上并非安全的选择。

稳妥的走法是：15.0-0-0 Rb6　16.Qa4 Qc7　17.Bd3 Bxd3　18.Nxd3。

15...Bxe5　16.dxe5 Nd7

17.Re1 Rb6　18.Qa4 Qc7

19.Qa3+ Kg8　20.f4 Kh7

21.Be2（图425）

21...Rhb8

阿卜杜萨托洛夫再弃一兵，局面动机依然是快速出子。在b线叠车对进攻白王大有裨益。

22.Bxh5 d4

短短22回合，阿卜杜萨托洛夫三度弃兵。第三次弃兵的目的是打通b线或者c线，实现后、车、象协同攻王。

23.g4

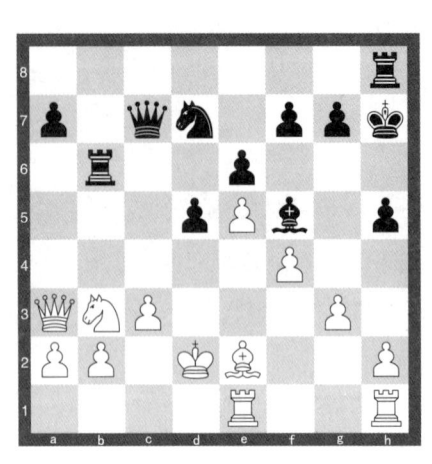

图425

阿罗尼安拒吃弃兵，转而反击黑方白格象。若走23.cxd4（23.Nxd4 Rxb2+），则有23...Qc2+　24.Ke3 Rxb3+　25.axb3 Rxb3+　26.Qxb3 Qxb3+　27.Kf2 Qxb2+　28.Re2 Qxd4+　29.Kg2 Be4+　30.Bf3 Bxf3+　31.Kxf3 Qd5+　32.Ke3 Qxh1，黑胜。

23...dxc3+

更有力的走法是：23...Nc5　24.gxf5（24.Nxc5 Rxb2+　25.Kd1 dxc3　26.gxf5 Qd8+　27.Kc1 Qd2#）24...Nxb3+　25.axb3 Rxb3　26.Qa1 Rxb2+　27.Kd1（27.Kd3 Qxc3+　28.Ke4 Qc2+　29.Kxd4 Rd8+　30.Ke3 Qd3#）27...Qxc3　28.Re2 Rb1+　29.Qxb1 Rxb1#。

24.bxc3（图426）

24...Qc4

连弃三兵之后，阿卜杜萨托洛夫再弃一象。他的进攻目标非常明确，进攻意志非常坚决。

25.gxf5 Qxf4+　26.Kd1 Nxe5

第四章 局面型弈法在实战中的运用

阿卜杜萨托洛夫的目标不仅是夺回两兵，更重要的是活跃后、车、马，对滞留中心的白王展开进攻。

27.Rhf1 Qc4　28.Rf2 Nd3

此时更应发挥b线双车的威力：

28...Rxb3　29.axb3 Rxb3　30.Qa2 Qd3+　31.Rd2 Rb1+　32.Qxb1 Qxb1+　33.Ke2 Qxf5　34.Kd1 Qxh5+，黑胜。

29.Rfe2 Qxc3　30.Bxf7 Rd8

更有力的走法是：30...Rxb3　31.axb3 Nf2+　32.Rxf2 Rd8+　33.Ke2 Qd3#。

图426

31.Rd2 Nf2+　32.Ke2 Rxd2+　33.Nxd2 Qxa3　34.Kxf2 Qc5+　35.Re3 exf5　36.Ke2 Rh6　37.Nf3 f4　38.Re5 Rxh2+　39.Kd3 Qc2+　40.Kd4 Qd1+　41.Ke4 Re2+　42.Kxf4 Rxe5　43.Nxe5 Qd6　44.Ke4 g5　45.Bb3 Qf6 0-1

综观全局，阿卜杜萨托洛夫以局面型弃子为主要手段，子力协调，目标明确，牢牢把握局面优势，进而反夺子力优势并顺利获胜。他的对手虽贵为久经沙场的超级大师，但在后半盘一直处于被动挨打的境地，毫无还手之力。这不禁让人感叹：自古英雄出少年。

第六十六局

Carlsen, M（2865）- Giri, A（2772）[E06]

84th Tata Steel Masters Wijk aan Zee NED（2.1），16.01.2022

卡尔森——吉里

始于1938年的维克安泽大赛是历史最为悠久的国际象棋超级大赛，因为它在每年年初举行，所以又有大赛"报春鸟"的美誉。

2022年1月，群星闪耀的第84届维克安泽大赛在荷兰滨海小镇维克安泽如期举行。经过13轮单循环的激烈争夺，去年底第五次登上世界棋王宝座的卡尔森强势不减，以6胜7和积9.5分的不败战绩，第八次夺得这项超级大赛的桂冠，成就"八冠王"伟业。

本局来自本次大赛的第二轮，卡尔森与老对手吉里再度相遇。早在2011年，当时年仅16岁的吉里仅用22回合就战胜了卡尔森。两人虽然多次在维克安泽大赛上交手，但基本上都以和棋告终。这一次，卡尔森能否打破对吉里"不胜"的魔咒呢？

1.d4 Nf6　　2.c4 e6

3.Nf3 d5　　4.g3 Be7

5.Bg2 0-0　　6.0-0 dxc4

7.Na3 Bxa3　　8.bxa3 Bd7

9.a4 Bc6　　10.Ba3 Re8

11.Qc2 Nbd7　　12.Rac1 a6

13.Qxc4 Nb6　　14.Qc3 Nxa4

15.Qb3 Qd5（图427）

16.Rxc6

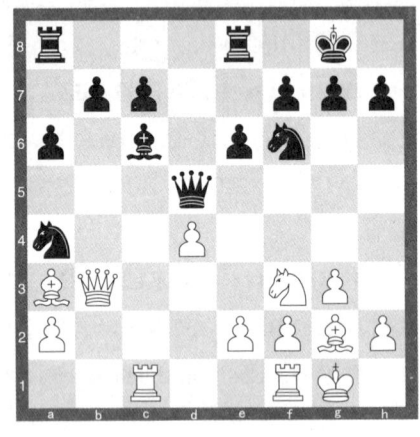

图427

局面型弃半子。尽管吉里用黑后加强了对c6象的保护，但卡尔森仍然坚决弃子。虽然这并非制胜之着，但卡尔森迫切希望激发后、车、马、象等子力的活力，获得进攻的主动权。

16...Qxc6　　17.Ne5 Qb5　　18.Qc2 Nd5

黑方更好的策略是积极反击，并适时地弃还半子，保持局面的平衡。

例如：18...Nb6　19.Bxb7 Nc4　20.Bxa8 Nxa3　21.Qc6 Qxe2　22.Qxc7 Rf8（22...Rxa8　23.Qxf7+ Kh8　24.Qxe6 Qh5　25.g4 Re8　26.Nf7+ Kg8　27.Qxe8+ Nxe8　28.gxh5，白优。）23.Bf3 Qxa2　24.Qa5 Qb2　25.Qxa6，双方均势。

19.Rb1

快速出车，从后翼打开突破口。

19...Qa5　　20.Bxd5 exd5

失误，导致白车轻易杀入次底线。较好的走法是：20...Nc3　21.Bb4 Nxe2+

22.Qxe2 Qxd5 23.Rc1 Rec8 24.Rc5，尽管仍是白优。

21.Rxb7 c5（图 428）

若走 21...Rac8，则有 22.Bb4，捉死黑后。

22.Qf5

卡尔森吹响了总攻的号角。

22...Rf8

若走 22...f6，则有 23.Qd7，白方后、车准备在次底线杀王。

23.Nxf7 Qd8　24.dxc5 Qf6

25.Qxf6 gxf6　26.Nh6+ Kh8

27.c6 Rfc8　28.c7 Nc3　29.Bb2 d4　30.Nf7+ Kg7　31.Nd6 Kg6

32.Kf1 Nb5　33.Nxc8 Rxc8

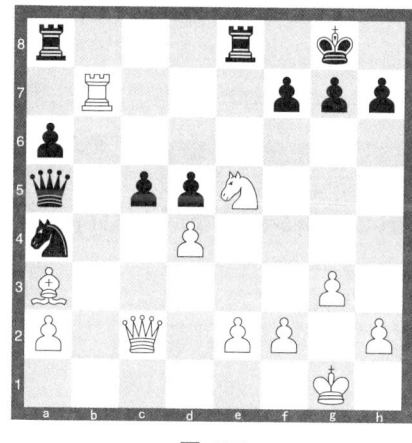

卡尔森夺回半子，并拥有多两兵的优势。

34.a4 Nxc7　35.Bxd4 Ne6　36.Be3 1-0

图 428

吉里认输。黑方三个孤兵对白方五个兵，兵形和兵的数量已经决定了对局结果。这是卡尔森首次在维克安泽大赛中战胜这位东道主头号棋手。

第五章 局面型弈法在国际象棋引擎对局中的运用

TCEC 是 Top Chess Engine Championship 的英文缩写，意为"顶级国际象棋引擎大赛"。当代顶级国际象棋引擎的国际等级分已超过 3000 分，远超人类棋手。顶级引擎之间的对决，奉献了许多精妙绝伦的对局，更重要的是，人类棋手通过这些对局，对国际象棋有了新的认识，获得了新的启发，进而推动了国际象棋运动的发展。

本章从最近三年的 TCEC 大赛中精选出三个代表性佳局，一窥局面型弈法在引擎对局中超乎寻常的运用。

第一局

LCZero- Stockfish[B90]

15th TCEC Superfinal 2019

1.e4 c5　　2.Nf3 d6　　3.d4 cxd4　　4.Nxd4 Nf6　　5.Nc3 a6
6.Be3 e5　　7.Nb3 Be6　　8.f3 Be7　　9.Qd2 0–0　　10.0–0–0 Qc7
11.g4 Rc8　　12.g5 Nh5　　13.Rg1 Nd7　　14.Kb1 b5　　15.Nd5 Bxd5
16.exd5 Nb6　　17.Na5 g6（图 429）

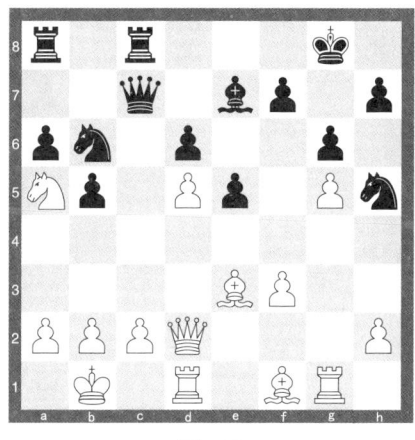

第五章 局面型弈法在国际象棋引擎对局中的运用

图 429 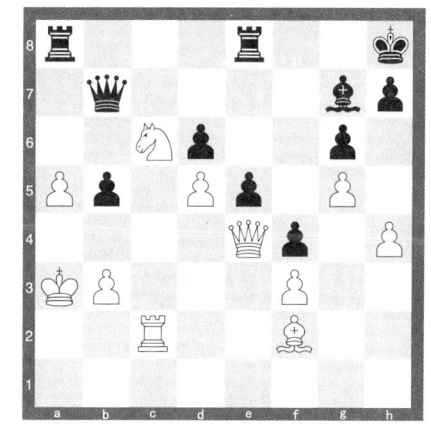　　　　　　　　　　　图 430

西西里防御英国式攻击形成的典型局面。

18.Rg4

在异向易位的对攻局面中，因王翼已经封闭，白方把车调至第四横线，准备在后翼开辟新的战场。

18...Rab8　　**19.c4 Nxc4**　　**20.Bxc4 bxc4**　　**21.Rxc4 Qd7**　　**22.Nc6 Ra8**
23.Qg2 Bf8　　**24.Qg4 Qe8**　　**25.a4 f5**　　**26.Qg2 Qd7**　　**27.Ka2 Re8**
28.Rb4 f4　　**29.Bf2 Qf5**　　**30.a5 Kh8**　　**31.Qg4 Qc2**　　**32.Qg1 Qf5**
33.Qg4 Qc2　　**34.Qg1 Qf5**　　**35.Qg2 Kg8**　　**36.Be1 Ng7**　　**37.h4 Nh5**
38.Ka3 Bg7　　**39.b3 Qd7**　　**40.Bf2 Bf8**　　**41.Rc4 Ng7**　　**42.Qf1 Nf5**
43.Qe2 Bg7　　**44.Rb4 Nd4**　　**45.Qe4 Qf7**　　**46.Rc1 Kh8**　　**47.Rcc4 Nb5+**
48.Rxb5 axb5　　**49.Rc2 Qb7**（图 430）

现在白方该如何应对？是走 50.b4 保持一个安全的均势局面吗？

50.Kb4

是的，你没有看错，在黑方后、双车严阵以待的中局局面中，白王竟然挺身而出，与黑后"隔兵对峙"。

50...Bf8　　**51.Qd3 Kg7**　　**52.Qxb5 Qd7**　　**53.Ka4 Qh3**　　**54.Qe2 Qh1**
55.b4 Kf7（图 431）

56.Kb5

无视黑方双车的存在，白王再次挺身而出，并准备带领王翼双连通路兵大踏步冲向底线。

56...Be7   57.a6 h6

58.a7 hxg5   59.hxg5 Bxg5

60.Ka6 Qh3   61.b5 Qc8+

62.Ka5 Bd8+   63.b6（图432）

非常神奇的局面。白方的后、车、马、象都待在原地不动，白王几乎以一人之力直面黑方后、车、象的联手阻击。事实上，白王在这里已相当于一个后，或者说，白方在后翼有"多后优势"，甚至可以说是"多王优势"。

63...Bxb6+

若走63...g5，依然无法阻挡白方的进攻：64.Nxd8+ Qxd8　65.Ka6 Kf6　66.Rc6 Qe7　67.Bc5 Rad8　68.b7 g4　69.fxg4 Kf7　70.Bb6 Rf8　71.Bxd8 Qxd8　72.b8Q，白胜。

64.Bxb6 Qd7   65.Qd3 Kf6

66.Rg2 Rg8   67.Rh2 Kg7

68.Ka6 Rgf8   69.Rg2 Qc8+   70.Ka5 Rf6   71.Rg1 Kh7   72.Kb5 Qb7

73.Ka5 Kh8   74.Rb1 Kh7   75.Bf2 Qc7+   76.Bb6 Qd7   77.Rh1+ Kg7

78.Rg1 Qb7   79.Qa6 Qf7   80.Qc4 Qb7   81.Qd3 Kh8   82.Qa6 Qxa6+

83.Kxa6 Rf7   84.Na5 Rc8   85.Nb7 Ra8   86.Nxd6 Rd7   87.Ne4 Rxd5

88.Kb7 Rf8   89.Ra1 Kg7   1-0

白王在本局中的动态价值发挥到了极致。

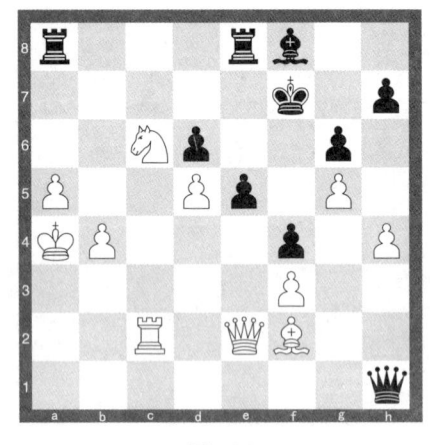

图431

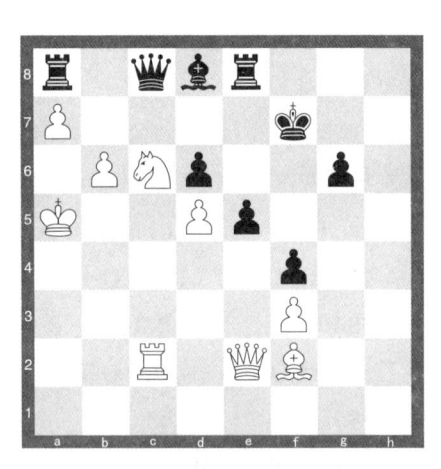

图432

第五章 局面型弈法在国际象棋引擎对局中的运用

第二局

Stockfish- Alliestein[E16]

16th TCEC Superfinal 2020

1.d4 Nf6	2.c4 e6
3.Nf3 b6	4.g3 Bb7
5.Bg2 Bb4+	6.Bd2 Be7
7.Nc3 0–0	8.Qc2 Na6
9.a3 c5	10.d5 exd5
11.Ng5 Nc7	12.Nxd5 Ncxd5
13.cxd5 d6	14.e4 b5
15.f4 h6	16.h4 b4
17.axb4 cxb4	18.e5 dxe5
19.fxe5 Re8	20.Kd1 hxg5
21.hxg5 Nh5	22.g6 Bxd5
23.Rxh5 Qd7	24.gxf7+ Kxf7（图 433）

图 433

白方的最强应着是什么呢？

若走 25.Bxd5+，白方并不能扩大优势：25...Qxd5 26.Qf5+ Bf6（不能走 26...Kg8 27.Qh7+ Kf8 28.Rf5+ Bf6 29.Qh8+ Kf7 30.Qxg7+ Kxg7 31.exf6+ Kg6 32.Rxd5，白胜）27.Ra5（不能走 27.exf6 Qb3+ 28.Qc2 Qf3+ 29.Kc1 Rec8 30.Rc5 Qh1+ 31.Qd1 Rxc5+ 32.Bc3 Qxd1+ 33.Kxd1 bxc3 34.bxc3 gxf6，白方反而落败。）27...Qb3+ 28.Ke2 Re7 29.Qf3 Qc4+ 30.Kf2 Rd8 31.Be3 Qc2+ 32.Qe2 Qxe2+ 33.Kxe2。

25.Ra6

子力位置决定子力价值。白车从第一横线调至第六横线，车还是这个车，静态价值没变，但动态价值发生了天翻地覆的变化。

动态价值包括两方面：

1.随着子力的调动、位置的改变,子力自身的动态价值随之改变。例如,白车在a1格难以发挥积极作用,调至a6格之后控制了第六横线,对黑方的王、后、象等子力构成了威胁;

2.子力进行调动之后,与己方其他子力形成协调配合,增强了多个子力自身的动态价值和子力协调的效果,同时也给对方形成了更大的威胁。例如,白车控制第六横线之后,与己方后、象、兵等子力协同进攻,对黑王的威胁达到极致。

25...Qg4+

另外两种主要变化如下:

25...Bxg2 26.e6+ Kg8(26...Qxe6 27.Rxe6 Bf3+ 28.Kc1 Bxh5 29.Qf5+ Bf6 30.Rxe8 Rxe8 31.Qxh5+ g6 32.Qd5+ Kg7 33.Bxb4)27.Qh7+ Kf8 28.Qh8#;

25...Be6 26.Rxe6 Qxe6(26...Kg8 27.Qb3 Qa4 28.Bd5 Qxb3+ 29.Bxb3 g6 30.Rxg6+ Kf8 31.Rh8#; 26...Kxe6 27.Qf5#)27.Bh3 Qg6(27...Qb6 28.Qc4+ Kg6 29.Bf5+ Kxh5 30.Qg4#)28.Qc4+ Qe6 29.Qxe6+ Kf8 30.Rh8#。

26.Kc1 Qxh5 27.Bxd5+ Kf8

(图434)

28.Rh6

这步棋敲响了黑王的丧钟。白车从开局至今虽然只走了两步棋,但每一步棋都绝妙异常。它不但实现了自身子力价值的最大化,也实现了子力协同进攻的最佳效果。

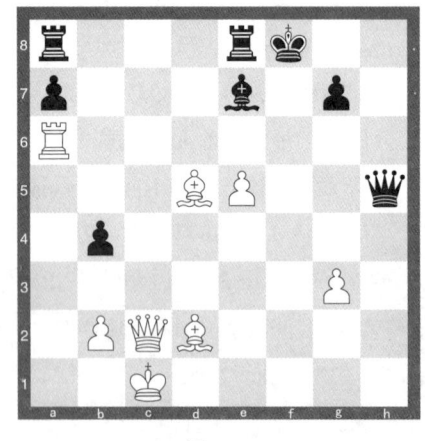

图434

28...g6

若走28...gxh6,则有29.Qf5+ Kg7(29...Qxf5 30.Bxh6#) 30.Qxh5 Bg5 31.Bxg5 Rec8+ 32.Kb1 hxg5 33.Qxg5+ Kf8 34.Qf6+ Ke8 35.Bf7+ Kf8 36.Bc4+(36.Be6+ Ke8 37.Qf7+ Kd8 38.Qd7#;36.Bg6+ Kg8 37.Qf7+ Kh8 38.Qh7#)

第五章 局面型弈法在国际象棋引擎对局中的运用

36...Ke8 37.Bb5+ Rc6 38.Bxc6#。

29.Rxh5 Rec8 30.Rh8+ Kg7 31.Rxc8 Rxc8 32.Qxc8 Bg5 33.Qg8+ Kh6 34.Qh8# 1–0

第三局

LCZero（3819）– Stockfish（3837）[A28]

17th TCEC 2021

2022年1月，已经连续五次登上世界棋王宝座的卡尔森，以2865分的国际等级分排名世界第一，他给自己定的下一个目标就是等级分达到2900分——这是人类棋手从未达到过的高度，而当代顶级国际象棋引擎早已达到了3800分以上的高度。如果两个超过3800分的"怪兽"相互PK，会出现怎样的情景呢？会"山崩地裂"吗？

下面就让我们一起来"仰望"一下这个空前绝后的对局吧。

1.c4 e5	2.Nc3 Nf6	3.Nf3 Nc6	4.e4 Bb4	5.d3 d6
6.a3 Bxc3+	7.bxc3 Rb8	8.g3 0–0	9.a4 Na5	10.Bg2 b6
11.0–0 Nd7	12.Nh4 Nc5	13.Be3 Kh8	14.Nf5 Be6	15.f4 Qd7

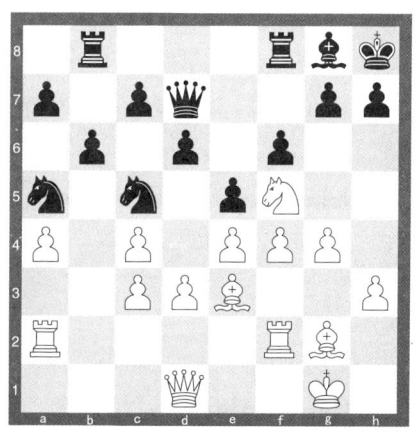

图435

图436

·281·

16.g4 f6　　17.h3 Ncb3　　18.Ra2 Nc5　　19.Rff2 Bg8（图435）
20.Ng3

白方在本局中进行第一次弃兵，主要是为了打开局面，发挥子力的动态价值，有利于后续在王翼的进攻。

若走 20.Bf1 试图保兵，则在 20...Ne6　21.fxe5 dxe5　22.Qf3 Rbe8　23.h4 Nb7　24.Rfd2 Nec5　25.a5 Nb3　26.Rd1 N3xa5 之后，白方损失一兵却无局面补偿。

20...Nxd3　　21.Qxd3 Bxc4　　22.Qd2 Bxa2　　23.Qxa2 Nb7（图436）
24.Bf1

随着黑方白格象的消失，白方白格象的动态价值随之增加。

24...Qc6　　25.Qc2 Nc5　　26.Bb5 Qb7　　27.f5 a6　　28.Be2 Qc6
29.Bd1 b5　　30.a5 Na4　　31.Bd2 Qc5　　32.Kg2 c6　　33.g5 d5
34.Qc1 Qc4　　35.Be2 Qc5　　36.h4 Rbd8　　37.Rf1 Qe7　　38.Be3 Rc8
39.Bf2 Qc7　　40.h5 fxg5（图437）
41.h6

白方在王翼连弃两兵，致使黑方王城的白格和黑格都遭到削弱，同时又为f线通路兵扫清了前进的障碍。

41...gxh6　　42.Qe3

白方准备弃掉后翼的 a5 兵和 c3 兵，加快出子。白后瞄准了 a7 格，一有机会就将入侵次底线。

42...Qxa5　　43.Bg4

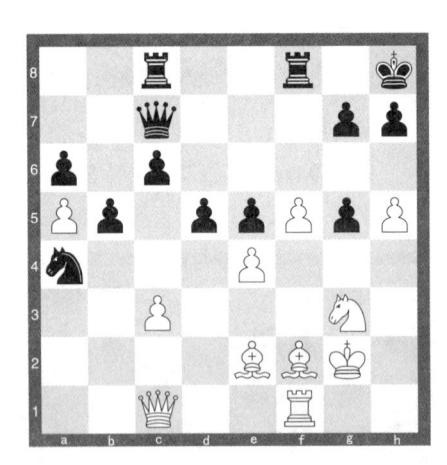

图437

黑方阵营中白格虚弱，从而为白方白格象提供了广阔的舞台。

43...Qc7

若走 43...Qxc3，白后将进入次底线：44.Qa7 Qa5　45.Qe7 Qc7　46.f6 Rf7　47.Bc5 Nxc5（47...Rxe7　48.fxe7 Rg8　49.Rf8，白胜。）48.Qxc5。

44.f6 Rcd8　　45.Bg1 Nb2　　46.Qe2 Na4　　47.Qf3 Qf7　　48.Bh5 Qe6

第五章 局面型弈法在国际象棋引擎对局中的运用

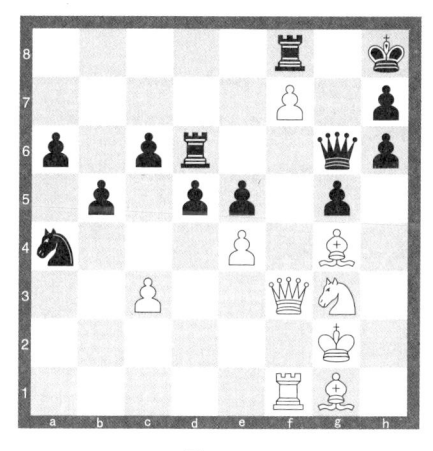

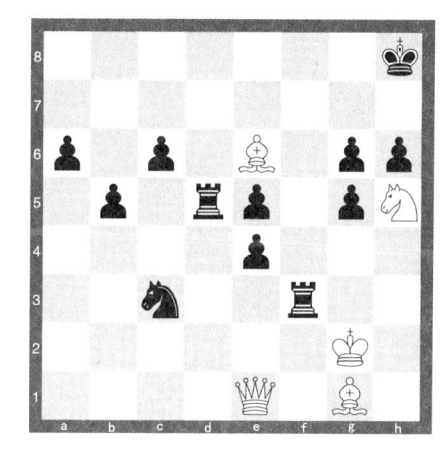

图 438

图 439

49.f7 Rd6　50.Bg4 Qg6（图 438）

51.Nh5

白方再弃一个中心兵，并准备捉死困在王翼的黑后。

51...dxe4　52.Qg3 Rd5　53.Rf6 Rxf7　54.Rxg6 hxg6　55.Be6 Rf3　56.Qe1 Nxc3（图 439）

史无前例的局面出现了：在白方连续弃兵之后，白方八个兵全部消失，而黑方八个兵竟然毫发无损。人们不禁要问：国际象棋还可以这样下？

57.Bxd5 cxd5　58.Bh2 gxh5

（图 440）

至此，形成了白方后象对黑方车马八兵的极端不平衡局面。

59.Bxe5+ Kh7　60.Bxc3 h4

61.Be5 Kg6　62.Bd6 Rf6

63.Bc5 Rf3　64.Qa1 Kh5

65.Qd1 Kg4　66.Qxd5 Kf4

67.Qe6 h3+　68.Kh1 Rd3

图 440

·283·

69.Bg1 a5　　70.Qxh6 a4　　71.Qf6+ Kg4　　72.Qe5 Rf3　　73.Qxb5 a3
74.Qc4 Kf4　　75.Qe6 Rd3　　76.Qf7+ Ke5　　77.Bh2+ Kd4　　78.Qa7+ Kc4
79.Be5 g4　　80.Qb7 Rd1+　　81.Kh2 Rd2+　　82.Kg3 Rg2+　　83.Kf4 Rf2+
84.Kxg4 e3　　85.Kxh3 Rd2　　86.Qe4+ Kb5　　87.Bc3 Rd6　　88.Qb4+ Kc6
89.Qe4+ 1–0

白胜。

后续可能的变化是：89...Kb6 90.Qxe3+ Kb5 91.Be5 Rd5 92.Qxa3 Rxe5 93.Qb2+ Kc5 94.Qxe5+ Kc4 95.Kg4 Kb3 96.Kf3 Kc4 97.Ke3 Kb3 98.Qc5 Ka4 99.Kd3 Kb3 100.Qb5+ Ka2 101.Kc3 Ka1 102.Qb2#

白方将黑方八个兵全部消灭，最终单后杀王。

这是一个应该载入史册的对局。

后 记　Postscript

王，国际象棋的"无价之宝"。无论是进攻还是防御，王的活跃都是国际象棋对弈中最引人入胜的情景之一。

2022年3月，云集了众多世界顶尖高手的Meltwater国际象棋冠军网络巡回赛第二站比赛——"慈善杯"赛在chess24平台擂响战鼓。在预赛中，中国棋王丁立人完胜世界棋王卡尔森，一起来欣赏一下对局的精彩时刻：

如图441，卡尔森刚走了 **36...Kg8**，现在轮到执白的丁立人行棋。

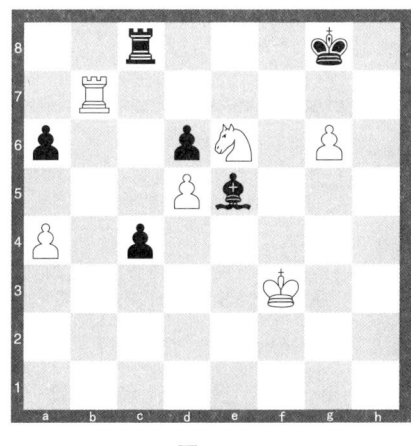

图441 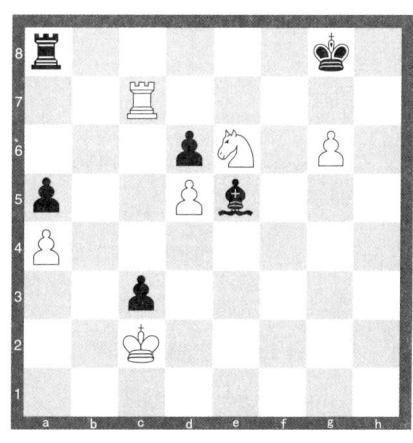　　　　　　　　　图442

37.Ke2

阻止反击。白王的首要任务是阻止黑方 c 线通路兵升变。

37...c3   38.Kd1 a5   39.Kc2 Ra8   40.Rb5 Bf6   41.Rb6 Be5

42.Rb7 Bf6   43.Rc7 Be5（如图 442）

44.Kd3

白王御驾亲征，准备与白方车马兵协调配合，将杀黑王。

44...Bf6   45.Ke4 Be5   46.Kf5 Rb8   47.Kg5 Ra8   48.Kh6 Re8

49.g7 1–0

白王在一退一进、一守一攻之间，丁立人的王者风范也尽显无遗。

2022 年 5 月，Meltwater 国际象棋冠军网络巡回赛第四站比赛——chessable 大师赛在 chess24 平台开战。在半决赛的争夺中，丁立人在第四盘棋再度执白获胜，从而淘汰棋王卡尔森，挺进决赛。

如图 443，卡尔森刚走了 **26...Rc7**，现在轮到执白的丁立人行棋。

27.Kf1

这就是丁立人的中局战略。在此之前，白方双车通过两次横向调动，已经稳固住了后翼。现在，丁立人施展"乾坤大挪移"，准备用六步棋把白王转移至安全的后翼，然后便可放开手脚，在中心和王翼展开进攻。

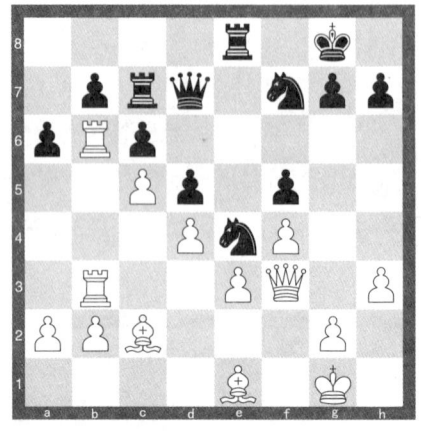

图 443

27...Qc8   28.Ke2 Nh8   29.Kd1 Ng6   30.Kc1 Nf8   31.Ba5 Rf7

32.Kb1 h6   33.a3 Nh7   34.Ka2 Nhf6   35.Be1 g5   36.Bd1 g4

37.hxg4 fxg4   38.Qf1 h5   39.Qh1 Kg7   40.Bh4 Ng8   41.Bc2 Nd2

42.Bg5 Nxb3   43.Rxb3 Nf6   44.Bxf6+ Rxf6   45.Qxh5 Rh8   46.Qe5 Kf7

（如图 444）

后 记

47.e4

利用兑换技术（换兵），尽可能地打开中心线路，实现后车象兵协同攻王。

47...dxe4 48.Bxe4 Re8
49.Qh5+ Ke7 50.d5 Kd8
51.Qg5 Ref8 52.Rd3 Qc7
53.dxc6+ Kc8 54.Qxg4+ Kb8
55.Rd7 Rxf4 56.Qg7 1–0

淘汰卡尔森之后，丁立人在决赛中顶住了印度黑马普拉格纳南达的猛烈冲击，荣获本届 chessable 大师赛冠军。这也是国际象棋冠军网络巡回赛三年以来，中国棋手第一次获得分站赛冠军，丁立人也由此获得了"King Ding"的美誉。

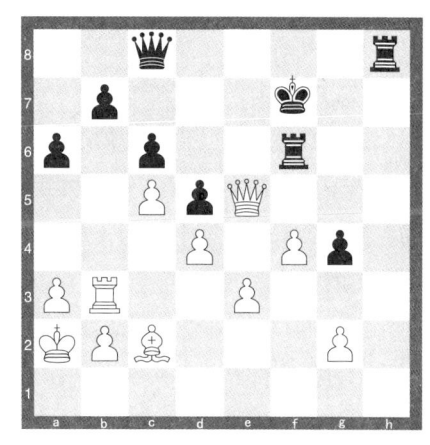

图 444

在 2022 年 6 月的等级分世界排行榜上，丁立人以 2806 分超越了菲罗贾（2793 分），重回世界第二，仅次于卡尔森（2864 分）。

2022 年 7 月 5 日凌晨，国际棋联世界冠军候选人赛在西班牙马德里桑托纳宫结束了最后一轮比赛。丁立人以 14 轮比赛 4 胜 8 和 2 负积 8 分的佳绩荣获候选人赛亚军（涅波姆尼亚奇以 9.5 分的不败战绩蝉联候选人赛冠军），这是他三次参加世界冠军候选人赛成绩最好的一次，同时也是中国男棋手在向男子个人世界冠军冲击历程中，取得的历史最佳战绩。

图 445 局面来自本次候选人赛第九轮，黑方是世界杯冠军杜达。杜达刚走了 **51...Ra2**，现在轮到执白的丁立人行棋。

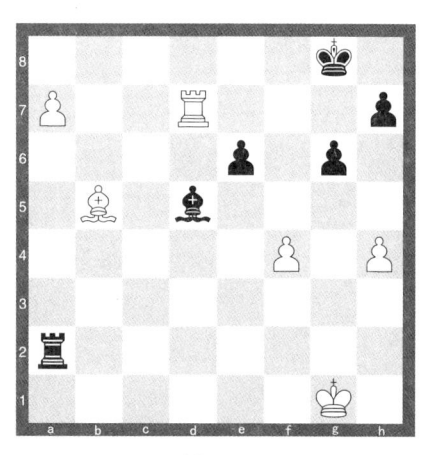

52.Kf1

图 445

· 287 ·

"King Ding"再次施展"乾坤大挪移"。白王将沿着第一横线奔向 a 线，与白方车象协调配合，实现 a 线通路兵的升变。

52...Bg2+   53.Ke1 Bd5   54.Kd1 Kh8   55.Kc1 Be4   56.Rc7 Ra5
57.Bd7 Ra1+   58.Kb2 Rb1+   59.Ka2 Rb6   60.Ka3 Kg8   61.Ka4 1–0

白王的动态价值发挥到了极致，丁立人由此获得了本次候选人赛的首个胜局，并在第十轮和第十一轮分别战胜拉波特和卡鲁阿纳，豪取三连胜，最终实现了历史的突破。

2022 年 7 月 20 日，世界国际象棋日，国际象棋世界冠军卡尔森正式宣布，他将不再捍卫世界冠军头衔。这样，2022 年世界冠军候选人赛的前两名，即俄罗斯棋手涅波姆尼亚奇和中国棋手丁立人，将参加 2023 年世界冠军赛，争夺棋王头衔，这将是中国男棋手第一次有机会冲击世界冠军宝座！

祝愿中国国际象棋的明天更美好！

雷云宝

2022 年 7 月 29 日写于深圳市龙岗区中心城